不羁的骑士

拜伦

［法］安德烈·莫洛亚（André Maurois） 著　　靳 松 卫 炜 编译

中华工商联合出版社

图书在版编目（CIP）数据

不羁的骑士：拜伦 / （法）安德烈·莫洛亚著；靳
松，卫炜编译. -- 北京：中华工商联合出版社，2018.3

ISBN 978-7-5158-2221-1

Ⅰ.①不… Ⅱ.①安… ②靳… ③卫… Ⅲ.①拜伦
(Byron, George Gordon 1788—1824)—传记 Ⅳ.
①K835.615.6

中国版本图书馆CIP数据核字（2018）第033620号

不羁的骑士——拜伦

著　　者：	[法]安德烈·莫洛亚（André Maurois）
编　　译：	靳　松　卫　炜
出 品 人：	李　梁
责任编辑：	林　立　崔红亮
封面设计：	冬　凡
责任审读：	郭敬梅
责任印制：	迈致红
出版发行：	中华工商联合出版社有限责任公司
印　　刷：	三河市华成印务有限公司
版　　次：	2018 年 5 月第 1 版
印　　次：	2022 年 6 月第 2 次印刷
开　　本：	710mm×1020mm　1/16
字　　数：	228 千字
印　　张：	14
书　　号：	ISBN 978-7-5158-2221-1
定　　价：	38.00 元

服务热线：010 — 58301130 — 0（前台）

销售热线：010 — 58302977（网店部）

010 — 58302166（门店部）

010 — 58302837（馆配部、新媒体部）

010 — 58302813（团购部）

地址邮编：北京市西城区西环广场 A 座

19 — 20 层，100044

http://www.chgslcbs.cn

投稿热线：010 — 58302907（总编室）

投稿邮箱：1621239583@qq.com

前　言

　　乔治·戈登·拜伦（1788—1824年），是英国浪漫主义文学的杰出代表。他出身于一个贵族家庭，父系是英格兰世家，母系是苏格兰豪门。拜伦的父亲是一个军官兼浪子，曾与某公爵夫人私奔，生女奥古斯塔。不久夫人去世，后续娶颇有财产的凯瑟琳小姐，生子拜伦。拜伦的父亲将家产挥霍殆尽后，只身浪迹欧洲，最终落魄潦倒死在法国。拜伦的童年是随母亲在苏格兰的阿伯丁城度过的。拜伦天真聪颖，但生来微跛，所以自尊心极强并异常敏感，从小形成了孤独、骄傲和反叛的性格。10岁时，他承袭了勋爵爵位和大宗产业，移居伦敦。1801—1808年间，他先后就读于哈罗中学和剑桥大学，酷爱历史、哲学与文学，获硕士学位。1807年，拜伦出版处女诗集《懒散的时刻》，诗集以爱情为主，尽管不甚成熟，但已预示了诗人未来的发展。然而《爱丁堡评论》杂志的一篇书评粗暴地否定了拜伦诗的价值及其作者的才能。拜伦随后发表了一部极富战斗性的长诗《英格兰诗人和苏格兰评论家》，对所遭恶评给予反击。这篇驳论诗的出现是英国文学思想史上的一次重大事件，它掀起了文学或者说是文学批判的一个浪潮，同时也开辟了一种传统。

　　1809年至1811年间，拜伦游历了葡萄牙、西班牙、马耳他、希腊、土耳其等一些南欧和西亚国家，眼界大开，并有感而发地写出《恰尔德·哈罗德》。长诗除了抒写异域绮丽的自然风光，叙述各地风土人情之外，尤其反映了希腊等地中海国家被奴役民族渴求自由解放的愿望。在这部作品中，他塑造了一个孤独、忧郁、悲观的所谓"拜伦式英雄"——高傲、神秘、反叛。这种拜伦式英雄还出现在《东方故事集》《曼弗雷德》及《唐璜》等多部作品中。

　　1821年烧炭党人起义失败，拜伦感到十分沉痛。这位自由的使者决定前往战火纷飞的希腊，那里爱国志士们正进行着反对土耳其统治的民族解放斗争。1823

年秋，诗人率领自己招募的一支军队，乘自己出资武装的一艘战舰远航巴尔干，受到希腊人的热烈欢迎，并被推任为某远征方面军统帅。他立刻陷入复杂的军务之中，表现出作为政治家和军事家的卓越才能与坚韧顽强。可叹壮志未酬，诗人在一次骑马出巡中遇雨受寒，以致身染重疾，于1824年4月19日不幸逝世。

拜伦的一生是浪漫的。他孤独而高傲，注重荣誉和爱情，具有绅士的风度与骑士的勇敢，他不断地从爱情中寻找慰藉，从探险中寻求刺激。如同其笔下的唐璜，拜伦是一个疯狂追求情爱刺激的情种。有时他像一个花花公子那样放荡不羁，时常带着年轻漂亮的姑娘外出旅行，以满足自己的虚荣心。

拜伦的叛逆性格决定了他在思想上成为现存制度的反对者。其思想核心是自由与正义，因此与压迫和奴役人民的社会势同水火。在拜伦看来，自由是正义的灵魂，首先必须要有真正的自由，然后才谈得上正义。他骄傲地宣称：“我可以独自兀立人间，但绝不会用我自由的思想去换取一座王位。”在他看来，为自由献身无比荣耀：“自由啊！你在牢狱里才显得异常灿烂！”拜伦思想毕竟是西方文明的产物，与西方精神文化中的个性价值与自我崇拜一脉相承，其自由观包含更多唯我主义成分，极易导致无政府主义，并且难以逃脱孤傲倾向。

拜伦的诗歌题材新奇有趣，文字富丽堂皇，语言大胆放肆，并且充满火一般的激情。他的诗具有强烈的主观抒情性和鲜明的政治倾向性。其名言“诗的本身即是热情”可谓其诗歌美学的核心。甚至诗的字里行间，都跳荡着澎湃的激情。瓦尔特·司各特评价拜伦的诗歌：“像莎士比亚一样地包罗万象，它囊括了人生的每个题目，拨动了神圣琴上的每一根弦，弹出最细小以至最强烈、最震动心灵的调子。”歌德认为：“是彻底的天才的作品——愤世到了不顾一切的辛辣程度，温柔到了优美感情的最纤细动人的地步……”在中国，苏曼殊、马君武、胡适等于20世纪初曾翻译过拜伦的作品。鲁迅在《摩罗诗力说》一文中曾高度评价拜伦的创作。他的许多名作，都有中文译本，为广大读者所喜爱。

本书每一章都有中心内容，前后衔接紧凑。作者在刻画人物的同时，也大量介绍了当时的历史背景，读者可以在一定程度上了解社会风俗，这样对于人物的了解也能进一步加深。总体而言，本书是一部史料丰富、文笔生动的人物传记，读者可以多方位地了解拜伦——一个伟大而又渺小，完美与缺陷并存的诗人。

目　录

第一章　纽斯台德的拜伦家族

歇渥特森林距离诺丁汉不远，风景宜人。奥古斯丁教士团的会员们——一小群身着黑衣的僧人悠闲地从橡树林中走出来。教会将以谋杀汤姆斯·阿·贝克特的罪名将英格兰的亨利二世逐出教会。他向教皇起誓，一定会改过自新，并将他的财产捐助给了修道院以示诚意。于是，他将修道院的地址选在了清泉和湖泊环绕的山谷中。他命人砍伐树木，开辟出了一大片土地，目的是赞美上帝，并拯救国王的灵魂。修道院由石头砌成，漆成灰色。工匠将窗子造成哥特式的，尖顶由交错骨构成，装饰物状若玫瑰，整个修道院精巧而又别致。潺潺流过的溪水，郁郁葱葱的花木围绕着原本气氛庄严的修道院，别具一格，美不胜收。这座名为"纽斯台德"，意寓"新生"的修道院修建完成后奉献给了圣母玛利亚。

纽斯台德的修道院院长们长期坚持着整治湖泊边上这个地方长达三个世纪。但随着时局变化，生活越来越艰辛，就连信徒们的捐助都不如以前那般慷慨了。他们开始崇尚对现代知识的学习，转而将原本打算捐给修道院的礼物捐给了各大高校、医院。这座修道院曾随着一个帝王的忏悔拔地而起，如今又将随着另一个帝王的意愿归于尘土。亨利八世请求教皇能够取消他同阿拉贡王国的凯瑟琳的婚姻训令，却没得到教皇的允许。博林派的贵族们便想到一个两全其美的方法，既能成全国王对安娜·博林的爱，又能满足其对黄金的追逐，他们建议国王干脆废除教皇的权威，自己作英国国教的首脑。接下来，皇家没收了修道院。英国国教教会委员会和国库委员会的委员们开始到各个修道院走访。英国是个尊重法律的国家，因此，按照法律规定，僧侣们不得不"自愿地离开修道院"。约翰·伦敦博士很有游说的天赋，还因为能够让僧人们迅速放弃修道院而远近闻名。终于，伦敦博士成功地说服了约翰·布莱克副院长和七个教士团的会员于1539年6月21日在纽斯台德签署了交割产业的文件。报酬是每年分给副院长二十六英镑，其他每个人三镑六先令八便士。那些僧侣们丢掉创始人的契约，丢掉千辛万苦从伦敦大兵手里夺来的读经台，上面还铸有铜鹰，然后再无牵挂，纷纷离去。从那以后，人们再也看不到在纽斯台德的紫杉树下为国王的灵魂祈福的人了。一年后的1540年，亨利王将纽斯台德卖给了他那以"大胡子小约翰爵士"而出名的忠诚子民——约翰·拜伦爵士，价值八百镑。

由此，拜伦便成为继教士团之后英国最古老的继承纽斯台德家族的家长。他们来自诺曼底，随着征服者威廉一起来到了英国。这个家族不但在十字军东征中立下汗马功劳，而且在加来（法国北部港市）的围攻战中也功不可没。他们拥有大批土地产业，在诺丁汉附近，甚至在兰开夏的罗奇代尔和克莱顿都有他们的土地。他们信奉一句话：信任拜伦！他们是法国拜伦侯爵的亲戚，因而他们用法国方式写自己的名字。那些布满战壕的城堡便是"大胡子小约翰爵士"由那些哥特式修道院改建而来的。他们祖祖辈辈生活在这里。大约一百年后，罗奇代尔的拜伦男爵因为英勇善战而成为这个地区的贵族，在内战中，他是查理一世的忠实朋友，带领一支骑兵团在边际岭上冲锋陷阵，又在马斯顿荒野上勇猛厮杀。这位新爵士从未抛弃过皇家的事业，他对查理一世的忠心耿耿比他的战略更加值得敬仰。而当国会军将魔爪伸向纽斯台德时，那些曾经安逸得回响着赞美诗和颂诗的宁谧湖水，此时却是哀鸿遍野，毛瑟枪的撞击声和号角所混合的喧嚣声此起彼伏，古老的城墙上，留下了炮火枪弹带来的丑陋伤痕。

随着耕地不断开垦，农场和村舍拔地而起，修道院附近大片森林纷纷倒地。橡树林中随处可见成群的小鹿奔跑觅食，更多富人居住到这里，使得拜伦家族不再是此地唯一的占领者。在那些装修华美的房屋中，距离纽斯台德最近的安斯利属于查沃思家，两座房子由橡树林中的一条小路遥遥相连。而两个家族也因第三代拜伦勋爵和查沃思女儿伊丽莎白的联姻而密不可分。拜伦家族第三代爵士一直活到17世纪末，却在这一代差点彻底销声匿迹。修道院拍卖时的预言开始应验，随着时间推移，灾难逐渐降临到拜伦家。昏暗的夜色中，拱形圆顶的走廊里鬼影幢幢，僧侣们的黑色头巾辗转徘徊，将整个拜伦家族的好运无声无息地悄然带走。拜伦家的负面传说最终彻彻底底地降临在了第四代男爵的两个儿子身上。长子，第五代拜伦勋爵，因谋杀而被审判；次子，成为海军将官，却命途多舛。

第五代拜伦勋爵因谋杀其表弟查沃思先生而获罪的故事实在是可悲而又可笑。两位绅士按照习惯从诺滋到伦敦去参加在帕尔马尔的星星酒店和嘉德酒店的每月聚会。一切如常，1765 年 1 月 26 日，聚会如期举行，气氛热闹非常。而查沃思先生和拜伦勋爵却因为怎样才是保存野味的最好办法的这个话题而发生争执。两人让侍者将他们带进一间空房间，侍者将一个烛台放在桌子上后便关上了门。当酒店主人听到铃声后赶到房间时，看到的是已经扭打在一起的查沃思先生和拜伦勋爵，其中查沃思先生已经身受重伤，被抬回住所后终因伤势太重而亡。

身为贵族的拜伦勋爵因杀人罪受到贵族院的审判并在数月后被关押到伦敦塔中遭受牢狱之灾，继而，又被卫士骑马押送到西敏斯大厅。拜伦勋爵最后的审判结果是杀人罪，虽然申辩无罪未能成功，但对于地位不同于其他的贵族来说，也算是为他的谋杀罪开脱了。

可能是由于被杀的查沃思先生也确实不是什么好东西，脾气暴躁的他恶名远扬，使得即使是他的朋友都不认为杀了人的拜伦勋爵犯了什么大罪。更有甚者，拜伦勋爵至死都将杀死表弟的剑当作获胜者的象征挂在卧室的墙上。但当地的人们却给了他一个不太好的绰号"邪恶的勋爵"。他的罪名更是让人对他避而远之。这个传说中的恐怖人物，使得不幸的拜伦夫人不得不逃离纽斯台德，让一位人称"贝蒂夫人"的女仆取代她的位置。

邋遢的贝蒂夫人既是主人又是女仆，她将修道院打理得简直像一座猪圈。哥特式教堂被她当牛棚使用，金碧辉煌的拱形顶门用来养马。而我们的勋爵大人，因为其独子没有遵循他的意志而迎娶了自己的亲堂妹导致再没有机会被世人所知晓。这位"邪恶的勋爵"极尽所能挥霍本该属于他的继承人的财产。他几乎砍掉了整个郁郁葱葱的森林，价值五千镑的橡树林变成了赌债。当时路过这里的霍勒斯·沃波尔曾有过这样的记录："我曾着迷于纽斯台德迷人的哥特式气息，那精巧的房间，舒服的房屋都让我流连忘返。而这位勋爵疯子一样地砍伐掉所有树木，却栽种了一小片苏格兰枞树，这让纽斯台德看上去像一个年轻的农夫，却套在古老的家庭制服之中。"最终，拜伦勋爵杀死了他庄园里的两千七百头鹿，并将有煤层的罗奇代尔产业以每年六十镑的低价出租了二十一年，这些荒诞的所作所为让他的后代变得一无所有。

他的乐趣，就像孩子恶作剧一般幼稚。黑暗中，他下水打开溪流上的水闸，让水流出来淹没棉纺厂的产品；他将邻居水池里的水放空；他整天蹲在一个要塞上，指挥他时常玩的一支玩具船队在自己湖边建造的两座微型石头要塞间战斗，他给它们安上小型的大炮，让它们相互射击。而他的男仆乔·默里，此时则躺在其中一条小船里指挥着厮杀的舰队；他甚至会自娱自乐地仰面躺在厨房的石板铺成的地面上指挥蟑螂在他的身上进行往返跑比赛，他用稻草轻触偷懒的蟑螂，督促它们加快脚步。

约翰·拜伦，拜伦勋爵弟弟的生活同样的不平凡。他的祖父，曾是一名豪爽勇猛的水手，命运却总是喜欢跟他开玩笑。他的航行，十有八九会被风暴侵袭，"坏天气杰克"也就在他的同伴口中传扬开来。1764 年，奉命环球探险的拜伦船长驾驶着海豚号用很短的时间完成了他的环球旅行，航行过程中，他途经了麦哲伦海峡，抵达巴塔哥尼海岸（阿根廷南部）并发现了失望岛。他的传记作者在给他写的传记中表示，这一路他事实上经过了许多未曾被发现的地方，证实他并非没有发现除了失望岛之外的新土地。这次航行过后，这位小心谨慎的探险家被提升为纽芬兰的总督，又获得海军中将的头衔，最终死于 1786 年。

约翰和乔治·安森是拜伦中将的两个儿子。约翰·拜伦，中将的长子，是个士兵。乔治·安森是次子，在海军中服役。约翰曾经受训于德国一所军事学院并加入了卫队。在他很小的时候便参加了同美国的战争。他性格粗暴，行为粗鲁，因嗜赌如命而负债累累，人送外号"疯杰克"。卡尔马瑟女侯爵在约翰 20 岁刚回到伦敦时便被他的狂野气质彻底迷倒，年轻貌美的女侯爵是利兹的公爵卡尔马瑟的妻子，这位宫廷大臣温柔绅士，有良好的教养，却终究输给了不羁的拜伦船长。女爵在他父亲死后便带着继承来的科尼尔斯男爵夫人的头衔和每年四千镑的遗产与拜伦船长私奔了，而可怜的宫廷大臣和三个孩子则被无情地抛弃了。

两人在科尼尔斯夫人位于阿斯顿大厦的一幢房子住了一段时间，但由于私奔丑闻的猖獗传播和债主的穷追不舍，他们不得不逃到法国。他们的女儿洪·奥古斯塔·拜伦在那里出生。科尼尔斯夫人最终于 1784 年过世。关于科尼尔斯夫人的死因众说不一，上流社会的说法是她不堪丈夫的虐待郁郁而终，而拜伦家里的解释是由于她产子后刚满月便去打猎致使身体无法承受而死亡。而她的终身所有权的财产也随着她的过世而消失。

第二章　盖特的凯瑟琳·戈登

当时追求潮流的人们爱去一个叫巴思的矿泉，年纪轻轻便失去了妻子的约翰也在前往的行列中。他在蜿蜒起伏的坪地上缓缓前行，同路人讲述他悲伤的过往。也就是在那里，来自盖特的凯瑟琳·戈登小姐，一位年轻的苏格兰女郎闯入了他的心里。她长得不算漂亮，身材矮小而丰满，鼻子略长，肤色过深。她是个孤儿，但她父亲去世后给她留下一笔财产，大概有两万三千镑，其中三千镑是现金。这笔钱似乎不多，但用来应付恼人的债主倒是够的，同时，她在盖特还有房产、鳟鱼场和阿伯丁银行的股金。

凯瑟琳·戈登虽说不上倾国倾城，但毕竟出身尊贵，家族在苏格兰地位颇高，这让她深感骄傲。威廉·戈登爵士，作为盖特的第一代地主，是亨特利子爵和亨利二世的妹妹安娜贝拉·斯图尔特的儿子。这个帝王气十足的家族却在日后遭遇了一系列令人瞠目结舌的悲惨事件：威廉·戈登溺水而亡，亚历山大·戈登被人谋杀，约翰·戈登则于 1592 年因谋杀莫里勋爵而被处以绞刑，而另一个约翰·戈登也同样遭受了绞刑，原因是在 1645 年暗杀了沃伦斯坦。这个家族的每一个支系似乎都要搭上一个戈登的性命。苏格兰的封建、残暴风俗保留得比较长，而盖特的第六代地主则是个故意为非作歹的恶棍，他总是说："我停不下来，我知道我的所作所为会让我送命，可就是有一股邪恶的力量长期在我胸中涌动。"

盖特的领主们统治了北方长达百年。这些残暴的、打有恶棍烙印却又让人着迷的人的故事在苏格兰的民谣中比比皆是。到了 18 世纪，王权的巩固使得人们不得不遵守法律，但却并没有阻止繁多的因暴力造成的死亡事件。亚历山大·戈登死了，他的儿子乔治·戈登跳到巴思的运河里溺水而亡，随后便是凯瑟琳·戈登的父亲。终于，在几年之后，凯瑟琳·戈登被拜伦那双会说话的眼睛所吸引，无可救药地爱上了他。

凯瑟琳·戈登从小随祖母长大。她的祖母来自达夫家族中，同为苏格兰人。祖母从小教会她的是达夫家族的勤俭、严谨的生活方式，同时让她接受良好的教育。达夫家族拥护辉格党，而凯瑟琳也自然受到了这种政治观念的影响。凯瑟琳·戈登酷爱读书，当你去翻看她写的信的时候，乍看下去，你会觉得她写得词不达意，但仔细品阅你会发现，这是一种轻松快乐的文体。她行事冲动，兼具戈登家族暴躁和勇敢的双重性格。她的勇气从她选择的结婚对象、日期和地点便可略知一二：她所嫁的人是个令人畏惧的家伙，时间定在 1784 年 5 月 13 日，婚礼地点又选在她父亲跳河自杀的巴思。

新婚夫妇定居到北方的盖特。这里的产业非常让人满意，但是戈登家的亲友对他们的到来却没有表示出什么热情。戈登家家风节俭，如清教徒一般，拜伦却将他放荡不羁的生活习惯带到了这个家里。他们几乎夜夜笙歌。就在一个周六的晚上，当拜伦太太的那些来访的表亲看到狂欢中的新婚夫妇时，顿时被惊呆了。他们怀疑这对夫妇甚至不遵守安息日的规矩：苏格兰双人舞在午夜钟声敲响前刚刚结束。他们认为这个外来的英国佬在肆无忌惮地挥霍他的苏格兰财产。他们同时指责凯瑟琳做事不动脑子，认为她用羽毛和绸缎装扮自己，用珠宝掩饰粗壮脖子的行为既不自量力又自以为是，认为她的丈夫完全是冲她的钱而来。

年轻的拜伦上尉将戈登的家产迅速挥霍殆尽。先是花光了那三千镑的现金，接着又让凯瑟琳转出了阿伯丁银行的股份和鳟鱼场，最后，当他们领地里的树林也被砍光之后，又通过抵押的方式借贷了八千镑。在靠近盖特的湖岸一直有野鸡栖息着，这已经持续了好几个世纪，古老的家族格言这样预言着：

野鸡的离开，即预示着盖特家的消亡。

1786 年，哈杜勋爵看着从盖特领地飞到自己领地的野鸡说："来吧，不会伤害你们的，你们来了，盖特家族的没落也就为期不远了。"第二年，他便以一万七千八百五十镑的价格买下了盖特的产业。苏格兰的律师看着他们的债权人因不断借贷而负债累累，明智地决定自己保存这笔钱。

而这之前的一年，拜伦夫妇的经济已经不堪负荷，无法维持领地的支出，因而离开了盖特。他们在英格兰辗转了一阵子。为了躲避催得越来越紧的债主，他们越过海峡，离开了苏格兰。留在苏格兰的拜伦夫人的亲戚们为凯瑟琳悲惨的命运惋惜不已。不可否认，凯瑟琳的一生都是苦不堪言的。在法国，她的丈夫和德·比隆元帅是老朋友。元帅把他当自己的兄弟，因而他们又结交了其他几个地位尊贵的贵族。他跟人赌博、调情，他毫无节制地挥霍，生活被债务所充斥。但即便如此，凯瑟琳·戈登的勇气从未被消磨掉。她竭尽全力地抚养小奥古斯塔，过着简单朴素的生活。她仰望着她深爱的丈夫，她用苏格兰卷舌音来念拜伦的名字"拜伦——伦——伦"，他帅气的外表，他残忍的真诚和他的肆无忌惮都令她着迷。可是，一旦想到未来，一股恐惧油然而生。1787 年，她怀孕了，在临产的时候，她希望能够回到英国去。于是，小奥古斯塔从此便跟随她的外祖母霍尔德内斯夫人一起生活。

在人生地不熟的伦敦，凯瑟琳住到了上流社会人士居住的地区。当时的凯瑟琳，正处于待产期，最脆弱的时候，却发现并没有人关心保护自己。拜伦上尉除了要钱的时候回来找她，其余时间都住在巴黎或者多佛，然后又在一个星期内花光要来的钱。律师约翰·汉森可能是这个世上唯一一个关心她的人了，他让他的妻子为这个待产的太太找来了米尔斯太太做保姆，库姆先生做助产士。乔治·戈登·拜伦在 1788 年 1 月 22 日出生。之所以他的名字里会有戈登，是因为有条遗嘱规定，盖特的戈登家族的子孙才有资格用这个名字，而这个名字也成了拜伦能得到的唯一的遗产。

拜伦夫人回到英国的时候清楚地知道自己曾经的财产已经被丈夫洗劫一空，如今身无分文。即便是变卖了盖特的产业也无法满足上尉的贪婪，他可以瞬间挥霍掉一处产业，一笔债接着一笔债地压迫下来，让人透不过气。此时，苏格兰的律师给他母亲写了一封信，语气严肃，信的大概内容是告知凯瑟琳，他们当初卖掉盖特的产业的钱如今只剩下四千二百二十二镑了，这其中的一千二百二十二镑要作为这笔财产的抵押权的专款。剩下的三千镑以百分之五的利息以拜伦夫人和她的儿子名义做投资。这个律师还好心地委托了一位自己在伦敦的同行每年付给拜伦夫人一百五十镑的生活费。

拜伦夫人完全可以依靠这一百五十镑支付她们母子所有的生活支出，但一想到她的丈夫，她却真的不知道该如何是好。她得知上尉在几个星期内又一次将债务累计到了一千二百镑时，凯瑟琳血液中流淌的属于戈登家的怒火终于彻底爆发了出来，她撕碎衣物，摔盘子以发泄怒火。可是，当约翰·拜伦再一次用那双迷人的双眸注视着她的时候，她又一次沦陷了。她不得不求助于律师，于是，受到委托的伦敦律师写信给他的苏格兰同行，"拜伦太太告诉我，她已经身无分文，但她却无法拒绝她同样贫困且不断欠下债务的丈夫的任何请求。"

那时的她只有23岁。当她还是个女孩子的时候，她是一位有着高贵姓氏的财产继承人。她一度软弱地认为，她是值得被爱的，也一次次想象自己被爱的画面，而她自己，也真的不顾一切地去爱了。但事实残酷，她遇人不淑，所有曾经自以为是的爱情到头来都是骗局，她没有了钱，一贫如洗，还要支撑丈夫和孩子的生活，支付房子的费用。如大多数女人一样，拜伦夫人也曾经如疯了一般抓狂，但那都是短暂的，极少出现的。她被苦难折磨时，却有一种强烈地想回到苏格兰，回到阿伯丁的迫切欲望。在伦敦，债主们的逼迫让她苦不堪言。她终于选择离去，而孩子的父亲，拜伦上尉却并不急着追随她。生活的苦难同样让他痛苦不堪，能供他挥霍无度的科尼尔斯夫人永远地离开了他，每年四千英镑支撑他同那些法国贵族朋友生活的钱也不再属于他，那个本就不漂亮，如今更是变得臃肿且身无分文的妻子，即使她身上流淌着尊贵的皇室血液，如今看起来比村里的老板娘也好不到哪里去。

拜伦夫人带着两个苏格兰女仆定居在了阿伯丁，在那里，她以相对合理的价格租了一套带家具的房子。两位女仆，安格尼斯和梅·格雷轮流看护着小拜伦，她们曾叫他"乔弟"。她们说拜伦长得很漂亮，遗传了父亲的容貌。但母亲却发现开始学步的他居然是跛脚的，外观看来并没有异样的小孩儿脚跟着地时，脚踝便会变形，这迫使他不得不用脚趾的力量才能直立，脚踝一点也用不上力气。著名解剖学家约翰·亨利博士接到阿伯丁的医生描述症状的信后，送了一双定制的靴子给小拜伦，但这似乎并没有让他好起来，当他跟随女仆走到阿伯丁街头的时候，他的脚依旧是跛的。

孩子对世界的看法往往来源于他们最初看到的一切，那么，小拜伦的眼中都有些什么呢？苦难让他的父母放弃了在一起生活。烦躁几乎成了母亲的代名词。他的父亲曾经这样写道："看起来温柔和善的凯瑟琳实则暴躁不堪，即使最虔诚的信徒也无法同她长久生活，哪怕只有两个月都不可能，也许我是唯一一个能与她生活在一起的人。"他们曾一度分居在皇后街和宽街，他们会相互探望做客，一起聊天喝茶，他深邃的双眸依旧是她的死穴。也因此，他又一次让拜伦夫人心甘情愿地去为他借了三百镑却自己支付利息。这样，她支付完利息，就只剩下一百三十五英镑用来支付一年的开销，她没有丝毫外债的状态依旧让她引以为傲，但这不能阻止她在积愤难抒时发脾气。

年幼的拜伦小心翼翼地观察着父母，充满好奇。他头脑中生活最初的模样与其他孩子不同，他没有相濡以沫的父母，他看到的是争吵不休的拜伦夫妇。他甚至能感受得到仆人们对父母的蔑视和恐惧。破碎的家庭环境和先天的残疾，让他从小便没有其他孩子天真的笑脸，他深深地自卑，不敢去触碰痛苦的来源。一次，一个女人在街上对着他的女仆说："这么可爱的拜伦却有着这样一条残疾的腿，真是可惜了这孩子了。"他当时气急败坏地用玩具皮鞭抽向那女人，发泄着自己的怒火并让她住口。每晚，还是孩子的他都要经历裹脚这样痛苦恼人的治疗。

接近 1790 年年底的时候，约翰·拜伦从他妻子和他姐姐利夫人那里骗到一些钱后便逃往法国，在利夫人位于弗拉悉尼斯的一座房子里住下来。他在毫不知情的情况下卷进了法国大革命，同旅馆中的女仆厮混，日子过得很拮据。1791 年的夏天再没有店老板愿意赊账给他，穷困潦倒的他声泪俱下地写了一封信给利夫人，在信中，他写道："我真的已经身无分文，没有一件衬衫，我再支付不起一件新衣服，只能穿着早就破烂不堪的衣服避寒，哪怕我是个划船的奴隶，我也心甘情愿。"在这之后的几天，他便自杀身亡。

小拜伦知道母亲从来没有停止过对父亲的炽热的爱恋，所以当得知约翰·拜伦的死讯之后，拜伦夫人受到沉重的打击。她在给她的嫂嫂的信中说："亲爱的夫人，也许您不知道，拜伦先生的去世让我十分悲恸，我竟没有见到他或许微不足道的最后一面。我本不知道他竟然患有疾病，否则，我一定会忽视他那些小小的不足，不顾一切陪在他身边。我对他全身心的爱从未停止过，既然您说他并未陷入昏迷，那么，临终前，他可曾有只言片语是给我的？疾病折磨了他多久？他的尸骨又最终深埋在哪里？求您一定告诉我，并寄几根他的头发给我作纪念。"

而小拜伦虽然年幼，但心中从未消失过父亲的影子，他一直仰慕他的父亲。而如今，随着父亲的过世，他身边除了这个已经有些疯癫且喜怒无常的母亲外，再无其他。母亲经常粗暴地殴打他，接着又同样疯狂地亲吻他，小拜伦知道她的命运悲惨，这让他在惧怕她的同时又深深地同情她。每当他去阿伯丁的希腊文教授约翰·斯图尔特的花园里摘果子时，都会问同样的问题："我能否带些苹果回去给我那可怜的至亲的母亲？"

第三章　小拜伦男爵

"耶和华看中了亚伯和他的供物，只是看不中该隐和他的供物，该隐就大大地发怒，变了脸色。耶和华对该隐说，你为什么发怒呢，你为什么变了脸色呢？"年幼的拜伦认真地听着梅·格雷为他朗诵《圣经》，神情激动。尽管他还不能完全理解《圣经》中的意思，但却能感受到《圣经》带给他的神奇魔力。梅·格雷以该隐有罪回答他关于主拒绝该隐的供物的问题。因为有罪？该隐当时还并没有杀害亚伯为什么就有罪呢？因为该隐该死！格雷的解释又让他不理解什么是该死。格雷说该死就是该隐会被撒旦抓走然后用地狱之火将其烧死，万劫不复。她总是会提到撒旦，以此来吓唬年幼的小拜伦。她会讲一些吓人的鬼故事，讲房子里神出鬼没的影子。夜里，她一边为他跛脚的脚后跟缠上紧紧的绷带，一边要求小拜伦诵读赞美诗。拜伦喜欢那节奏，幽默而充满力量。他最喜欢的是第十一篇和第二十三篇用苏格兰诗律谱成的诗文。

按照主人的要求，梅·格雷是应该在熄灭蜡烛后一直待在隔壁房间陪伴小拜伦，但她却经常不打招呼就出去。每当她外出，小拜伦独自一个人在屋子里的时候，恐惧就会包围他。房子附近有一块墓地，于是，苏格兰无处不在的幽灵，可怕的撒旦以及上帝，仿佛都在他身边。黑暗中，他仿佛能触碰到在身边飘来飘去的坏东西。他感到害怕，跑到走廊尽头的一扇窗户旁，长时间凝视窗外的亮光，直到寒冷让他不得不爬回床上去。

梅·格雷对小拜伦几乎不带任何感情，母亲感情又太过充沛而无常。前一秒，她还指着他骂是小兔崽子，像他父亲一样是个彻彻底底的坏拜伦，下一秒便会把他揽进怀里，紧紧地拥抱，夸奖他的眼睛真漂亮，简直和父亲的一模一样。

她说因为他身上也流着她的血，所以也是有着皇室尊贵血统的戈登家族的后代。可梅·格雷和她的朋友们却告诉他，戈登家族中曾经出现过很多杀人犯，他们被处以绞刑，溺死在海里，就像该隐一样，被邪恶控制，罪该万死。而关于他们拜伦家族的事情，母亲似乎不太愿意提起，但他还是依稀了解到，拜伦家族的家长，那个邪恶的勋爵，生活在英格兰中部的一座古老的城堡中。他从家族悠久的历史中了解到，他的前辈们有伟大的战士，也有出色的航海家，这一刻，他为身为拜伦家族的一员感到骄傲，这种神秘的荣耀让他不再觉得自己比那些拥有健康身体和亲密父母的孩子们差，虽然他曾经那么羡慕他们。

差两个月五岁的时候，他被送到了学校，学校离家很近。学校的校长是人称"鲍兹"的鲍厄先生。一个季度只要交五先令。母亲写信告诉鲍兹，希望他能让小拜伦学着安分一点。学校很简陋，脏乱而低矮的教室里，地板到处都是被腐蚀的小洞，孩子们在这样的教室里朗诵全是单音节词的教科书"上帝创造人，让我们热爱他……"

当鲍兹肚子里那点墨水无法再满足小拜伦时，拜伦夫人便从大学里请了两位教授给他做家庭教师，其中一个名叫罗斯，是一位虔诚的牧师，个子矮小，举止温文尔雅，小拜伦在家庭教师的教育下学业飞速提高，也更激起他对历史的浓厚兴趣，尤其是罗马史，他反反复复读了十几遍的雷格勒斯湖战役；而他的另一位老师，那个叫帕特逊的忧郁青年，精通拉丁文，父亲是位鞋匠。他教小拜伦拉丁文和宗教方面的知识。

同梅·格雷一样，帕特逊是位虔诚的浸礼会教徒，为人严谨。他不遗余力地给小拜伦灌输着他的加尔文教义。"我们与生俱来的原罪让我们从出生起就是腐化的。有些人为了过上圣洁的生活，便通过圣灵与基督相连。而其余的人则注定了要受到残酷的惩罚，万劫不复。圣灵的能力是上帝的选择，他将永生指派给一些人，又将诅咒降临到一些人的生命中。"这让还只有七岁的小拜伦开始思索自己到底是被祝福的还是被诅咒的。拜伦和戈登家族中所有暴虐的人都受到了诅咒，当他意识到这一点时，他体内就会升起一种无名的怒火，烧红了他的双颊，那一刻，他仿佛被魔鬼附体，不知道该何去何从。但其他的一些时候，他又觉得自己是温柔和善的，他怀疑这可怕的一切都不是真的。

虽然母亲并不富裕，但她坚持从公共图书馆订阅书籍给小拜伦，并在他的恳求下把所有关于罗马、希腊、土耳其的历史故事书买回来给他读。小拜伦还从书中读到了关于他的祖父沉船事件的故事，那一刻，他感到既甜蜜又害怕。小拜伦和别人除了战争的话题几乎不聊其他。志愿兵们在操场上演练，赫赫战绩是他心中最初的渴望。他说："我一定要组建一支人人知晓的'拜伦的黑骑兵'部队，他们要穿着黑色的衣服，驾着红色的战马，他们将创造出让人们惊叹的战争神话。"

1794年，拜伦夫人在与邻居喝茶聊天的时候震惊地得知所谓"邪恶勋爵"的唯一的儿子已经过世了，她叹息一个年轻生命的陨落，更想不到她自己的儿子，乔治·拜伦继承了爵位，以及纽斯台德和家族中所有财产。虽然并没有人告知她这一消息，但这确实是不可改变的事实。勋爵的独子在卡尔维的围攻中阵亡在科西嘉（法国东南部岛屿）。如今，阻碍他这个头发还是柔软的黄褐色的孩子登上勋爵之位的就只有那个在纽斯台德湖面上命男仆用玩具船队发动战争，躺在厨房的地板上指挥蟑螂赛跑的老家伙了。

小拜伦的母亲，此时作为继承人的母亲，言辞强硬地写信给利夫人，指责这个家族对她的冷淡，指责他们对她封锁消息，让她从旁人口中得知如此重要的消息，这简直是在侮辱她。在她看来，勋爵帮她的儿子是理所应当的，最起码要让她的儿子受到符合爵位继承者身份的教育。但她真是一点也不了解这位"邪恶勋爵"，他享受着瘦小的拜伦跛着脚等着自己死亡然后继承爵位的残酷过程，他对信置之不理，而是依旧不停息地按照计划挥霍拜伦家族的领地和所有物。

这样一来，拜伦夫人即便怒火冲天也无法让儿子受到贵族学校的教育，只能让小拜伦依旧留在阿伯丁学校读书，在那里，他是玩大理石弹子的佼佼者，很受同伴们的欢迎。但最开始他从母亲那里继承来的喜怒无常的性格可让那些小伙伴们多少受到了惊吓。城里人都称他为"拜伦太太的跛脚恶魔"。"这是一个惹人疼爱却无法控制的孩子。"这是一个老师给他的评语。尽管小拜伦身体残疾，但是他却充满勇气。只有他打人的分，从不给别人打自己的机会。他的腿无法长时间站立，但他却学会用脚尖支撑身体打完一场架。一次，他无法立马教训一个冒犯他的孩子，便扬言日后一定会教训回来。如他所承诺的，一个星期之后，他便当街堵住那个"侵略者"给了他一顿揍。当梅·格雷看着气喘吁吁的拜伦跑进家门的时候问他发生了什么，他只是说实现了一个承诺。因为他是拜伦家族的一员，他要兑现家族格言"信任拜伦"。他始终坚信，总有一天纽斯台德会是他的。

他们都说小拜伦天资聪颖却不肯用心。学校按照习惯让成绩好的学生坐在前面，成绩越差位子越靠后，偶尔也会为了激励学生将这个规矩颠倒。每当这个时候，他坐在第一排，校长就会笑嘻嘻地刺激他："嗨，小乔治，我们打赌你过不了多久又要搬到后排去坐。"除了学校课程，还有家庭教师教授他书法课和法文课，成绩虽然一般，但他却看了好多书，比身边的同伴看的多好多。"人们看到的都是他偷懒、调皮、玩耍的样子，却从来不知道他还会有读书的时候，但他却无时无刻不在读书，吃饭时、睡觉时，别人都在玩的时候，他都在读书。他从五岁开始读书，读了几乎所有的读物。"他对东方萌生好奇源于《圣经》还有《一千零一夜》，德·托脱伯爵的书，玛丽·沃特莱·蒙太古夫人的书信以及穆尔博士的《泽卢科》等书都是他非常喜欢读的。

当时，《泽卢科》是风靡一时的小说。小拜伦为书中主人公的经历辗转难眠了无数个夜晚。他似乎在泽卢科身上看到了自己，主人公童年痛失父爱，从小便显露出暴虐的一面。身为孤儿的他点火即着，稍有不顺便大发脾气。他杀死他亲手抓到的温顺的麻雀，那曾是他心爱的东西。书的最后，泽卢科当了爸爸却掐死了自己的孩子。这本小说让小拜伦感到兴奋又焦虑，他真的害怕自己重蹈泽卢科的覆辙，却又为这种小焦虑而感到一丝喜欢。戈登家族有同泽卢科一样吓人的恶魔灵魂。

小拜伦在德语老师的要求下阅读了盖斯纳的《亚伯之死》。他再次读到该隐的故事，那个让他日思夜想，纠结不明的该隐，却是个让人提不起兴趣的悲剧。也许，没有盖斯纳笔下的这个惹人烦的亚伯也算不得是什么罪过，但关于该隐的疑惑却依旧没有解开。那时的他，幼稚的心灵渴望正义，他可怜罪人。他不明白上帝为什么让该隐杀死自己的手足，不知道为什么上帝会让自己偶尔萌生对残忍阴暗面的向往。

1796年，小拜伦在一次猩红热病愈后随母亲到农庄去度假。他的激情在高地风光面前高涨起来，他迷恋那雾霭笼罩下苍茫的高山，狄塞特荒野和山顶。在云层中若隐若现的洛赫纳格山峰有着野性而自然的美，尽管他残疾的腿并不方便，但这丝毫没有影响到他在瀑布下杂乱的石块间跳跃漫步。他听着那些坏脾气的领导者们洗劫幽谷的故事，从祖先们吓人的故事中寻找乐趣。他梳起高地人的辫子，戴上高地人的帽子，仿佛自己已经变成彻头彻尾的苏格兰人一样。他对一个农村姑娘产生了爱慕之情，那单纯真挚的感情美好得有些孩子气，这爱慕让小拜伦与山谷联系得更加紧密。他深爱着的美丽姑娘，她有卷卷的金色长发。她让他感受到无比热烈而又熟悉的激情。那年，他不过才九岁，便已经能从另一个人身上找到庞大的幸福感。回到阿伯丁，他爱上了他的表姐，玛格丽特·帕克。她还是个小女孩，有着榛子一样的眼睛和深棕色的头发。他认为再没有比她更美丽的东西了。无论是与她散步还是安静地坐在她身边温柔地抚摸她都让他感到欢喜。对表姐的炽热感情让他夜不能眠，表姐美丽的脸庞，精致的裙摆充斥着小拜伦的大脑，他三句话不离玛格丽特·帕克。与她分开后，他仍坚持要求他的母亲写信给她。在爱情的驱使下，他的话逐渐多起来，即便母亲再不愿意，也只能无奈地为他代笔。

他为自己因为跛脚而高低不一的可笑走路姿态而感到自卑；他有时宁愿别人看不到自己；他感伤，温情又浮想联翩；他会突然变得暴躁，也会在经历长时间的缄默后做出让人惊奇的举动。一次，他突然暴跳起来抓起桌子上的刀朝自己胸口捅去的动作几乎吓死他的母亲。他的回忆痛苦而充满敌意，并总是抱怨。他一系列令人费解的行为很难解释源于何处。

1798 年，小拜伦 10 岁，"邪恶的勋爵"去世了，没人知道他的恶行让他掉到了地狱的第几层。但现实是，乔治·戈登·拜伦，成了第六代男爵。得知这个消息后，他看着镜子中的自己问母亲，自己身上是否因此而有什么改变，他为何觉得自己依旧是曾经的自己。第二天早晨，在学校的茅草屋下点名时，当他听到曾经普通的"拜伦"变成了"拜伦男爵"时，竟无法说出一个"到"字，而只是哽咽地流下了眼泪。

他要离开阿伯丁了，纽斯台德有等待他继承的产业。于是，1798 年的秋天，他的母亲以及作为拜伦男爵的他和他的女仆梅·格雷一同前往纽斯台德。动身之前，拜伦夫人将她所有的动产全部变卖，一共是七十四镑十七先令七便士。

第四章　小拜伦勋爵

一路上，作为年龄最小的孩子，小拜伦毫无疑问的是一行三人中最享受这次浪漫旅行的人。苏格兰海湾和辽阔的石南荒野，树林和葱茏的草地，种种美景，都涌进小拜伦这个有着超出常人智慧和思辨能力的孩子的视线中。马车驶入距离诺丁汉还有一段距离的歇沃特森林，在纽斯台德的关卡前暂停几分钟，那里有一棵高若攀天的橡树傲然挺立，那是邻居们巧妙地从邪恶勋爵的大肆砍伐中救下来的幸存者。右手边，有一扇铁门，穿过铁门，往前是狩猎园。拜伦夫人内心的兴奋翻江倒海，却假装平静从容地问负责管理关卡的女人这庄园的主人是谁，听到管理员说是属于刚去世不久的拜伦勋爵的之后，马上又问继承人的情况，听着那人又说："据说继承人是住在阿伯丁的一个还没长大的孩子。"格雷简直要欢呼起来，她亲吻着靠在她膝头的拜伦兴奋地说："请你祝福我们的这位小勋爵吧，他就在这儿呢！"

穿过一两处灌木丛和一片松树林，马车转过林荫路，他们便看到了纽斯台德。一座哥特式建筑，在湖边芦苇丛中若隐若现，在灰暗的天色下，修道院显示出它庄严、静谧的一面。如同每一个喜欢天马行空想象的孩子一样，小拜伦的梦中也有一个能让他快乐生活并掌控一切的王国，而眼前的纽斯台德简直美丽得让他不敢相信。

一直在这里的管家乔·墨瑞上前来迎接。然后，随着大家的眼睛扫过破烂不堪的房子，拜伦夫人的火气越来越大，女仆格雷也变了脸色，年久失修的房顶，墙壁和地板脏乱得令人作呕。看着面色不善的新主人，仆人们将所有的责任都归咎于愚蠢可笑的老勋爵。小拜伦听着老勋爵这些丢人的故事，这种简直是没有任

015

何意义的生活方式竟触动了他，当听说老勋爵总是防备地将一支手枪放在自己口袋里的时候，他突然感同身受，在跟别的孩子打架的时候，他残疾的腿总是让他感到力不从心，但手枪却成了拯救他的最好武器，这让他在与比他强壮的孩子的战争中不再处于弱势。于是，七岁开始，口袋里的玩具手枪便一直陪伴着他。他们轻描淡写地讲述着勋爵同查沃思的决斗，"快速上前，将收在胸前的剑刺进查沃思的身体，仅此而已。"随着老仆人手指的方向望去，林荫道尽头的安思莱住着查沃思一家。然后，他又给他们讲述那些曾在老勋爵的指挥下赛跑的蟑螂的去处，他说，老勋爵死后，大批大批的蟑螂离开了厨房，向大厅看去，可以看到密密麻麻的黑乎乎的蟑螂群，一脚下去就能让几百只丧命。这一切在小拜伦的心中都是可怕却又让人向往的，这个家，是他的了！老仆人带领他熟悉每一个房间，讲述每个房间的故事，这里常有戴黑头巾僧侣的鬼影出没，这一间是斋堂，而那一间是厨房，那个房间里的阿拉伯人头像是战死在十字军远征中的罗伯特·拜伦的遗物……那幅画得惟妙惟肖的他的祖先的画像在他看来是所有遗产中最为有价值的，甚至比那些房产更加直观的可以触摸到，比遗传来的外表更具有意义。

初次见面，小拜伦对纽斯台德产生了如同对玛格丽特·帕克一样深厚的感情。老仆人陪着他走过拱顶的通道和装饰别致的修道院走廊、林荫道、溪流和清泉旁。他种下一棵属于自己的橡树。他要永远生活在这里，这个让人舍不得离去的地方。可拜伦夫人跟他的想法不太一样，这堪称废墟的修道院简直无法住人，可要想将被损坏得不堪入目的修道院恢复原样又何尝是件容易的事，他们需要一大笔钱，可作为一个未成年的贵族，他的财产还不受自己控制，拜伦夫人则根本支付不起这些钱。这些产业并非现金，而是田产。作为年轻勋爵的母亲，她也只能用五十镑度过一个月的时间，而且这种情况要持续到账目算清为止。她帮拜伦选择了曾在她分娩时给过她帮助的汉森律师作代表。几天后，拜伦夫人前往诺丁汉，并在那里住下。

她选择的街区离城堡很近，是城市的上区。房间阴暗潮湿，比不上曾经阿伯丁的住所。这给了小拜伦心灵不小的打击。梦想中的王国像泡沫般被戳破，只留下点点水滴。生活在这个他并不熟悉的城镇，他感到比在苏格兰时还要艰辛，这期间，母亲让梅·格雷留在诺丁汉照顾他，自己则几次去伦敦试图为自己的儿子谋一份皇家发放的年金。但梅·格雷却并没有履行她该有的责任。汉森从伦敦来到诺丁汉来看望小拜伦和他的母亲，他一见到小拜伦就喜欢上了他，当从邻居口中得知格雷的所作所为后，汉森生气地赶走了梅·格雷。

汉森认为小拜伦有着异于同龄人的聪明才智。在吵闹环境中生长起来的孩子不同于幸福家庭中单纯的孩子，苦难促使他的智力发展迅速，他不能从父母那里获得真理，必须有自己的判断力、有自己的想象力，而这种想象通常是很严酷的。如果真的像梅·格雷告诉他的那样恶人有恶报，做了坏事的坏人要被火烧死永世不得超生，那么她怎么可能还会有勇气做这么多坏事呢。事实证明，这都是成年人编出来骗小孩子的谎言。也许梅·格雷也将像该隐一样永世不得超生。那么上帝的公平又在哪里呢？我们的信仰又有什么价值呢？他什么坏事都没有做过，为什么还要受到诅咒？成为拜伦勋爵后，很多事都变了，连小拜伦的母亲都不再像以前一样觉得他的跛腿是什么错了，她听从诺丁汉人的建议为他找了江湖医生拉文德。拉文德简直没有人性，他只是把小拜伦残疾的脚硬生生地拧进一个木头做的装置里，这让小拜伦痛苦不堪。那时候，小拜伦正在跟随杜马·罗杰斯先生学拉丁语，罗杰斯先生是美国人，心地善良，他们一起阅读维吉尔和西塞罗的作品。他看着被拉文德折磨得痛苦不堪的小拜伦心痛不已，那简直是酷刑。

"我亲爱的勋爵，我看着你受这样的痛苦心里很难过，我知道你坐在这里忍受着多大的痛苦。"小拜伦安慰他的老师："我很好，罗杰斯先生，我不会再让你看到我的痛苦。"

小拜伦的隐忍让罗杰斯很快如同汉森一样喜欢上了这个勇敢的孩子。很少有10岁的孩子要求增加课程的，但小拜伦却这么做了，他写信请求拜伦夫人让罗杰斯先生在给帕金小姐上课之余再给他多加一个小时的课程，他可无法接受被人打上"笨伯"的烙印。在邻居们看来，拜伦是个活泼的孩子，他们为他的命运感到不公，落在梅·格雷和拉文德的手中让他受尽折磨，尤其是拉文德，他喜欢捉弄跛脚的小拜伦，每次小拜伦去他家看病，他会让小拜伦帮他去取啤酒，看着纽斯台德的小勋爵为了避免挨揍小心地走过街道为这个该死的江湖医生取啤酒，会让诺丁汉的人们气愤不已。

终于，拜伦夫人的坚持不懈为小拜伦争取到了每年三百镑的年金。约翰·汉森送他去格伦尼博士的达尔威挈学院学习。他还成功地说服了卡莱尔勋爵，海军中将的妹妹的儿子，也就是小拜伦的堂哥来保护他。年轻的卡莱尔勋爵曾是个出了名的花花公子。他为了购买带蕾丝的背心便可以马不停蹄地跑到里昂去。同时，他也发表过一些诗歌和剧本，而这些剧本都是悲剧。结婚后的卡莱尔勋爵开始了他严肃的政治生涯，成了爱尔兰总督。这个风度翩翩的大人物，举止优雅绅士，原本他是会一心保护小拜伦的，可是，拜伦夫人暴虐无常、吵闹可笑的性格让两人第一次见面就为日后埋下了个不定时的炸弹。

拜伦夫人将卡莱尔勋爵当作她的敌人，在她看来，勋爵的优雅大方是自满的做作，而这个高傲的勋爵则开始后悔自己当初答应当保护人的决定，这个衣冠不整，嗜酒如命，说话口音又土里土气的女人让他再也不想见到。

小拜伦再一次赢得了新老师格伦尼博士的喜爱，接触过坏脾气的拜伦夫人之后，他尊重这个小勋爵的同时也对他产生了深深的怜悯。他折服于小拜伦这个跛脚的孩子在学校的体育竞赛中表现出来的不肯低头的坚毅勇敢。他喜欢同小小年纪便博览群书的小拜伦聊天。拜伦在学校也受到孩子们的拥戴，但他时不时提起自己的勋爵头衔的举动也为他赚来了"古老英国的伯爵"的称号。他们会嘲笑他那同格伦尼博士争吵的健壮的母亲，他也为他母亲的行为感到羞愧。

从小以来的观察让他对母亲的蔑视逐渐变得强烈。出于某种责任，他对母亲尽量地温柔，虽然他知道这并不能改变母亲的坏脾气，但他依旧为此耿耿于怀。他对她，从最初的恐惧变成现在的反抗。当她气急败坏地满屋子追着他跑时，那画面既可悲又可笑。

那一年的假期，因为小拜伦对表姐玛格丽特·帕克的真挚情感而变得不同。这个小姑娘，只有 13 岁，长相很有希腊特色，让他永远铭记在心，她那乌黑的眼睛，长长的睫毛都让他忘情。在那短暂的密切交往中，他的脑海中只有表姐纯净的美丽和温柔的性情，再没有任何东西可以闯入他的世界，她那恬静的美丽让他仿佛看到彩虹一般心情舒畅，那激情让他吃不下饭、睡不着觉甚至不能安静地坐下来。他尝试将对她的赞美用诗歌表达。他只看得到她的静谧纯真，那是一种与生俱来的本能，他一直在寻找能安抚他疯狂灵魂的东西。这种东西，他在两个女孩身上发现过，之后再未出现在他的生命中。

第五章 哈罗公学

　　1801 年，拜伦转学到了一家声望不错的哈罗公学，这是一所与他的贵族地位相匹配的公立学校。汉森把他送到那里，学校离伦敦不远，校舍是砖砌的，傲然挺立在山冈上，参天大树围绕着它。往下看去，可以看到林木葱茏，溪水清澈。溪水延伸到视野看不到的伦敦城。他那时 13 岁半，喜欢在这种景色中向上攀爬。是的，他是拜伦勋爵，但那并不意味着什么，没人在意他的头衔是什么，这是千真万确的。美国大使也把儿子送到哈罗公学来，就是因为这所学校是少有的等级平等的学校。

　　哈罗公学的校长是年近五十的约瑟夫·德鲁里博士，他善良正直，公正严格，在长达十五年的任期中，他让学校声名远扬。正是在他的管理下，学校的学生人数以惊人的速度增长着。律师汉森向博士介绍说拜伦之前的教育并未受到重视，好在他生来聪明。博士送别了律师后便让拜伦和他一同进入他的书房，博士让他谈了谈对学习的态度和兴趣爱好。不久，博士发现他如一只在山野里自由不羁的野马，他自己是很有思想的。博学多识的博士能感觉得到他身上散发出来的强烈的骄傲气质，于是他把拜伦交给了一位教师进行单独辅导，打消了拜伦怕被分到低年级的疑虑，等到他最终能够与同龄人一起学习的时候再为他安排班级，这让作为转校生的他松了一口气。

　　最初的几天对拜伦来说并不轻松，让三百五十名学生全部忽略他，也不拿跛脚开玩笑那简直就是天方夜谭。各种治疗对他的脚似乎都没有什么效果，他只能把脚放在伦敦有名的靴子匠谢尔德雷克给他特制的靴子里。早晨他醒来的时候，他的同伴们正把他的鞋跟往水里放。也许他可以忍辱负重，那样同伴们也许会因为无趣而停止这种恶作剧。但他是拜伦，他的字典里可没有屈服二字。他从小失去父亲，所有权威在他眼中都一文不值。他从来不懂得何为顺从，他能清楚地看到别人的一切弱点。骄傲如他，只会对那些值得尊重的人彬彬有礼，从来不会因为谨慎而对别人卑躬屈膝。拜伦夫人赞赏法国大革命，这对拜伦的成长影响很大，他崇拜共和国士兵波拿巴，随身携带着一个波拿巴的小半身像。学生中有些爱国者看不惯，他便与他们战斗到底。他的学习并不连贯，却能在关键时刻才思泉涌，洋洋洒洒地写下三四十句拉丁文的六韵诗。他看各种书，唯独不学习课本知识，他在各种书中得到了丰富的知识。

在学校里，他征服的第一人便是有趣的德鲁里博士。几次试探性的接触后，这位可爱的校长发现，他是匹千里马，但想要驾驭他，一味拉扯缰绳是不可行的，要小心地牵引才可以发挥他的潜力，这个发现让校长大人尝到了甜头。拜伦对德鲁里博士也十分敬重，他把严厉而公正的博士当成自己的权威。他迫切地需要公平正义，而且他也能敏感地感到博士对他的喜爱和欣赏。拜伦的监护人卡莱尔勋爵向校长了解他的情况时，博士不吝赞赏表示他的才华一定会让他在以后的贵族地位上更加出色。卡莱尔对此感到惊喜不已，但却并未表现出来。

慢慢地，除了校长，学校的其他孩子们也逐渐开始欣赏这个魅力十足的少年，他的谈吐中超越常人的勇气让同伴们对他刮目相看。他们完全不能从拜伦身上看到一丁点卑贱的影子，他诚实好斗，是学校里最喜欢跟人打架的孩子了。他体内仿佛有个小小的骑士在支配着他的一举一动。他把比自己年幼又跟自己同病相怜的跛脚的威廉·哈尼斯当好朋友。威廉·哈尼斯总被一个傻大个儿欺负，他告诉哈尼斯"要是有人再敢欺负你，你就来找我，我替你报仇。"哈罗公学的学生们对人的品行判断一般都是正确的，一年后，他们逐渐看到了拜伦身上纯净的品质。他热爱游戏，为了赢得比赛，身体上的缺陷都无法阻止他。他最喜欢的要数游泳和潜水，因为跛脚在水里是没有任何影响的。他骨子里带来的勇猛和反抗精神让他成为冒险游戏中的佼佼者。他真的就像一匹小野马，把博士用来牵引他的丝线绷得很紧，仿佛下一秒就会被挣断。然而他不愿看到博士为他的行为感到伤心，他很敬重校长。但那些任性的举动仿佛是不受自己控制的，自然而然就发生了，就如同他的祖先们一样，他无法控制自己。

生活在学校的第一年并不像想象的那么顺利。拜伦的身体缺陷让人们对他指指点点，他经常独自外出，容易疲惫，想象力又很丰富，这让他很少和同学们接触。他经常一个人带一本书去哈罗山顶的教堂里安静阅读。教堂四周是狭窄的墓地，一位叫约翰·皮切的人被埋葬在一棵大榆树下面，没有人认识他。拜伦则经常坐到那棵榆树下的大石头去休息。后来他才知道，博士的妻子经常会站在窗口看着他一瘸一拐地爬上墓地的小路，那小路上布满了碎石子，而此时的他据说表情痛苦而隐忍，这让博士夫人感到心疼不已。她常说"挣扎着爬山的拜伦就像挣扎在暴风雨中前行却又失去方向的航船。"

这种难以言状的复杂感情让拜伦不断被迫靠近那片墓地。他还是个孩子时听过的那些关于地狱的故事让他对死亡充满恐惧。因此，他宁愿以一种柔和的方式将人的死亡描绘成在静谧角落里的长眠。不久之后，噩耗传来，拜伦年仅 15 岁的表姐玛格丽特·帕克永远不会再醒来了。拜伦把表姐称为"最美丽的短命人"。他在心里默默质疑，表姐那瘦弱纤细的身体真的永远沉睡在泥土中了吗？他凝望她身影时总会感觉幸福而甜蜜，每每回忆起这些，他都会被那种令人绝望的甜蜜苦涩震撼。过往的同学总会对他安静地坐在"自己的"墓地上的行为评头论足。这一切他都一清二楚，拜伦把别人的惊讶视为一种夸奖。他的这种忧郁气质散发着诱人的气息。

第六章　安思莱的晨星

纽斯台德！曾经华丽的城堡瞬间坍塌！

啊，宗教的神殿！你是痛改前非的亨利的骄矜，

你是坟墓，让勇士，僧侣和少女们与世隔绝，

是谁的身影，如此忧郁，在废墟旁徘徊……

　　　　　　　　　　　　　　　　　　——拜伦

　　1803 年，23 岁的格雷·地·卢汀勋爵租下了纽斯台德，同拜伦签了五年合约。拜伦将在达到法定年龄后重新拿回属于他的财产，但他希望住得离纽斯台德近一点，于是拜伦夫人留下了一座在诺丁汉的房子。暑假时，他满心欢喜地接受了各类勋爵的要求，完全不理会他母亲的不满，跑去纽斯台德度假去了。

　　拜伦真的实在是无法忍受和母亲一起生活了，这也是他不愿意留在诺丁汉度过假期的原因。而且，在纽斯台德度假更让人向往，他再一次兴高采烈地奔向了那片湖，那豪华的房子还有那排黑乎乎的紫杉树。格雷勋爵只是在这里暂住五年，因此并没有去修缮那些被破坏的东西。但就是这堆破烂，于拜伦来说却是美好的，让他的内心欢乐又凄凉。风吹过拱形的庭院，像浅浅的叹息声，玫瑰被高大的铁山和蓟团团围住，接触不到新鲜空气和阳光的爱抚。夕阳西下，蝙蝠在没有玻璃的窗口振翅嬉戏。就是在这些窗子下面，三百年前的修道院的唱诗班一遍遍唱着向圣母祈祷的赞歌。他在园林里找到了六年前他第一次到这里时种下的那棵橡树，此时它正在茁壮成长。这种成长似乎在预示着什么，这让他无比兴奋。

　　但是，这里最吸引拜伦的还是因为安思莱就在旁边。安思莱是纽斯台德的大

修女院，玛丽·安·查沃思小姐住在里面。她是查沃思先生的侄孙女，查沃思先生已经在那场与"邪恶的勋爵"的决斗中落败身亡了。还在伦敦时，拜伦就认识了那些住在安思莱的邻居们。尽管"邪恶的勋爵"曾经没少给查沃思家族找麻烦，但玛丽·查沃思却对拜伦很和善。他看着她，不自觉地带着些赞美的眼光，17岁的年龄真是最好的时候，她是拜伦眼中绝美的女神。有着调皮的眼睛和修长安静的眉毛，柔顺的长发梳成中分。哪怕他是纽斯台德的勋爵，她也从来没有想过这个跛脚的学生会成为自己的丈夫。但她绝不讨厌这个博览群书、喜欢幻想又热情似火的学生。她是个追求自由的尤物，她不懂艺术，也没人教她如何生活，她是从小被捧在手心里长大的独生女。她该从开始就冷落他这个孩子气的学生的，她的热情简直是对傻乎乎的拜伦更大的伤害。可是，难道让年轻的男子知晓何为激情真的是一种伤害吗？玛丽·查沃思温柔地对待她这个激情澎湃的追随者，这使拜伦开始做起了白日梦。对一个了解世间悲喜曲折的人来说，这无疑是最大的冒险。当年那场决斗，使拜伦家族和查沃思家族断绝了关系，两家成了本地的蒙塔古族和卡普莱特族，彼此仇视，这就为他和玛丽在人生舞台上重演罗密欧与朱丽叶奠定了最坚实的基础，他们的悲剧是早就注定了的，而她也确实比拜伦大两岁。她会不会也希望通过联姻将本郡的纽斯台德和安思莱重新连接在一起呢？这美丽的幻想让拜伦沉沦。

假期一开始，拜伦就每天骑马往安思莱跑，这几乎成了他的习惯。两地之间，风景如画，山峦高低起伏，羊群在广袤的草地上悠闲地吃草，几株优雅冷漠的树木将这画面点缀得更加迷人。从玛丽房间后面延展出来的平台被一面墙堵住了去路，花团锦簇的墙顶像装饰了好多结起来的花环，从柱子后面的石球上垂下来。如挂毯般柔软如画的常青藤将整面墙都覆盖着，让整个墙面都显得活泼起来。平台顶端装饰有查沃思家族标志的阶梯能够通往园林，这阶梯在下面分开，明显变成了两个小阶梯。两道阶梯间有一扇门相隔。每次走到那里，拜伦都会从口袋里拿出随身携带的手枪朝那扇门开枪以寻找乐趣。查沃思家的人笑着给大家展示那些被他打出来的洞表示拜伦家的人确实是充满危险气息的。看着他每晚赶回纽斯台德到格雷勋爵那过夜，有好心人给他在安思莱收拾出一间房间让他住下，但在最开始的时候，他并没有接受这样的好意。他就是有这样的怪癖，认真行事却又喜欢说反语。

他解释说自己如果那么放肆的话，真的怕那些挂在画框中的查沃思家的前辈会从画中跑出来赶走他。但有一天晚上，他却以前一晚回家时看到妖怪为由从此留宿在安思莱，大家听着他对玛丽说着这些小谎言，都笑了起来。

那些日子，每每想起来都让拜伦感觉甜蜜不已。沉醉在爱情中的人，与心爱的人住在一起，就算每天能在第一时间看到她从卧室走出来，睡眼惺忪地站在平台上都让他兴奋。他们或是在草地上策马奔腾，或是爬上山坡，安静地坐在山脊中的最后一个顶坡上，那里有一簇名叫"奇特的王冠"的树木。向下看去，平缓的斜坡上遍布的蕨类植物丛，在微风中微微颤动。池塘，田野和树林交错。向远处的地平线上眺望，遥遥可见几处农宅，若隐若现，袅袅炊烟让这广阔的平原显得更加安宁静谧。这片被初升太阳镀上一层金色的美丽草原是玛丽眼中最美的风景，而玛丽则是拜伦眼中的唯一。她成为他的生命、成为他的全部。没有她，他简直连呼吸都困难。她眼中的世界就是他的全部，他思绪万千，但无一不如百川入海般汇集到她身上，他叫她晨星——安思莱的晨星。

玛丽假装看不到拜伦轻率举动下掩藏的炽热的爱与欲望，只把他当作弟弟看，她不想过多思虑这些事，她的心中已经住进了一个叫约翰·马斯特斯的绅士，那是一个优秀的骑手。在"王冠"山顶上，玛丽虽然在拜伦身边，心却全挂在了马斯特斯先生那里，她澄澈的目光其实是在搜寻着马斯特斯的身影。但是，如同每一个左右着男人灵魂的女人，她无法克制自己不去勾引身边这个爱慕着她的男人，尽管，他还是个学生，尽管他并不富有。拜伦对玛丽的爱疯狂而炽热，即使玛丽没有送给他那帧肖像和那枚戒指，他的狂热甚至没有因为他的跛脚而有分毫减退。那天晚上，他在大厅听到玛丽站在阶梯顶上对女仆说的话让他痛苦不已，"难道我会爱上那个跛脚的孩子吗？"这句话如利剑一般穿透他的心，他无法控制内心的迷茫与无助，在夜色中奔回了纽斯台德。

但是第二天，他仿佛什么都没听到一样，又回到了安思莱，年仅 15 岁的拜伦，在爱情中痛不欲生，宁愿自欺欺人也不愿忍受看不到她、听不到她、摸不到她的相思之苦。假期即将结束，他却拒绝继续回到学校读书。拜伦夫人不希望他再跟查沃思家族的人有牵连，便强制他回到学校去。拜伦给母亲写信，言辞决绝，"我知道开学的时间到了，尽管回去会让我很难受，我却选择接受您的安排，但我请您再多给我一天时间，只要一天，我保证，明天下午或者晚一点的时候我就回学校去。"拜伦夫人没有别的办法，只好答应，可是一天过去了，两天多去了，一周两周过去了，学校里仍旧没有人看到他出现。汉森问拜伦夫人关于他的事的时候，她回了一封信："拜伦没有回到学校去，这可能让你和博士都感到很惊讶，但这就是事实，已经一个多月了，我每天都尽我所能去说服他，但没有效果。他身体并没有什么不舒服，是爱情让他迷失了方向，这是最让我担心的事，比生病了还要让我难过。总之，他对查沃思小姐疯狂的爱恋让我深感不安。"

他整整辍学一个学期，直到 1804 年 1 月才回到学校上课。没人知道为什么，他和租住房子的格雷勋爵发生了些不愉快，让他无法再回到纽斯台德，因为他固执又害羞，不愿意将争执的原因告诉别人，哪怕是他母亲和汉森。当然，跟查沃思小姐也发生了些不愉快，但他也不想说。如果一个被情人遗弃的人还死皮赖脸地坚持交往联系，那他肯定会尝到苦头的。一个人希望节约时间，但这些时间却让他痛苦不堪，他仿佛在逆流中艰难地前行，让他内心充满仇恨和疑虑。一月份的时候，他满心欢喜地回到了哈罗公学。如果有什么事让他遗憾，那一定是跟他最爱的纽斯台德说再见。

第七章　爱达山之神

　　最后一个学年，拜伦回到了学校完成学业。也就是这个时候，他青春期最迷茫的时刻到了，内心有两个自己在不断斗争，这种自我矛盾让他焦虑不安。拜伦很开心能够回到学校生活。和所有羞涩的孩子一样，他不喜欢太复杂且丰富的生活。在单调的生活中，他接触的都是自己熟悉的人，所有事情都是安排好的，不会有太大的意外。他的残疾不会再被学生们关注，他也受到更多的人的拥护与尊重。哈罗公学的圣堂是一间被称为"四年级教室"的古老教室，有着三百年悠久历史的橡木嵌板贴满了正面墙壁，那些嵌板颜色是暗黑色的，显得很庄重。

　　拜伦作为班长肩负着守卫圣堂的职责。曾经有三次，他把自己的名字刻在许多名人的名字之中，"拜伦"两个大字被深深地刻在木头上，一目了然。英国公学中总有些出色的学生能成为学校的领导者，而他则毋庸置疑地成为哈罗公学的领导者之一，被人追捧、崇拜、信服。当拜伦站在哈罗山的斜坡上眺望那些耕作的农民、玩耍的学生时，他觉得自己仿佛成了荷马笔下在爱达山的山顶俯视普通人劳作战斗的神灵一般。

　　当然，即使是神灵也有自己的坚持，拜伦的坚持则是那些让他苦不堪言的友谊，他为那友谊疯狂、嫉妒。这一次，他和比他小的德瓦拉产生了深厚的友谊。这让克莱尔和其他孩子妒忌不已。但真实的情形，无论在索斯维尔还是哈罗公学都不如他幻想的那般美好。拜伦是可以为朋友两肋插刀的人，但德瓦拉却并非如此，他并没有把友谊摆到如此重要的位置。这让拜伦觉得他交的朋友对自己是虚情假意的。他为此愤怒，几乎每天都写诗指责抱怨那些他真心对待却不知回报的朋友。

　　而这些诗并没有让这些朋友有什么变化，开始时他们收到信还会表示惊奇，到后来只是一笑而过。但这都不是最让拜伦痛苦的，公正严谨的德鲁里博士的任期将满，复活节后他将退休，这让拜伦充满了危机感。而在这最后的几个月的任期内，拜伦作为博士的得意门生却让他感到不太满意，他说："拜伦的成绩退到了第三名，而他依旧是匹无法驯服的小野马。他的鲁莽让我感到诧异。这个我教过最聪明的孩子，却做着最疯狂的事。更糟糕的是，拜伦还左右着那些拥护他的学生的智力和感情，对此，我感到很生气。"1804 年 12 月，德鲁里博士竟然要开除拜伦，如果不是汉森先生和卡莱尔勋爵为他说情，拜伦可能已经被请出哈罗公学了。但这并不影响拜伦对博士的爱戴和尊敬，无论他是多么骄傲的孩子，校长最初在拜伦的脑海里留下的美好印象也将一直存留，无法被怨恨所代替。当最后一次课到来时，平时气氛活跃的学校此时静悄悄的，大家围在博士身旁，感觉到他们的幸福将随着这最后一天的最后一课而结束。

　　博士的弟弟马克·德鲁里和年轻有为的数学家乔治·巴特勒牧师是校长这一职位最有力的两位竞争者。学生们的选择是盲目的，他们为德鲁里的名字而狂热不已，并不太考虑两人谁的才识更胜一筹，于是，拜伦的朋友汤姆·威尔德曼组织领导了拥护德鲁里的德鲁里派。学校的孩子们都知道拜伦的骄傲，一个孩子对威尔德曼说："你知道的，拜伦凡事要做第一，他不会加入你领导的派别做你的手下的，除非你让他做领导人。"于是，威尔德曼将这一派的领导人让给了拜伦。

　　巴特勒博士当选校长的消息揭开了反抗时代的帷幕。拜伦和威尔德曼无疑是这一反抗运动中最具代表性的人物。他们随身携带满膛的手枪。更有极端分子居然声称要在去四年级教室的路上撒满火药，只要巴特勒博士敢在那经过就让他灰飞烟灭。但一个叫詹姆斯·查理森的孩子拦下了这一过分的提议，他说这里的墙壁上刻着祖先们的英名，可不能毁了它。

　　可能是由于继承来的戈登家的传统，拜伦毫无理由地拆下了校长家窗户上所有铁栅栏。而他为此做出的无礼解释是"这样就能让阳光照进屋子里了。"巴特勒博士知道此事一味野蛮镇压是没有用的，他希望用缓和的方式让这些年轻的孩子们拥护自己，但却收效甚微。巴特勒博士却收到了不少拜伦那充满讽刺意味的打油诗。

　　事情闹到了已经退休的德鲁里博士那里，为了平息反抗，他决定以私人身份回到哈罗公学进行访问。孩子们在山脚下通往伦敦的路口等他，博士的马车一出现，他们就解放了拉车的马匹，满怀喜悦地将马车拉到了山上，博士被孩子们的热情感动了，决定留下。

尽管这最后一个学期的政变占用了拜伦几乎所有时间和精力，让他无心学习，但这个聪明而不用功的学生却依旧学到了很多拉丁文和希腊文。1805年的演说日，他两次出现在观众眼前，用英文朗诵。《李尔王》中的一段他演绎得尤其精彩。他写信给奥古斯塔，邀请她来参加演说日听他朗诵。"夫人，我希望姐夫能让他最美丽的马车载着您前来参加我们这最盛大的节日。只有最富丽堂皇的马车才被允许进入学校，这是哈罗公学的传统。"拜伦用诙谐幽默的语气来隐藏他最真实的炫耀，他要让朋友为他拥有这样一个风度翩翩的姐姐而羡慕不已。他终于有了这样一个让他毫无顾忌地拿来炫耀的家人了，这让他拥有了前所未有的满足感。拜伦后来说，其实，他也许更有做演说家和军事家的天赋，而非诗人，他最尊敬的德鲁里博士也觉得他会是一个优秀的演说家。在学校里，拜伦还是个运动高手，跛脚并不影响他成为一个好的板球运动员，他竟然还参加了1805年在伊顿公学和哈罗公学之间的一场板球赛。

这一切都充实了拜伦在哈罗公学最后的日子。哈罗公学让他收获了友谊和对诗歌最初的激情。他并没有对生活的艺术有太多感悟。而幸运的是，他对感情的要求是绝对的纯真无瑕，他不会像其他少男少女那样，为爱情，为真理甚至为上帝卑躬屈膝。骄傲的乔治·戈登·拜伦勋爵到底该何去何从呢？在即将与哈罗公学道别时，他在希腊文版本的《圣经》扉页上记录下最后这一刻的情形：乔治·戈登·拜伦，公元1805年6月26日，星期三，下午三点十五分，第三学校——卡尔弗特，班长，左手边是汤姆·威尔德曼，右手边是朗。写于山冈上的哈罗公学。他记下这一刻以避免自己遗忘。很多人想知道，1805年的6月26日，坐在用橡木做的满是记号凳子上的拜伦，脑海中想着什么？是即将离别的哈罗公学还是即将见面的剑桥大学呢？其实，他内心中对即将发生的变化感到恐慌。他在哈罗度过了最快乐的时光，在这里他被人拥戴，同这里的人亲密无间。他最好的朋友威尔德曼和朗都在他身边。他路过那些生龙活虎的年轻人并加入他们，一起制造出感染人心的欢声笑语，那一张张快乐的脸庞、那一群群无忧无虑的学生，都让拜伦快乐。在这里，没有纷扰，没有恶意，这是他生命中最神圣的一座山坡。

拜伦那敏感的神经和那日渐浓郁的忧伤都被此时的快乐所掩盖。他时常想到死亡，他为他挚爱的美丽表姐和几个年轻的朋友写下挽歌。最后一次，他来到墓地，又一次坐到那棵榆树下，陷入了沉思。

约翰·皮切……

他到底是谁呢？他的尸骨在这块墓碑下逐渐腐烂。那些青涩而美丽的幻想如今都已不复存在。拜伦极目远眺，看到景色优美的平原和平原尽头的伦敦城，都安静地守在那里。而这圣山上的年轻神灵，也将去体验凡夫俗子的快乐痛苦。这会是拜伦重回故土的栖身之所吗？在这给了他最美好时光的地方永远沉睡？如果那一天真的到来，那么只要在他的墓碑上刻下熠熠生辉的"乔治·戈登·拜伦"就好，就像这位陌生的约翰·皮切一样，不需要太多的描述，如此，便好。他在第一段旅程的起点便开始遥望终点的歇脚石了。

第八章　进入剑桥

青年时期是人生的一部分。这一阶段的人会误解习俗，他们也理应误解，他们要么盲目反对，要么盲目跟随。

——保罗·瓦雷里

拜伦入学剑桥大学特里尼蒂学院的日子始于 1805 年 10 月，他每年可以从总收入中提取五百镑，这样一笔当时在学院里相当可观的收入得到了英国大法官法庭的准许。人生中第一次，富裕之感击中了他。他购进一匹马，再来一个男仆，第一次尝到了自主的滋味。"我是可以像某国王子那样自造钱币了，或者像印第安酋长，钱币大可以不造，但我享受着比钱币更珍贵的自由啊。一提到自由女神，我便陷入战栗的狂喜，只怨我的母亲虽然和蔼可亲，却专制如蒂西风复仇女神……"这话虽然粗鲁，但拜伦的童年的确是一场悠长的冗乏的表演，戏中那位母亲阴晴不定，在楼顶声嘶力竭地尖叫着，发泄着，以释放她激烈至疯狂的情绪。拜伦在童年时期并未得到什么教训，只因他那时候极度敏感，以之为羞辱。

和中学时代一样，大学里的拜伦暗自期许可以成为学生中的领袖人物。他的野心勃勃不过是他当时身为弱者的一种不安情绪的泄露，是整日昏沉的幻梦和无聊所造成的。在学院里，学生们与他年龄相仿，因而拜伦并没有得到机会充当强者，温柔细致地照顾那些年幼者。入学不久，他就发现，秉烛专心诵读希腊诗歌的学生实在屈指可数。相反，东摇西晃的闲散生活倒显得理所当然。昔日的英国，奢靡玩乐之风甚嚣尘上，哪位客人一次宴上敢不喝下两瓶葡萄酒呢？人们称呼彼此时都说"四瓶酒那位""五瓶酒朋友"。赌博也是这奢靡风气中的一项"声誉"不错的活动。荷兰德勋爵曾交给他 15 岁的儿子查尔斯·詹姆斯·福克斯一大笔钱，让儿子好好学一学赌博。

剑桥随处可见对伦敦的模仿痕迹。大学生们厌倦于读书治学，但拜伦却对此有真正的欣赏，哪怕这种欣赏还停留在杂乱无章的阶段。开始时，他在大厅用餐，学生们在大厅一端的高桌子前吃饭，有时候老师们也在这里用餐，头上悬挂着英国国王亨利八世的肖像。不久之后，拜伦对他们的情感转为了鄙视，这些学生对于诗歌和伟大精神的理解一无是处，他们的生活中到底有何兴味可言？他们热衷于玩弄简单的双关和深奥的讽刺，热衷于在学院里天南海北地狂侃，热衷于教会里胡吃海喝的生活，在大吃大喝后他们还要互相走访，喝酒打牌，一直折腾到深夜才罢休。拜伦对饮酒深恶痛绝，但为了给旁人好印象，他不得不委屈自己。他寄给汉森一张订货单，上面要了四打葡萄酒、雪莉酒、勃艮第酒、马德拉酒。拜伦同样不喜欢玩牌，"冷静和运算我都不擅长，我也缺乏判断力。"然而，别人做了什么，他也只能依样效仿。可笑的是，像他这样的贵族青年，祖先们过着邪恶的荒唐的生活，他却要过一种禁欲主义的生活。

清晨，宿醉未醒，头脑昏沉，教堂钟声已响彻风中，他必须要去做礼拜了。要是适逢某位圣人的诞辰日，他还得披上白色的法衣。睡眼蒙眬的大学生们沉浸在风琴悦耳的圣曲声中。新的一天开始了。导师们不久便发觉，很少能看到拜伦本人，作业他更是一字不动。他买了一匹灰色骏马，每天清晨就骑着这匹他取名欧提特的骏马。头戴白帽，身披银灰斗篷，尽情驰骋。在这个花花公子的时代，即便这身打扮如此奢侈，但他为何不能成为剑桥的布鲁曼尔呢？

遇到天色和煦，他还要外出沐浴。离剑桥大学不远处就有一条河，其中一个转弯处正合他的心意。那儿水深，岸上绿荫繁茂。同来的是拜伦唯一的朋友，爱德华·诺埃尔·朗，他俩在哈罗公学时是同班同学。朗慷慨正义，真诚坦率，他们都博览群书，而且擅长游泳。他和朗一同潜入水中，从十四英尺的水下打捞起盘子、鸡蛋或者一先令的钱币，这是真正的乐趣所在。他喜欢攀住水底那截老树桩，心下暗自惊奇，自己怎么跑到这瑰丽的水底世界。夜幕降临，朗便来到拜伦的房间，吹笛拉琴，他喝着最爱的苏打水，聆听着旋律唤起了诗韵，他沉浸在一种忧郁的美的沉思中。他爱这沉思，因为这种沉思能使他回想起纽斯台德的修道院和安思莱的平台，回想起教堂废墟中翻翻振翅的蝙蝠，回想起约翰·皮切墓旁那簌簌作响的榆树叶，回想起玛丽·查沃思的歌声，还有玛格丽特已经永远合上的双眼。有时候，他会和朗共同高声朗读："他的友谊，以及当时纯真强烈的爱与热忱，支配着我，构成我一生中最绚丽的浪漫。"

这纯真强烈的爱与热忱是针对谁的呢？一次偶然的机会，他结识了学院唱诗班的一位 15 岁的歌手爱莱斯顿，拜伦曾从水中把他救出。后来做礼拜时，他发现这孩子嗓音优美，便对他很有好感。这是拜伦友谊故事中的典型一段。他对于比自己年幼、贫微、弱小的孩子总是关爱有加。相比统治克莱尔或德瓦拉、艾伦，对爱莱斯顿在精神上的统治要容易得多。所以，他也向爱莱斯顿提供强有力的保护，这种保护没有限度，算是答谢爱莱斯顿准许了他的精神统治。爱莱斯顿最初受到了一定程度的惊吓，但仍旧对他真情相待。作为回报，他曾把一颗光玉髓制成的心形首饰连同一首谱曲诗赠予拜伦。

写诗成了拜伦人生的最大乐趣，他对诗的读诵减少了，此时的拜伦，除却梦游和水中的时间，最喜欢自我沉浸在一种近乎麻木的状态中，然后，诗韵、节奏、章节等，便纷纷冒出头来。

这样的生活本已惬意无比，只可惜他挥霍无度，再加上他那对什么都会养成习惯的性格，这样挥霍的生活他也逐渐习以为常了。对于他这个穿着打扮无不讲究的大学生来说，一年五百镑的花费简直是杯水车薪。11 月过后，这一问题开始暴露。每月底，学校厨房都会寄给拜伦一大笔款额的账单要求支付，这是因为他不愿在大厅就餐，总是在自己的房内招待朋友。他向汉森寄信，要求英国大法官法庭增加他的生活费。如今，拜伦和律师之间的关系变了，他不再是那个无助的孩子，反变成了贵族大老爷了，用傲慢、轻蔑的口气来要求律师。律师严厉地回复道：只要他生活节俭，五百镑的补贴绰绰有余。拜伦蛮横地驳斥了汉森，告诫他如果自己得不到钱来还债，那就会向放高利贷者借钱。他是纽斯台德和罗奇代尔的主人，不久就会到法定年龄。凭借这样的条件向放高利贷者借钱轻而易举，即便利息达到百分之百也在所不惜！放高利贷者只有一个风险：他的法定年龄还未到，如果他不幸死在这前面，那放债人必将遭受损失。他们不愿冒这风险，所以要请拜伦的一位成年亲戚签名才行。他马上想起了奥古斯塔，并向她保证，她不会承担任何风险，即便自己英年早逝，她仍可继承他的财产，而如果他能活到那时候，那么他自己会偿付清这笔债务。不久，拜伦的母亲闻讯后震惊狂呼："这孩子要把我活活逼死！他从哪儿弄来几百镑？高利贷吗？"她又说："拜伦勋爵捐赠三十一镑十先令修造皮特塑像，还买了辆马车，说是为我买的，我早就一口回绝了，不让他再有什么买马的念头。我真担心他落在坏人的手里。我看他绝对是被哪个女人用甜言蜜语给套住了。"

确实，拜伦一旦掌握了金钱，便无所事事，甚至擅自离校。他搬到了皮卡迪里坪十六号，这本是拜伦夫人租下的，她到伦敦时便可以居住于此。他还找了个出身卑微、住在布朗普顿的情妇，他要这女孩子穿上男装，扮成他的兄弟，每逢星期天便把她带到布朗普顿，在那儿，拜伦还为她租了一幢面对亭子的小房子。在城里的时候，他大部分时间与杰克逊和安格鲁混在一块，他们是精通各种高等防身术的行家，目前任教于庞德街。杰克逊教授拳术，安格鲁则教授剑法，两人的技巧都新颖高雅。杰克逊非常出色，是英格兰的冠军，人称"绅士"杰克逊，手指上就算承重 80 磅也能照样签名不误，他的话在体育界是圣旨。拜伦称呼他为"我的老朋友和引领者，拳师约翰·杰克逊先生"，对他恭敬备至，对他的红色外套、花边袖口、马裤丝袜都不吝倾慕。他们两个给拜伦安排了激烈的训练，他的身材因此苗条，这正合他意。话说回来，没有这两人，他又到何处去消磨时间呢？说实话，拜伦可并不认识什么人。他常常心痒难耐地听人谈起那些花花公子的风流韵事，还看见女人们经过圣詹姆士街时，无一例外地对布鲁曼尔投来的微笑。布鲁曼尔总是坐在老地方，那著名的怀特店橱窗里。然而他却孤寂一人，没有亲人朋友。

春天，拜伦偕同一批新人回到剑桥，其中有那位布朗普顿的情妇，也有那两位防身术教授。他怀着无限尊敬之情，派人到啤酒质量赫赫有名的圣约翰学院取来上等啤酒，为安格鲁来到剑桥接风洗尘。安格鲁临行前，他甚至追逐到车边向这位客人敬最后一杯酒。导师斥责他与这种人为伍，他回答说，杰克逊的风度远胜特立尼蒂学院的家伙们。他对大学生活的蔑视之情贯穿始终，"这里似乎没人研究作家，不管是研究古代作家还是现代作家，人们都在尽量逃避这种研究。除了几个老朽迂腐的大二学生和研究员们还关心之外，还有谁去关注那些可怜的缪斯们啊？不管这些研究者得到密涅瓦多少欢心，他们都无法让格蕾丝满意。甚至像拜伦这种以书为命的人，也被这种氛围搞得晕晕乎乎，在家就吃两顿饭……"这种疯狂的生活让他倦怠困窘、金银散尽，可他又感到自己别无选择，只能注定经历着这样的生活。

第九章 《闲散的时光》

　　1806 年夏季放假后，拜伦回到了索斯威尔，等待他的是激烈的一幕。拜伦夫人毫不避讳他的颜面，就把铁铲铁钳朝他头上飞掷而来，这真吓坏了旁边那些皮戈特家的孩子们。拜伦不得不离家到朋友处去借宿，随后他回到伦敦，不再与他母亲见面。拜伦夫人一路追到伦敦，两人互不相让，激烈地争吵了数小时。"最后，她昏昏然退败了，留下炮具、野战装备、辎重和俘虏。"她返回了索斯威尔，而拜伦算是出师大捷，于是邀请约翰·皮戈特同去苏珊克斯海岸小住几星期，再转到哈罗盖特作短途旅行。约翰·皮戈特有着良好的教养，是伊丽莎白的兄弟，就读于医学院，对他的装备有些兴趣。在那辆轻便马车的门上，刻着拜伦家徽，还刻有一句格言："信任拜伦。"车后有两匹温顺的骏马，专门有马夫驾着。车内，与他和皮戈特坐在一起的还有男仆弗兰克和两只狗。其中一只狗是纽芬兰种，名叫波兹温，另一只狗纳尔逊则是条格斗犬。他并不富裕，何以还要带着这帮人和动物四处游玩呢？这体现了拜伦一种能力的缺乏，不管任何事物，只要偶然进入了他的生活，他便再无法将他们驱逐出去。由于他的一时兴起，这个男仆还有这些动物们便获准依附于他，他们留在了拜伦的身边。拜伦是个内心忠诚的人，他的感情有着顽强持久的生命力，因而，只要有所交集，他便与对方风雨同舟，不离不弃。皮戈特诧异于他对酒的畏惧，虽然他的放荡生活已经名声在外，但拜伦还是严格执行着饮食规定。在玛丽·查沃思这段插曲后，他仍然对女人的美感保持着敏锐的嗅觉，这种敏锐甚至是危险的。但在皮戈特面前，他却展示着男子汉大丈夫的形象，他深知爱情的危险，于是毫不迁就女人，甚至蔑视她们。

　　一行人最后返回索斯威尔，拜伦去投宿战败了的母亲。拜伦夫人看到儿子带着两个仆人以及一群犬马返家，十分惶恐。然而，她只怕儿子这次又会舍她而去，便一声不吭，只是不知如何安置这支队伍。拜伦却并无修好之意，也不想为此骗她。他借的高利贷早已花得一文不剩，如今囊中羞涩，旅途和剑桥都不是他的归处。索斯威尔对拜伦的唯一吸引力就是可以完全免费地住在这里。他的天性也是消极的，几天工夫，也就习惯了这里的一切。他的生活又开始规律起来，自此觉得学院的生活倒也不见得胜过这里。他现在树立了一项新的生活目标：成为诗人。这是伊丽莎白·皮戈特的主意。有天，她为拜伦读了几首诗，他说："我也作过几首的。"妩媚的伊丽莎白衷心地赞美了拜伦。几天后，他读了几首彭斯的诗给伊丽莎白，告诉她："我喜欢这韵律。"而且，他立即用同样的韵律作诗一首：

> 安思莱的山岭啊，贫瘠又荒凉。
>
> 我无忧无虑的童年啊，迷失了方向……

伊丽莎白为之着迷，这首诗也不幸唤起了她对爱情的憧憬，她激动万分。对拜伦而言，伊丽莎白是个完美的朋友，她快乐、温柔、坚贞，可是，她根本不知道卖弄风情一事。糊里糊涂的男人怎会爱上这样的姑娘呢。她挖苦着拜伦的羞涩，这使他——剑桥的花花公子心慌意乱，只是在心中从一到七不断默数着。然而，伊丽莎白的赞美也给拜伦带来一种踏实的满足感。她自愿为他誊写诗篇，为出版商提供手稿。

自此以后，拜伦便可以日复一日地干起自己喜欢的行当了。他夜间创作，直到深夜才休息，起床也很晚，有时候要睡到下午。接着，他穿过街道，来到伊丽莎白的住所，把前天晚上写的诗歌交给她。如果还有其他访客，羞涩的拜伦便匆匆逃离。继而，他要去拜访另一位朋友约翰·贝切，他是索斯威尔一位非常有判断力的年轻牧师。拜伦会与他长时间对话，交流探讨宇宙和生命。贝切努力说服他，说他在抱怨的这位上帝，曾给予他无尽的恩赐——头衔，智慧，财富（即将到来），最重要的是，上帝还赋予他"一个比他人灵活的大脑"。拜伦的一只手指停留在眉毛上，忧愁地说："啊！我亲爱的朋友，这家伙使我比别人都优越"，他接着又指着自己的脚，"那这家伙使我比别人都低贱。"

逗留在索斯威尔的那段时光，拜伦将自己描绘成一位年老的隐士，因怀才不遇而愤世嫉俗。他与寡妇母亲面对面吃早饭，为了免于与她交谈，他便一边吃饭一边看书。下午，他到室外游玩，到河中嬉耍，还把从朋友那儿借来的东西扔进水里，再下水搜出，乐此不疲。甚至，他还在花园里练习射击，这吓坏了索斯威尔的所有居民。拜伦马术不高，却总骑马乱跑，他对自己的坐骑几乎一无所知。一次，拜伦的几匹马走在街上，他竟然没有认出那是自己的，还一个劲儿要冲上去要把它们买回家。拜伦进行体育锻炼的真正目的是保持自己苗条的身材，他的秘诀就是少吃饭，多运动。晚上，他呼朋引伴，有时皮戈特家做东，有时是在里克劳夫特家里。索斯威尔这地方有许多女子，他现在因为熟悉而已经对她们无所惧怕。他曾对约翰·皮戈特保证过，会向所有的女人献殷勤，并忠诚地履行着这一承诺。拜伦给她们献上自己创作的诗歌，参与她们的演出，还试图与她们拥抱。其中有位性格腼腆的姑娘与他交往甚密，一度几乎产生了肉体关系，她长着一头金发，也叫玛丽。拜伦会取出她送给他的一缕金发，得意地喊来寡言的茱莉亚·里克劳夫特和安娜·胡逊观赏，炫耀着自己的薄情寡性。索斯威尔的一位太太拥有一块大玛瑙，是在一座古坟中发现的，一直被她放在针线筐里。一次，她告诉拜伦，这玛瑙其实是一块护身符，可以阻止主人坠入情网。"给我吧！"他突然大喊道，"我想要的就是这个！"

与女人打情骂俏给他带来了微量刺激，为他消烦解闷，使他能对工作产生热情，而且反复无常的生活也可以活跃他的精神。他战绩颇丰，把旧日的诗作收集起来，再次修改，其中包括他写给德瓦拉、克莱尔和道赛特的，有他翻译的凯特勒斯和维吉尔的作品，给爱莱斯顿的光玉髓的献诗，为纽斯台德写的挽歌，以及写给一系列年轻美妇的爱情诗。整个收集工作开展得很顺利，诗集也许可以被提名为"乔治·戈登·拜伦——爱情诗集"，重读这些诗篇的人会惊讶地陶醉其中。伊丽莎白·皮戈特有这样一个念头：她希望通过这些诗篇使拜伦一鸣惊人。

他把这题名为《即兴诗集》的作品集交给阿克的一位名叫里基的印刷商来付印，才印好两本，拜伦就满怀希望地送给了皮戈特和贝切。这位年轻的牧师阅读时读到其中一首"献给玛丽"，震惊之下便立刻断定拜伦绝对不能出版这诗集。拜伦那时还一心想要得到赞美，却不曾料到贝切用莫名其妙的诗韵写来一封信，恳请他毁了诗集。这无疑是沉重的打击，但他还是立即照做了，他烧毁了所有复制的作品，只有两本除外，其中一本已经寄给了正在爱丁堡大学读书的约翰·皮戈特，有意思的是，另一本正是贝切留下的那本。

随后，他分秒必争地与印刷商重新投入付印工作，他删除了"那首倒霉的

《献给玛丽》，短短数周内他就又编出一本诗集，名为《杂诗》，于 1807 年 1 月出版。拜伦认为："这本诗集的准确性不仅一以贯之，而且其纯洁性堪称奇迹。"

他把诗集分别送给剑桥的老友和索斯威尔的新交。拜伦得到了剑桥老友们的赞扬，却引发了索斯威尔的众怒。里克劳夫特家庭强烈反对这部诗集，因为其中一首诗提到的一位茱莉亚，让他们怀疑是他们家的茱莉亚。此外，在一首名为《献给莱斯比亚》的讽刺诗中，他显示出对爱情的蔑视这一傲慢的倾向。这首诗看着好像也是给茱莉亚的，无论如何，当地人都这么说，这让人忍无可忍。茱莉亚的哥哥里克劳夫特上尉要求他解释清楚。拜伦和贝切商量之后，他们各自写了一封谨慎的回信。然而，这种矫揉造作的解释，这种虚伪做作的羞愧，还有那些随之而来的纷扰，都让拜伦最终对索斯威尔这地方厌烦了。他一心憧憬着从纷乱的生活中得到激情，可当他真的拥有了这种生活，又悔痛万分。这正是拜伦的特性。他视皮尔特小姐为可信赖的人，把这位充满母性温柔的伊丽莎白称作"亲爱的白斯皇后"，并把心中不断增长的轻蔑都向她倾诉，他痛恨这地方："这该死的地方，真是受了诅咒了，可恶又可憎。即使这里的人都下到万劫不复的地狱中，我也不会皱一下眉头，只要那中间没有你和约翰·贝切，至于地狱深处，我宁愿孤军前往，也不愿鞋上沾染了索斯威尔的一粒灰尘。"拜伦急于离开这里，他的母亲并不阻止他，"拜伦勋爵住在寒舍已有七月，还随身带着两个男仆，他一年能得到 500 镑，我却没从他那儿得到过一个子儿。所以，我可没法拿我这点可怜的收入来侍奉他们了……"

为了完成那本诗集的补遗重编工作，拜伦在当地又停留了几个月。这次，诗集的印数增加了，书名改为《闲散的时光》，署名乔治·戈登·小拜伦勋爵。这个"小"字显得滑稽。他还作序一篇，并认为这篇序言会帮他得到人们的宠爱："这些诗歌是一位才满 19 岁的青年，利用闲暇时光所作，体现了我这颗幼稚的头脑所进行的内省观察，所以，人们也许对我不屑一顾，……从我的处境和今后的目标看来，我根本不可能再有这样的打扰读者的行为。……约翰逊博士曾经这样评论我一位亲戚写的诗篇：'当一位贵人以作家的身份出现时，他自然可以巧妙行使他的特权。'那些口头评论家对此无动于衷，那些杂家评论家更是充耳不闻。然而，即便情况并非如此，我也不愿意利用这一特权。"拜伦的诗集于 1807 年 6 月出版，出版后他立刻前往伦敦，亲自监督诗集分配到书商手里。

1807 年 6 月的一天，天气晴朗，19 岁的拜伦带着那本墨迹尚新的诗集来到伦敦，此时的他手头已经有了一些钱，而且声誉日增，心情很不错。自此以后，那位"有钱的弱女子"将被孤独地留在原地，而那"该死的"索斯威尔也被远远甩掉。他写信给"白斯皇后"，在信中坦率相告："索斯威尔是个该死的地方，我与它一刀两断了。至少很大程度上如此吧。除你之外，居住在那里的人我谁都不在乎。你曾是我的精神伙伴。说实话，我对你的尊重超过对那些女人的尊重。对于那些女人，我过去总是顺从于她们那些赶时髦的爱好，并从中找乐子。而你却为了我和我诗歌的誊写工作，不辞劳苦。一千个那样的女子在你面前都会相形见绌。相信我吧，尽管你置身于邪恶的人群中，我绝不会忘记你的美德善行。我相信未来某一天，我能表达我对你的感激。"拜伦的这些话都是真诚而发。至于那些允许他抚摸的茱莉亚和玛丽们，他对她们的只有鄙视。他的兽性欲求以及傲慢心态迫使他去追求这些女子，可是在内心深处，却潜伏着一个加尔文派的小苏格兰人，始终憧憬仰慕着美德和善行。

拜伦现在的关心点主要在于这本《闲散的时光》究竟能否使他声名鹊起。他对这诗集的成功扬扬自得。伦敦的一位书商原本答应代销几本，后来全部售罄，要求加印。纽阿克的印刷商里基两周内卖出 50 本，50 本——真是非同凡响！毫无疑问，拜伦的主要读者都来自索斯威尔当地人。尽管他对这些居民不屑一顾，但同时又很好奇，挂念着他们的读后感。"哪些妇女买了诗集？"他问伊丽莎白，"这些书在索斯威尔受欢迎吗？"伦敦的读者是陌生的，带给拜伦一丝恐惧感，所以要获悉他们的感想也并不容易。他给卡莱尔勋爵寄出诗集后，收到了勋爵言辞文雅的回信，这封信件显露了勋爵对他的诗集根本翻都不愿翻开。拜伦的一位堂兄亚历山大·戈登勋爵告诉他，他的母亲戈登公爵夫人买了他的诗集。她与上流社会中其他人一样，对这本诗集赞不绝口，愿意公开她与诗人的关系。然而，她的愿望落空了，因此她这位年轻的亲戚也未受到邀请。"在每家书店的橱窗里，我都看到了自己的名字。我一言不发，却正对自己的成功暗自庆幸。"有一个书商卖掉了 7 本。7 本——太棒了！那个书商是这么说的。拜伦相信了他，心里乐开了花。有几位评论家注意到了这部诗集，"在某期《评论周刊》上，他被高捧上天，另一期里，他又被打入地狱。评论家说，这样更有利于诗集的销售。因为如此一来，辩论的势头会保持强劲，他的书就不会淡出人们的视线。此外，无论什么时代，能者多承担，即使是最卑贱的人也逃脱不了自己的责任——所以，拜伦要像个哲学家一样来承担责任。"

　　他住在爱伯玛尔街的道朗特旅馆里，几乎没有访客。他在哈罗公学的一位老师亨利·德鲁里想要找他，可没找到。此时，一位名叫罗伯特·查尔斯·达拉斯的访客来到了，他自称是拜伦的远房亲戚，他的姐姐嫁给了拜伦的叔叔乔治·安森。他是一位小说家兼法文翻译家。平时严谨处事，深信"上帝和道德家的助手"是一位作家的最终目标。听说《闲散的时光》是自己一位亲戚所做，便买下了这本小册子，读后写信给拜伦："先生，鄙人近日拜读了您的诗集，感到难以名状的由衷欣慰之情，我情不自禁地赞扬您的作品，因为您运用纯正的韵律，表达了高尚的情操……先生，您的诗作不仅是美妙的艺术，更展现了让人敬仰的一腔热忱……我深知，不是您的爵位成就了您，而是您光耀了您的爵位。"

　　拜伦那时年纪尚轻，玩世不恭，并未认真对待这些赞扬。不过，达拉斯是首位注意到他的作家。于是达拉斯收到一封恭敬的回信："尽管那些杂志评论家已经出人意料地手下留情了，但我还是得承认，我能得到一位公认的天才的赞叹实在叫人受宠若惊，不过我担心如果我不拒绝自认为不配得到的赞美的话，我就丧失了这一份坦率真诚的性情……很不幸，我并不认同自己的德行，虽然我乐于听到您的赞扬，但我得拒绝。……说到道德，我更推崇孔子，而非十诫，我喜欢苏格拉底，而不是圣保罗（尽管二人在婚姻问题方面所见略同）。在宗教方面，我认同天主教宣扬的解放，但我不承认教皇……总的来说，我身上的德行或说我的某些德行，都只是来源于气质的一种情感表达而已，并非一种原则。我相信真理是上帝的主要特质，死亡是一种永恒的安睡，至少于肉体如此。您手头的这本书简要记载了罪孽深重的乔治·拜伦勋爵所拥有的情感。如果我不去买一件新衣服，您就会发现我衣衫褴褛。"这封信激起了达拉斯内心满满的赞许和无尽的困惑。

　　能成为作家堪称是最有趣的事情。拜伦已经在为前途谋划了。他想收集整理苏格兰高地上盖尔人的古老传统，改写这些古诗并出版，并用"'高地竖琴'或类似的'优雅'字眼作为诗题"。他还有以波斯涅斯战场为题材创作一首史诗的想法，但这项工程需要三四年才能完成。也许，他还可以写一写有关海科拉山的诗篇。不过，在他摘下诗坛桂冠之前，他先赢得了游泳健将的美名。他从兰贝斯出发，一路沿泰晤士河穿过伦敦，游了三英里。杰克逊一直看着他。那天，利·亨特洗澡完毕，正在穿衣，忽然看见有个人头如浮标似的在水中起起落落。同时，岸上有位打扮体面的人在远远眺望着游泳的人。岸上的人正是声名在外的拳击教授杰克逊先生，而水中的浮标就是那个尚未成年的乔治·戈登·拜伦勋爵。

第十章　剑桥的四个火枪手

　　6月底，拜伦来到剑桥，准备告别大学生涯。旧地重游，他再次来到特立尼蒂学院富丽堂皇的庭院和白克思学院的一片青葱绿草地。现在的他，苗条、轻盈，连同学、老师和看门人也不敢认这就是去年那个胖胖的小伙子了。运动员严格的修身养性的规则生活，使他的容貌看上去犹如年轻的苦行僧。人们形容他的脸色好似"一个美丽的雪花石膏瓶子，瓶里还透出光来"。他一头栗色长发，闪烁着铜的光泽，衬着透明的肌肤，显得分外耀眼。他那蓝灰色的眼睛心不在焉地东张西望，睫毛又长又黑，低垂在双眼上。当拜伦漫步在纳瓦尔学院的庭院回廊上时，那些素不相识的学生都向他投来赞许的目光，其中有个学生让他觉得面熟，他也犹豫地回望着拜伦。原来那就是唱诗班的歌手爱莱斯顿。他由于家境贫寒，即将离开剑桥，去伦敦一家贸易公司谋生。这次会面深深地触动了拜伦，他答应把钱投资在爱莱斯顿的贸易公司里，这样爱莱斯顿就能成为公司股东了。或者，等他达到法定年龄后，爱莱斯顿可以离开伦敦去纽斯台德，与他同住。他把这股重新涌出的兴奋及时分享给了索斯威尔的"白斯皇后"："我爱他确实胜过爱其他所有人，（总体来说）时间和空间都无法左右我这反复无常的性情。"

　　拜伦辍学已经整一年，因此他在剑桥那几间华丽的房间已分给了查尔斯·斯金纳·马修斯。他们结识之后，拜伦认为他很亲切，而且智力超群、学富五车，但也是出了名的难以接近。可是，他对拜伦却颇有好感，常常盛情款待。当初马修斯的导师在他分得这间房时就曾经告诉过他："马修斯先生，你当心别弄坏这些家具，因为拜伦勋爵感情非常炽热。"这话倒让马修斯很高兴，每当有朋友探望时，他总是请他们轻轻地对待门把手，"因为，先生，拜伦勋爵感情非常炽热。"

在房间内，拜伦遇到了另外几个与他志同道合的学生，他意识到，他在剑桥可以结交一些同类了，而不必再混迹于一年级的学生中。他对知识很有偏向，而骄傲造成了今日挥霍无度的他。可是这些新结识的朋友让他的精神得以振奋。这种令人振奋的混合物杂糅着高尚的生活与低俗的思想，它使人聪明，从而远离牢骚。拜伦对这些朋友真是相见恨晚，他在剑桥读一年级时，受到别人的轻视，可他当时过度肥胖，羞涩，傲慢，而实际上他又有什么可值得傲慢的呢？如今拜伦创作了一本诗集。由于诗篇中有一部分与剑桥大学有关，学生们都在阅读，所以大家都对他刮目相看了。因此，他决定10月份再来剑桥读书一年。

第二个学期，他又住回了自己的房间，结识了这些挚友。第一个朋友就是马修斯，拜伦非常推崇他。马修斯在课外时光喜欢用一些业余活动打发时间，他热爱击剑、拳击和游泳等。拜伦身为专业游泳者，批评了马修斯的姿势，指出他用力过度，身体过于暴露出水面，他还指出如果马修斯坚持这种游法，将来势必会被淹死的。而马修斯则对拜伦的思想进行了犀利透彻的批判，彻底摧毁了阿伯丁地方主义在他身上的流毒。马修斯没有信仰，他嘲笑上帝，也轻蔑魔鬼，看到他这个样子，拜伦更坚定了自己的怀疑主义。

在剑桥的最后一年，拜伦结识了另一位名叫约翰·凯姆·霍布豪斯的密友。他和马修斯截然相反，他的父亲是布里斯托一位著名商人，他出身于非英国国教的家族，支持宣扬辉格党思想。和马修斯一样，他也是一位学者，非常喜爱古典文学。他在忙着赶一篇论文，论述的是献祭的目的和缘起（拜伦称之为"你那个论物体的内部的论文"）。他积极参与朋友间的聚会，但总显得谨小慎微，这一点马修斯可没有。当其他人都去游泳时，霍布豪斯却驰骋着恣情逐猎，这反映了他们的差距。马修斯的气质并不完全合乎霍布豪斯的心意。霍布豪斯也不信宗教，但他为人处世十分严肃，是个坚定的自由主义者，非常恐惧波旁王朝。和拜伦一样，他也对拿破仑赞赏有加。事实上，霍布豪斯发自真心地偏爱着这种严肃的生活方式。他同时珍视自己在大学中受到的政治影响。作为朋友，他公正无私，对朋友的缺点直言不讳，却又绝不会把朋友的这些缺点透露给外人。住在这儿的头一年里，他侧眼望着跛脚的拜伦七扭八歪地坐在马背上，头戴白帽，身穿淡灰色服装，傻傻地想把自己打扮得脱颖而出。不过，霍布豪斯对诗歌的鉴赏力不俗，在诗集《闲散的时光》中发现了一种小荷才露尖尖角的才情。在拜伦的这些朋友中，霍布豪斯象征着常识，马修斯则象征着狂想。

1808 年，支配特立尼蒂学院的只剩下四个火枪手的最后一位，便是斯克鲁普·博德摩尔·戴维斯。不管举止外貌，戴维斯总能给人花花公子乔治·布鲁曼尔的联想。事实上，戴维斯的服饰并无炫富的迹象，他文静矜持、才华横溢、妙语连珠，说话时带着的那种干涩的挖苦。他的游泳水平不逊于拜伦，并把大把时间挥霍在赌桌上。由于他沉着冷静，计算力强，因此总是会赢。拜伦生性讨厌赌博，但为了让戴维斯高兴，竟也开始赌了，结果霍布豪斯训斥他道："赶紧收手，否则人们就会看见你每晚和城里最下流那帮人混在一块儿，还有什么比这更吓人、更有失体统的呢？这都是我的肺腑之言啊。"拜伦在特立尼蒂学院的这一年飞逝而过，同时，他还结交过一只驯服了的熊，算是个新朋友。此外，他还供养起了从伦敦来的一群赛马的骑手、职业拳击师、赌徒和女人。然而，那受人尊敬的霍布豪斯依然对拜伦怀着兄弟之情和万分的欣赏，事实上，他虽然年幼时缺乏教育，但他的行为却丝毫不见卑劣的痕迹。他有着无尽的勇气，常常表现出一种渴望为他人去冒险的模样，还总是善意地对待那些弱小者。他乐善好施，以至于常弄得自己一贫如洗，举债度日。他的欠债数额不断飙升，看得人眼花缭乱。他写信给汉森说："如果可以的话，我要把自己的头衔换成钱，虽然我担心，随着时间流逝，我这个勋爵头衔都不值二十镑……但是一个男爵头衔怎么也得卖上十镑，也许能卖到十五镑。当我囊中空空时，这笔钱就相当可观了。"1808 年 3 月，他再一次写信道："说句心里话吧，我现在已经债台高筑，到 21 岁之前，我的债务总额将达到九千镑甚至一万镑！"

他虽然生活奢侈，但也工作勤勉，《闲散的时光》出版后销售一空，他正准备着再写一本，不过，作为一个诗人，他已经任由自己变成了幻想的奴隶，用自我喜爱来取舍题材内容。《爱丁堡评论》是苏格兰辉格党人重要的耳目喉舌，他曾经听人说，《爱丁堡评论》正在酝酿着一篇措辞激烈的文章来抨击他。这期杂志直到 1808 年 2 月底才问世。他火急火燎地打开杂志，读着："这位小爵爷的诗歌可以归为人神共愤的级别了。我们真的不记得曾经读过什么诗是属于这一类的。他在一片死气沉沉的沼泽地上抒情，这感情也不过是一潭死水而已。为了减轻人们的指责，这位阔少爷动不动就拿自己是未成年人来做挡箭牌……但是，我们全都记得，考莱 10 岁和蒲柏 12 岁的时候都已经作诗了。所以，当我们听闻这些拙劣蹩脚的诗歌来自一位年轻人之手，是他在中学到大学的几年里所做的，我们不但毫不惊讶，而且认为这一切都在意料之中，平淡无奇了。英国受过教育的民众里，十中之九都写过诗，那剩下的第十个人写出的诗也比拜伦勋爵的诗写得好。"

这位匿名的评论家随后斥责道，拜伦是在炫耀自己的贵族头衔。

他说，诗的艺术并非仅仅在押韵和数好指定数目的音，他还对拜伦在序言中的语气吹毛求疵地批评了一番。这篇文章很恶毒，作者三番五次地侮辱讽刺拜伦的贵族出身，这样做不过是一种换汤不换药的势利眼行为，而且比一般的势利眼更蠢笨。拜伦读后惊呆了。当晚，拜伦同戴维斯共进晚餐，一口气喝了三瓶红葡萄酒，他是想要借酒浇熄怒火。可是任何方法也无法使人平静下来。最后，他提笔赋诗，将满腔愤怒一吐为快。写完20行，他的心情才有所好转。

其实拜伦的第一反应是尽快写就一篇讽刺文章，与作者针尖对麦芒地挑战，写好后立即发表。不过，好在他立刻意识到最好还是再等一等。如果写出一首真正的好诗，那是最有力的回击。拜伦夫人竟然对此文非常恼怒，他对此深表歉意。至于他自己，则从这些"卖弄的文人墨客的文字炮弹"中学会了如何顶住轰炸。他还因此结交了一位新朋友，他是国王学院的一位青年教师，名叫弗朗西斯·霍奇森。

1808年7月4日，拜伦获得文学硕士学位，离开了剑桥。在剑桥的最后一年里，拜伦身上产生了明显的变化。哈罗公学的时光是他生命中情感充沛洋溢的阶段，也是沉溺于爱情的时期，而剑桥大学则拓宽了他的视野，教会他运用理智来择友。玩世不恭的怀疑主义处世观，好比干燥凉爽的空气，围绕着他，让他自由自在地呼吸。他在与霍布豪斯、戴维斯和马修斯的交往中，感觉到自己对于爱情的免疫，长此以往，他便会最终解脱。然而，一个有过这样一段少年经历的人，最终能解脱吗？

第十一章　重返纽斯台德

　　一片喧嚣声中，拜伦夫人来到了索斯威尔，因为即将成年的拜伦要重返故居了。数月来，她一直对此感到忧虑，她对他的感情像对拜伦父亲的感情一样，既有崇拜，又充满畏惧和憎恨。拜伦家族与戈登家族结合形成了这一位新"拜伦"，一旦掌握了家族财产，会有什么样的举动呢？一个将可恶的勋爵与一个疯狂的青年融为一身的人，会治理纽斯台德吗？而她自己这个苏格兰寡妇，则生活简朴，能靠着自己一百三十五镑的年金生活下来了，而且不欠一分外债。为什么她必须要为这些天生就挥霍浪费的男人负责？还有几个月拜伦就到法定年龄了，这段时间里，汉森经常收到一些忧虑的信件。不论怎样要解决好出售罗奇代尔这件事，这样就能保证拜伦能得到一笔固定收入，否则汉森不知道他又要干出什么蠢事。律师还收到几封尖刻的措辞有力的信件，"我要把事情说清楚。为什么你们和汉森先生合伙从我儿子身上刮油水儿？"这种粗鲁惹得律师们都很生气。以前，拜伦夫人也是用这种口气导致了她与卡莱尔勋爵的决裂。现在，这些律师们已经对拜伦的事情厌倦了。汉森对信件批注道："为何要这么无礼？"

　　是的，这个可怜的寡妇已经无礼至极，可她也是无可奈何啊！她并不温柔乖顺，她遗传了戈登家族的火暴性格，而且命运多舛。在拜伦重返故居之前，格雷·地·卢汀勋爵应该已经离开修道院了。"因为我知道他们准会吵架的，后果非常严重，所以绝对不能让他俩见面。"天晓得格雷勋爵把纽斯台德弄成了什么乱七八糟的样子。"我自己还没亲眼见到，但乡下的人都在议论呢，说堂堂一位绅士居然把那地方糟蹋成这样，真够呛。"

　　拜伦发现，纽斯台德的确一片萧条脏乱，令他瞠目结舌。在花园里，属于他的那棵橡树被荒芜青草压得濒死，他解开层层缠绕着树木的草，开始精心侍弄这棵树，总算让它躲过一劫。他知道如果要修葺这座院子，他准会破产的。拜伦为自己收拾了一间卧室，卧室中央是一张大床，有着四根帷帐杆和顶棚，围帘是中国的材质做的。他还在墙上挂了几个雕像，其中一个是身穿着漂亮上衣的拳手杰克逊；还挂了一幅照片，照片中是老仆人墨瑞。他曾经跟人说，除了狗以外，墨瑞是他最敬仰的人；还有几张风景画，描绘了哈罗公学和剑桥的几个学院，包括国王学院，特立尼蒂学院和耶稣学院。

拜伦对纽斯台德的乡绅不感兴趣，有几个已经来拜访了，但他并没有回访。然而，他还是应邀去安思莱赴宴了，因为他有种急于见玛丽一面的冲动，以此来检验自己的意志。玛丽已婚，现在是查沃思·马斯特斯夫人。拜伦曾经这样在信中写道："我坐在一位妇人身边，年少时我曾极度爱慕着她，少年们的情感大抵如此，而成年人的感情已不会如此炽热。赴宴以前，我已了然，但我下定决心，必须鼓起勇气，言语要显得沉着冷静。然而，事实上，我忘记自己的勇气到哪儿去了，也顾不上应该装出的冷漠样子。我竟然笑也不敢张嘴，甚至一句话都讲不出来。这妇人几乎和我一样笨。你觉得这一切都是胡扯……唉，我们太笨了。我们像小孩子似的，吵闹着争抢一个玩具，等玩具到手后，不砸开它就誓不罢休。当然，孩子们还可以把它烧成灰烬，但我们，却不能对它弃之不理。"拜伦一回到纽斯台德，便跌进沙发里，写了一首诗：

> 唉，你是幸福了，我思忖着，
> 我为你的幸福也幸福着；
> 因为，我的心始终未变，
> 仍热烈地牵挂着你的幸福。

拜伦只想看到剑桥那些朋友们。他要向他们自豪地展示自己的修道院，霍布豪斯第一个来了，拜伦很喜欢和他住在一块，他们俩之间的友谊是粗线条的，一会儿相互抱怨，一会儿又不离不弃。共同生活时，他们就像老夫老妻，各干各的。拜伦埋首耕耘他那些讽刺文章，态度越发强硬，措辞越发尖锐。霍布豪斯受到感染，也在创作哲理诗。写诗写得厌倦，他们便脱掉衣服，一头扎进湖中；如果气温正好，他们就跳进一个神秘的地下游泳池。他们同时对那只纽芬兰种犬波兹温开展训练。拜伦穿着衣服跳进水里，装作溺水的样子，让波兹温来营救，并以此为乐。就餐时，老仆人墨瑞在旁边侍奉着。霍布豪斯不止一次看到，拜伦饭后斟满一杯马德拉白葡萄酒，越过他的肩膀，欢喜热情地递给站在椅子边的墨瑞，说："喝一杯吧，我的老伙计。"

这样的生活使人愉悦。然而，住在安思莱附近总让他心痛，谁能受得了与自己曾经的所爱为邻呢。玛丽发现，曾经一腔热血的拜伦如今如此冷漠无情，她虽然惊讶，却又不禁对他温情脉脉。于是，感情中那始终不能剔除掉的希望，又渐渐复苏。但是，作为失意者，他清楚地知道，一切都是徒劳。最好的办法就是远远地逃离。拜伦计划春天出发，有几次当他拜访安思莱时，提出旅行的计划，玛丽竟然天真地问他，为什么要离开呢。她收到了几行诗，那是他给她的回答：

> 逃离诱人的陷阱，远远逃离，
>
> 如是，思维才清醒，看得真切，
>
> 我不能眼睁睁看着那儿，我的伊甸，
>
> 却无法安身其中。

可怜的波兹温患上了狂犬病。拜伦对它如对好友，当肉汤从狗的下巴流淌下来时，他用自己的手来擦。这只狗自始至终都对他情谊不改。它死后，拜伦曾说："现在，除了老墨瑞，我已经一无所有了。"他以前总是说，他希望自己能同这条狗同葬。目前，他却正着眼于建造一个地下骸骨放置处。他用一种前所未有的方式，请人在坍塌的教堂前安放神坛的地方竖起一块墓碑，上面是他写的墓志铭：

> 靠近这里，
>
> 埋葬着他的骸骨，
>
> 他美好而真诚，
>
> 强健而平实，
>
> 勇敢而善良，
>
> 人类的全部美德他已具有，而人类的恶习他都避开。
>
> 若说这墓志铭是奉献给某人的，

那全部的赞美都只是无用的恭维，

然而，用这些赞颂来悼念波兹温，这条狗儿，却恰如其分。

他生于 1803 年 5 月，纽芬兰，

逝于 1808 年 11 月 18 日，纽斯台德修道院。

1809 年 1 月 22 日，拜伦成年了，已经到了获得世袭议员席位的法定年龄。人们为此开宴会庆祝，院子里，人们烤了一头公牛，招待他的客人。晚上的舞会上，就连一贯严肃的汉森也舞蹈起来。他是拜伦的代表，特意从伦敦赶来参加庆典。拜伦夫人又寄来一封愤怒的信件，指责他们挥霍铺张。而拜伦自己却在伦敦吃着鸡蛋腌肉，喝着一瓶啤酒，这顿饭很简单，却已经超过了他严格规定的进食量。几天前，拜伦得到噩耗，他的朋友爱德华·朗在去往里斯本的路上因轮船失事，不幸淹死。他打开那本旧的学校生活录，也就是在哈罗公学时使用的希腊文版《圣经》，封面上是他四年前写下的句子："左手边是汤姆·威尔德曼，右手边是朗……"又补充了一句："啊，波斯修姆！波斯修姆！流年似水……永别了，1809 年 1 月 9 日……这里提及的四人，一人已经与世长辞，一人远在天边，他们彼此分离。五年前，他们还并排坐在学校里。到如今，他们都未满 21 岁。"

奇怪的是，死亡的阴影过早笼罩了拜伦。如今，他不再梦见陌生人皮切的坟墓，而是梦见了波兹温的，也就是他自己的坟冢，还梦见了那些已经与世长辞的朋友们安息的处所，梦见那埋葬了他年少的爱情的地方。

目前，唯一的计划就是离开英国。霍布豪斯答应与拜伦同行。可是，哪里才是目的地呢？拜伦茫然一无所知，到东方，到波斯、印度，也许再到热带去，什么地方已经无关紧要，只要能离开安思莱，只要能抛却所有的回忆和债主就够了。谁也阻挡不了他的离去，寡妇母亲此时远在天边。不过，他离开之后，她可以安然住在纽斯台德。拜伦现在还有几件要紧事得处理。

第一件就是出版那篇讽刺文章。他终于写完了这篇文笔绝美、措辞犀利的文章，委托达拉斯帮他找到出版商。但是，这些文字过于尖刻了，达拉斯东奔西跑，好不容易才找到一位愿意接纳的出版商。这篇文章不仅遭到苏格兰评论家的严厉斥责，而且引起许多英格兰诗人的攻击，甚至连拜伦无比崇拜的托马斯·穆尔和他的监护人卡莱尔勋爵也对这篇文章提出种种批评。拜伦对卡莱尔勋爵意见很大，因为卡莱尔勋爵不仅无视他对《闲散的时光》的题词，只写来一封冷漠迂腐的信件，更过分的是，他对于拜伦这名被监护人向他提出的最起码的要求竟然推托敷衍，草草了事。现在，他已经成年，可以正式接受上议院的席位，卡莱尔理应出席这种场合。拜伦写信通知他，得到的回复却只是一纸忠告。于是，3月13日，他独自一人前往上议院，去完成自己的议员席位继承程序。

两星期后，讽刺诗《苏格兰诗人与苏格兰评论家》面市，获得了巨大成功。诗篇中，行与行之间分割明确无误，人们认为这清楚地显示了拜伦的才华。这本诗集没有署名，但所有墨客学者都清楚，作者就是拜伦。在这些文人中，有人对这首诗咬牙切齿，有人赞美连连，这是以牙还牙的公平报复。他这一次大获全胜后，再在此地逗留已经无事可做。而要离开这里，拜伦却缺少现金。他已经欠下一万二千镑的债务，现在还能向谁再去借那必不可少的四千镑呢？他吩咐汉森为他弄到这笔钱，如果必要，他还可以变卖一部分财产。不过，他只能卖掉罗奇代尔，而不能出售纽斯台德："无论发生什么，纽斯台德都将同我休戚与共。那是我一直生活的地方，我把整个身心都倾注其中。这是我祖先遗留下的最后一点痕迹。无论现在还是未来，无论压力多大，我都绝不会卖掉它。"

而解脱困境的一种方法可以是和一位上流人家的女继承人结婚。拜伦夫人眼看着拜伦即将一无所有，心下早已动了这个念头："除非他能点石成金，不然，他就该用过去人们常用的方式来挽救他的家产，也就是说他该迎娶一位有二三十万镑家产的小姐……今年春天，他一定要娶到个阔绰的太太。什么恋爱、婚姻啊，那都是虚的。"拜伦自己则认为："如果我娶了个阔太太，或者直接一枪打爆自己的脑袋，那么一切困难都会迎刃而解。这两种方法其实差不多，所以选择哪一种都无所谓。"结果，出人意料的是，拜伦找到了另外的解决方法：斯克鲁普·戴维斯借钱给他了。这位头脑灵光但说话结结巴巴的戴维斯在伦敦重操起了剑桥的旧业，仍旧以赌博为生，时而输个口袋精光，时而赚得盆满钵满。某个吉利的早上，戴维斯手气很好，所以把这笔钱预付给了拜伦。

拜伦在出发之前，想邀请剑桥的朋友们来纽斯台德聚会。这帮人聪明敏锐，曾让他受益很多。1809 年 5 月，快乐洒脱的马修斯和严谨的霍布豪斯同时来到纽斯台德，接连好几天他们净干些荒唐事情取乐。修道院似乎庄严神圣，常有鬼神出没，映衬着他们寻欢作乐的景象，为他们的娱乐更添一番色彩。早晨，他们起床很迟，等到所有人都下楼后，早餐才正式开始。接着，他们读书，击剑，与熊玩耍，在湖上划船，或者继续练习射击。晚饭后，他们把一个灌满了勃艮第葡萄酒的骷髅来回传递着。这是一位僧侣的头盖骨，而僧侣的尸首已经被园丁的铲子敲成了碎末。拜伦请诺丁汉的一位珠宝商把这只骷髅改制成一只酒杯，待到珠宝商把骷髅送回时，"表面已经磨得光滑，仿佛一只龟甲。"

为了让这凄惨诡异的氛围更进一步，客人们都穿上了僧侣的服装。拜伦手执权杖，成了牧师会议的主持者。朋友们称呼他为纽斯台德修道院院长，也叫他骷髅院长。这地窖很不错，还有几个女仆可以做伴，这给客人们带来了乐趣。拜伦是从附近的几个村子里招募来这些女孩的，他曾为自己的这个创意而自豪。在他眼里，道德上的自由和解放并不是一种奉承，它其实带有一种封建约束的古老的田园诗意味。按照当地人的说法，这所修道院正在变成一个新的"邪恶勋爵"的聚集地。

就这样，5 月转眼流逝。拜伦和霍布豪斯决定 6 月出发，先到直布罗陀，再以那里为新起点，去往马耳他和东方。他启程之前没有见到姐姐奥古斯塔。她已经在 1807 年与表哥即著名的利上校结婚了。这位表哥上校如今已是摄政王的下属，住在纽马克特附近的"六哩底"。去年，奥古斯塔生了个女儿，拜伦寄信给她，写道："我衷心感谢你让我成了舅舅，这一次，孩子的性别无所谓，不过下一次，你必须要生个男孩……两年以前，我把拜伦夫人撵走了，我再也不想忍受她给我的枷锁……我永远也不会原谅她的，也永远不可能和她和平相处。我是不幸的，因为我认为自己并不是天生的恶魔，可我的心却受尽了屈辱和践踏，现在已经坚硬得好比苏格兰高地人的脚后跟一样。"

即便如此，这颗"坚硬得好比苏格兰高地人的脚后跟一样"的心灵仍然多愁善感，他把朋友们的相片收集起来，上路时随身带着。

在这最后几天里，达拉斯发现，由于受到了恶毒文字的攻击，拜伦开始厌世、憎恶生活。如果社交场合中有妇女露面，他就更是表现得提心吊胆。当谈论友谊时，他语气粗暴，就像《雅典的泰门》中主人公站在洞穴口痛斥人性时的模样。动身前，德瓦拉勋爵的傲慢再一次使他失望，他们两人的确交换过相片，相片上方正是他们家族的徽饰。然而，德瓦拉头脑简单。拜伦对达拉斯说道："嗨，信不信？我刚才遇见德瓦拉，请他来这里小坐，他一口回绝。你知道他用什么当借口吗？他竟然说，他和母亲还有另外几位夫人约好了去逛街！"这事确实给拜伦留下了精神创伤。

马修斯的表现稍好。离别前，他摆出盛宴为拜伦和霍布豪斯两人饯行。此时此刻，他俩已经沉浸在旅行者们常有的心态中，欢乐、超然、有些矫情。拜伦在登船前为玛丽·马斯特斯写了几行诗句：

> 一切已到终点，三角帆船展开雪白的帆布，
> 在海风中颤抖着，
> 清风阵阵吹拂过缥缈水波，
> 高高地在张帆的桅杆上作响，
> 而我，必须从这土地上启程，
> 因为我只能爱，只能爱一个人。

拜伦曾自问，这些情感纯真无邪吗？他选择离开，是因为他仍然爱着玛丽，无法忍受与她咫尺间却好似相隔天涯海角的痛苦吗？人怎会如此简单。当他与马修斯和霍布豪斯共同进餐时，当他听到戴维斯克制不住的口吃而放声大笑时，他几乎已经把玛丽抛在脑后。可是，初恋会在孩子的心灵上留下深刻的印记，他因此有了许多的美好和忧愁。他喜欢围绕着这些美好和忧愁的回忆编织着美丽的梦想。不过，在所有这些记忆中，安思莱的生活给他留下了最为深刻的印象。

第十二章　第一次旅行

　　1809 年 6 月 26 日，霍布豪斯已经反复研读了考古笔记，他身上带了一百支笔，几张白纸和两加仑墨水。两位朋友也踏上了去里斯本的旅途，拜伦又一次带上了很大一群随从人员。年迈的墨瑞将一直跟随他到直布罗陀，海上的空气对他的健康很有益处，仆人的实际职责全部委托给了来自纽斯台德的贴身男仆威廉·弗莱查，他最近刚刚成家，与新婚妻子萨利的分离让他满腹抱怨。这一行人中还有小厮罗伯特·拉什顿和一个德国仆人。拉什顿被称为鲍勃，是一位庄稼人的孩子。拜伦喜欢他，是"因为像我一样，他似乎是一头没有朋友的动物"。

　　拜伦送给霍奇森一首英雄喜剧诗，诗描写了他们如何启程，描写了霍布豪斯一会儿呕吐，一会又抱怨自己首次旅行恶心的情况。他也给拜伦夫人写了告别信，信中写道："我一切都称心如意。我不会后悔我将离开英国。除了希望回来看看你和你现在的住所外，我没有一丁点重返英国旅游的意愿。请你相信我。你的忠诚的……"他给她留下了帕费亚的姑娘和那头熊，还有一条狗。

　　这次航海旅行很考验人，旅行者们在里斯本踏上了战火弥漫的欧洲大陆。激进分子俱乐部的主席是霍布豪斯，他对国家被牧师的暴政所支配的伦理道德感到骇然。而拜伦的表现比霍布豪斯更为激烈。他受不了人与人之间的抑制，同时他对一个现象很感兴趣，就是人生的不幸同西班牙美丽的风景形成鲜明的对照。他急于大声疾呼地反抗"我在这很幸福，因为不仅有我爱吃的橘子，而且还可以用拙劣的拉丁语同僧侣们交流，即使他们的拉丁语和我的一样蹩脚，但他们还是能听懂彼此的对话，我随身带着手枪进入了社交界；我一下子就游过了特茹河，我用葡萄牙语骂人，骑了驴还得了腹泻又挨了蚊子咬。可是这一切又算得了什么？

寻欢作乐的人从不会期待舒服。"

他们骑马从里斯本到塞维利亚去。公路上都是十字架，每一座十字架都用来纪念一桩桩谋杀案件。他们遇见了几个密探和一位正在被押送到塞维利亚接受绞刑的囚犯。在人世间，死亡和爱情始终有一种直接的、肉体的含义，这种景象直扣拜伦的心弦。在塞维利亚，他给他母亲写信说自己投宿的那户人家有两个美丽的西班牙女人。这两个女人"总的来说不仅长得俊俏，浓眉大眼，体形优美，最大的一个对你的不肖儿子殷勤备至，使我不胜荣幸。临别时她剪下我的一撮头发，同时又把自己的头发赠给我，大约三英尺长。她抱着我百般温存。我把她的头发寄给你，请你替我保存"。途经加的斯时他又写道"美丽的加的斯有着西班牙最美丽的女人。"他们继续前往直布罗陀，在直布罗陀时同已经精疲力竭的老仆墨瑞和小厮拉什顿分了手。

霍布豪斯在从直布罗陀开往马耳他的游船上深得游客们的欢心。一开始，他就同游客们相处得很融洽。晚饭过后，他一边喝酒，一边给他们讲一些奇闻逸事。这些故事几乎都是从斯克鲁普·戴维斯那儿听来的。拜伦不如他会交际，因此也不像他那样得宠，在远处聆听的拜伦与这一幕形成了对照，他吃得很少所以总是第一个离开餐桌，也几乎不同他人来往，他独自站在海边呼吸着充满诗意的空气。夜幕降临，灯光闪烁，他踱到游船前面，在一卷帆布上坐上几个小时，眺望着粼粼月光。在白月光的笼罩下，他模模糊糊地回忆起柯勒律治所写的那个杀死信天翁的水手的身影。"他头上戴着光环，身上裹着裹尸布的神秘客人"。游客们误认为拜伦对别人是一种蔑视，而不知他心中那份渴望孤寂的心情。船在破浪前进，拜伦一边注意着摆动着的船首，一边想着每一个浪头都将使他离耻辱更远一步。他依然思索着青年时代的挫折，可是他是以一种忧郁的快乐在思索着，好像这些挫折与他无关。也许你会问，拜伦为什么不写一首关于这次旅行的诗呢？

从小到大，他心中一直怀着强烈的感情。这些感情现在沸腾在他的激情里，正在形成一种燃烧的岩浆……他唤起了一位英雄，用自己古老家庭的名字称其为查尔德·布伦。这就是他自己，是悲哀、沉迷于酒色的个体，霍布豪斯对此一无所知；即使他知道的话，他也不能理解……

在马耳他，一位僧侣传授拜伦阿拉伯语，由斯宾塞·史密斯夫人传授柏拉图式的爱情，这位夫人经历过最浪漫的冒险。她被拿破仑的军队逮捕，又被意大利贵族救出。"她高雅的举止，"达布兰特公爵夫人说，"她白皙和透明的皮肤，她轻盈的举动和美丽的头发，使她像一场美梦中的幽灵。她身上的美是一种窈窕的美。"拜伦被深深地迷住了。但他自己崭新的爱情哲学不容他屈服。由于对激情的厌恶，他决心不为激情所动。

由于暴风雨和水手的无能，原计划乘船从阿尔巴尼亚到希腊的想法只好作罢。"虽然船上的暴风雨并不猛烈，但由于船长和船员们的无知，我险些在土耳其的战舰上丧命。土耳其人乞求着圣主，穆斯林人祈祷着真主，弗莱查呼喊着自己的妻子。船长哭了起来，跑到甲板下面，让我们祈祷上帝。"船员们不能操纵这条船，因为船帆已经被撕得粉碎。弗莱查念念有词地说，他们都会"葬身水底"。拜伦因为脚跛不能出力帮忙，徒劳地安慰着弗莱查，搞得他精疲力竭，躺在甲板上，身上裹着阿尔巴尼亚大氅静静地入睡了。当他醒来时暴风雨已经过去，船搁浅在海滩上。下船后，他们受到了苏利奥茨人的欢迎。彪悍、高尚的山里人为了自由想尽了办法，他们一直作为雇佣军为帕夏服役，在投入战斗前会得到一些报酬。虽然他声名狼藉，但面对海上遇难的旅游者们他们还是客气地欢迎了，还主动为他们表演，给他们食物，替他们晾干衣服。他们围着篝火跳舞，唱着带有他们是"帕格的强盗"歌词的歌。

这些人有着强烈的感情。他们是杀人的行家，又善于交朋友。拜伦很推崇他们，对宗教越来越不屑一顾。在几个星期里，他见到了天主教、基督教、伊斯兰东正教徒。拜伦发现他们都是完全相同的人类动物。"阿尔巴尼亚人并不完全是土耳其的穆斯林，我非常喜欢他们。一些部落的人是基督教徒。但是，他们的宗教几乎不影响他们的行为和举止。"拜伦喜欢在信中把可怜的威廉·弗莱查与他的新侍者比较一番。弗莱查来自纽斯台德，现在撑着雨伞在阿尔巴尼亚山区的雨中跋涉，而那个新侍者来自本地，在雨中满不在乎，令人非常满意。

由于不能从海上出发，他们决定取陆路到希腊。拜伦心中早已激动不已。之所以爱上这个国家就是因为诗人和历史作家。他并没有失望。拜伦习惯于北方恶劣严酷的气候，雾霭缭绕的山水，瞬息万变的浮云，湛蓝的天空和明朗的空气，褐色和橘黄色的山峦，这些美妙的风景构成了一幅轻松愉快的画面。他渡过勒庞托海湾，先来到了佩特雷城，它有白色的外观，并且层层设防。然后转向另一个方向，在帕纳塞斯山登岸。拜伦的记忆中燃起了向导的每一个字。这是梅里埃格和艾塔兰塔居住的国度，是埃里曼塞斯的船舶之乡。从远处眺望，积雪的山岭是赫利肯。躺在皮西亚洞穴旁，一种激动人心的感觉油然而生。在泽尔菲，拜伦和霍布豪斯在一座庙宇的柱子上刻下自己的名字。巨大的鸟在头上盘旋。他认为那是一只鹰，而霍布豪斯认为是一只雕。

1809年12月24日上午，马车穿过一片又一片松树林和橄榄树林。到了中午，一位向导喊道："老爷！老爷！到村庄了！"这是雅典。他们看见远远的平原上有一座小镇，屋宇错落在一块巨大岩石的周围，小镇的尽头是海。

向导的话一点不错。那时的雅典只是一个大的村庄，一直被土耳其人占领着。他们只是征服者而不是行政官员，所以城镇的发展只能被命运所支配。土耳其驻军盘踞在阿克波罗利斯山丘上，拜伦和霍布豪斯艰难地爬上了山丘，为土耳其总督献上了精心准备的糖和茶。饥饿的官员表现得非常热情，他必须从自己150皮阿斯特的津贴中掏出一部分钱给他的士兵充当军饷。总督陪着他们绕着庙宇的白墙走了一圈。"啊，老爷，"弗莱查说，"这些大理石能做好多壁炉架啊！"即使拜伦向往巴台农神庙的美丽，但更感兴趣的是对佩里克里斯的回忆。"啊！这简直太宏伟了！"霍布豪斯说。但拜伦当时却冷冰冰地说"很像伦敦市长官府"，但是，这地方过去的辉煌和如今的简陋形成了鲜明的对照让拜伦非常感动。他对倾倒的帝国一直都很感兴趣，这种兴趣是否是在纽斯台德产生的？他曾想，难道他在其中发现了自己命运的线索？这就更复杂了。因为他的勇气和他对逃避现实的需要，注定了他会有一个行动的一生，拜伦自己深知这一点。拜伦崇敬拿破仑，并模仿他。但他的残疾却决定了这悲剧的生活，他体会到了别人行动的伟大和空虚之处。

假如拜伦已经对葡萄牙人民所遭受的生活感到骇然，那么在产生过米泰底斯和地米斯托克利这样土地上发生这种事后，更让他怒火焚烧。反抗的呼声从《恰尔德·哈罗德》这首诗中充分体现出来。

> 美丽的希腊哟！往昔的繁华，只留得凄迷！
> 荣耀已逝，你却芳华犹存；纵然沉沦，却依然伟大！
> 如今有谁，再率领你那散落四方的儿女，
> 去砸碎那长久禁锢在身的枷锁？

拜伦和霍布豪斯在相邻的两幢房里租了房间。和他住在一起的是已故的英国副领事的妻子西奥多拉·麦克里夫人。露天阳台朝着内庭院，柠檬树在庭院里生

长。经常有三位姑娘来这里嬉戏。拜伦爱上了希腊。他曾说："我几乎忘了告诉你，我爱极了这三位希腊姑娘。碰巧，她们也住在这幢房子里。这三位女神都不满 15 岁，她们的名字叫作特瑞萨、玛丽安娜和卡克丁。"拜伦给特瑞萨写了一首诗：

> 趁我们还没分手的时光，将我心奉还吧，雅典女郎！
>
> 不必了，心既已离开我胸口，就由你保存——把别的也带走！
>
> 临行时，我立下了誓言：我爱你啊，你是我的生命！
>
> 我爱你啊，你是我的生命！

但实际上是恰尔德·哈罗德爱着特瑞萨。尽管如此，有一天他因为特瑞萨用匕首划开了自己的胸膛，这是别人告诉拜伦的东方人的爱情惯例，他如法炮制了。特瑞萨处之泰然，认为这是对她美貌的尊重。

他们在法国领事的陪伴下，越过阿蒂卡，走出橄榄林，穿过日光兰草地，直到苏尼姆角。紫色的海让庙宇的白色柱子镶上了边框。拜伦在一根柱子上写上了自己的名字。他的这个动作好像一个小孩子。然后他坐在大理石的石阶上，感受着海峡的平静，他甚至感到幸福。他一个人，同浪涛坐在一起，无云的天空，永久的春天，如同天堂。是的，拜伦渐渐爱上了希腊人。"尽管他们忘恩负义"，他说，"但是谁又曾帮助了他们呢？"他们欠了土耳其压迫者什么情，欠了没有实际援助的法国人什么情，欠了抢去阿克罗波利斯山上无数杰作的英国人什么情？埃尔金勋爵的代理人破坏巴台农神庙的排档间饰，他对此感到愤怒。甚至连土耳其的总督在一个人形山头被砸碎时也会痛心地流下眼泪，拜伦爱着希腊人，但他同土耳其人也相处得很好。县长对他们殷勤备至，当有人侮辱了两个英国人时，他当着弗莱查的面将这个人鞭笞了 50 下。霍布豪斯在笔记上写道："不论我对国内专制政权有何看法，在国外，专制政权有自己的好处。"

朝拜者绝不会中途而止。他们又上了一艘正打算起航到士麦拿的英国船。由于尤利西斯海浪很大，他们在岛屿中间摇晃不定。尤利西斯海的波涛是酒糟色，浪峰是乳白色的。拜伦在士麦拿写完了《恰尔德·哈罗德》的第二章。霍布豪斯认为，虽然这一章读起来娓娓动听，但是感情太夸张了，所以总体而言不怎么样，他喜欢蒲柏。拜伦也喜欢 18 世纪的诗，他对自己感情的自然进发感到惊讶。

他要另寻成名之路，因此他把手稿塞到了箱底。

他们又从士麦拿前往君士坦丁堡，他们的船在特尼多斯进港。拜伦在那儿看见了达达尼尔海峡的入口处。达达尼尔海峡把亚欧大陆隔开了。两岸高耸，寸草不生，颜色暗淡，湍急的潮流滚滚而去。这是利安德为了同对岸的恋人相会而游过去的赫勒斯旁海峡。拜伦非常急切地想要模仿他。他试了两次，第二次也就是5月23日，他和他的同伴伊肯赫德先生成功地从欧洲游到了亚洲，为此，他们游了一个半小时。伊肯赫德先生比拜伦还快了五分钟。他们只感到冷，却不觉得累。拜伦写信给他母亲，给霍奇森，给整个社会，告诉他们他从塞斯托斯游到了阿比多斯。他写信的主题是对弗莱查的埋怨以及阿里·帕夏对他纤小的耳朵的称赞。他写道："我首先得告诉你们，我以前只跟你说了两次，我从塞斯托斯游到了阿比多斯。我是为了让你们对我这一行动的发起人感到应有的尊重才这么郑重其事。尽管我对自己在诗歌上、政治上的成就感到自豪，但是更让我感到自命不凡的是这一次的成就。"

拜伦在特尼多斯逗留了一段时间，并在此期间游览了特罗德。面对特罗德他想起了哈罗公学以及爱达山下的特洛亚平原。这古城只剩下一座座破坏者的坟墓，满目疮痍。拜伦始终对英雄最终的长眠之地兴致盎然。当他伫立在阿基里斯的墓前时，思绪万千。船继续向君士坦丁堡驶去，于1810年5月13日到达塞拉里奥赫和七塔之间的陆地。

君士坦丁堡的景象在拜伦面前铺展：远处的普林济波岛依稀可见，镀金的圣索菲亚教堂的圆屋顶熠熠生光，欧亚两大洲的山坡上林立着豪华的建筑物。他觉得伦敦的圣保罗教堂比圣索菲亚的圆屋顶教堂更为出色。他说："我讲话像一位伦敦佬"。的确如此，霍布豪斯评论说，那些炫目的建筑并不能让熟悉伦敦商店的人吃惊。但是戴着插有羽毛的帽子，身着深红色制服，身后跟着土耳其士兵，信步走在苏丹的陵墓中，的确饶有趣味。当然，这些士兵是拜伦雇佣的。他们被大使罗伯特·阿德尔爵士和他的秘书斯特拉特福德·坎宁奉若上宾，并被介绍给了帕夏首领。拜伦感到心满意足，他整天抽烟、骑马、划船到亚洲的斯威特沃特去。拜伦唯一感到头疼的是弗莱查："老是抱怨没有牛肉，没有啤酒，鄙视外国的一切，愚蠢又偏执！老是给自己找借口，这种脾气令人厌恶！他还要求享受，竟然比我的还多，什么床不能睡，酒不能喝，拌肉的饭不能吃！还有一些杞人忧天的烦恼，马会不会跌倒啊，没有茶怎么办啊……"

　　他和霍布豪斯终于在 1810 年 7 月 24 日离开了君士坦丁堡。霍布豪斯返回伦敦，而拜伦表示自己还希望再去一趟雅典。他俩便高高兴兴地告别了，一年来，他们彼此互开玩笑，但是对于友谊来说，漫长的航海旅游不啻于一场严峻的考验，因此他们都很希望改变一下现状。他在给母亲的信中这样写道："我为我又一次独处感到高兴，我讨厌身边有人陪着，不是因为陪着的人品行不好，而是因为我天性是一个孤独的人，这种脾气与日俱增。"而霍布豪斯在日记里写道："我含着泪水告别了这位非凡的年轻人，我和他平分了也许是我同他平分的最后一件东西，一小束花。"他们分开之后，霍布豪斯给拜伦写了一封信，信的最后写到，他一直保留着那半束小小的花，直至它完全枯萎，他也舍不得丢弃。对此他自己都无法理解，看来他喜欢拜伦，比嘴上说的还喜欢。

　　第二次去雅典的时候，拜伦寄宿在方济会的修道院里。这里前临海姆特斯，后倚靠阿克罗波斯山丘，右边是宙斯庙宇，左边是一座城。"这地方真是风景如画，阁下，在卢侬没有什么地方能比得上这里，就连伦敦市长的官邸也比不上！"

　　在利兹克拉特纪念馆附近，有一些修道院的建筑物。这些建筑小巧玲珑。在圆形修道院的前面，还有一片枯树林。这个修道院被僧侣们改建为图书馆。但是修道院的生活看起来并不是那么圣洁。除了牧师修道院之外，还有一所学校，这个学校只有六个小孩子。三个是天主教徒，另三个是东正教徒。拜伦组织了一场拳击赛，比赛双方是天主教徒和东正教徒。修道院院长喜不自胜，因为天主教徒赢了。这儿的生活像在学校一样喧闹，快乐。拜伦像小孩子一样融入了这种生活，因为他一直惋惜失去哈罗公学的朋友。有一位来自埃德尔斯顿的尼古拉·吉拉德怀，他是一位被保护的法国人，但他是希腊臣民，他讲意大利语，也在教拜伦意大利语，拜伦对他也怀有一种保护的感情。

　　在这里每天都充满着欢声笑语。特瑞萨·麦克里的母亲竟疯狂地认为拜伦打算同特瑞萨结婚，可他的兴趣不仅仅在于此。曾经因为同他的新娘萨利分手而抱怨痛哭的弗莱查也找到了一个希腊情妇。两个阿尔巴尼亚仆人和翻译也效仿了弗莱查。拜伦给霍布豪斯的信中写道："爱情万岁！不论他们的好坏，我都同每一个人聊天，解释弥撒仪式中的祈祷文。可是我的意大利文却因为各种原因中断了，真是扫兴。事实上，我仿佛回到了学校，但我现在丝毫没有取得任何进步，我正在虚耗光阴。"

　　自然，拜伦得游过比雷埃夫斯河，可尼古拉却不擅长游泳。在拜伦正要从防波堤上跳下水的时候，一条船上的一个英国人向他打了声招呼。他是拜伦哈罗公学时代的朋友斯莱戈侯爵，他由赫斯特·斯坦厄普夫人陪着，一起乘着那条属于他的方帆双桅船。拜伦很高兴遇见他们并且还和他们一起同行了几次。他同年轻的意大利人相处得很和谐，反倒是同这些英国人在一起却比较拘束。赫斯特夫人相当严肃地说："你看他像个十分堕落的人——双眼凑在一起，眉头紧锁……真是奇怪的人，他一会儿愁眉苦脸的，没人会同他说话；一会儿又同所有人打趣作乐，显然他的慷慨是有用意的。"拜伦同英国人交往的时候那脆弱的幸福结构就会被颤动得四分五裂。英国人只要一出现，他意识中就会勾出一个社会，而那个社会，他有意识地感到恐惧，却又无意识地感到尊敬。一旦拜伦离开那些可爱的孩子们，离开外国人他就会感到头脑中那萦绕的想法：人们会怎样看待我。假如弗莱查经常惹他主人生气的话，其中的主要原因是即便在任性的雅典生活，在橘子树林中，在小僧侣和土耳其人中间，纽斯台德的这位仆人，这位有点滑稽但仍不失其威严的人，却要顽固地充当旧习俗的保护人。

　　拜伦在雅典的第二次逗留期间去了摩里亚岛游览了好几次，还去了很远的特里伯利兹。他总是停息在佩特雷，因为驻在这儿的英国领事斯特兰奈经常给他以经济上的资助，而且拜伦本身也十分喜欢这座港口。色彩瑰丽的船只在陡立的白色城市下扬帆待航，不禁令人想起阿伽门农的舰队。但是当米索隆基的风吹过城市的时候，猖獗的蚊子便传播着盛行的疟疾，这对健康是很不利的。拜伦也感染了疟疾，由于照料得极不周到，他几乎死于疟疾。弗莱查茫然不知所措，多亏了拜伦的阿尔巴尼亚仆人，他们精心照顾着他，并威胁医生说假如他们的主人死了就会把他杀掉。究竟是威胁起了作用还是因为拜伦年轻力壮，反正最终他康复了，然而这场病使他意识到他的生命十分脆弱。他孤零零地躺在那儿，牙齿由于发烧而上下打战。他远离故国，在海上已经漂泊了近两个月了。"我正视死亡，觉得那是一种痛苦的解脱。我不希望有来世，但是我相信惩罚此生的上帝已经为倦怠的人留下了那最后的避难所。"随后，他又用希腊语写下："神所爱的人年纪轻轻就夭折了。"

　　拜伦回到了雅典，精疲力竭，脸色苍白。为了保持他那苗条的身材和美丽的面容，他一星期做三次蒸气浴，喝醋水混合饮料，主食只吃米饭，可是这样的瘦身法不能增加他的体力。那年冬天拜伦的整个生活就同他生病前一模一样，工作得很少，只写了两首讽刺诗来猛烈抨击埃尔金勋爵，其中一首是用蒲柏的方式写的，题为《贺拉斯的启示》，另外一首是《密涅瓦的诅咒》。有一天拜伦问一位方济会的成员保尔·第弗雷，是否允许他住在修道院里面，因为僧侣的生活也许会使他摆脱倦怠和忧郁。他说他不是无神论者，随后向神父要了一枚十字架，并含着热泪亲吻了一下。如同其他事情一样，宗教对他来说也有一种强烈感觉。

汉森不再给拜伦汇钱，而且还要求当事人亲自来照料纽斯台德和罗奇代尔，这些地方正被债主和律师觊觎着。天啊，这时他不得不回家了，弗莱查带着行李先行一步动身了，几星期之后，拜伦也登上了"沃拉吉号"船。尼古拉·吉拉德一直陪他到马耳他，他将两位仆人带回了家。有一位他不得不辞退的阿尔巴尼亚仆人含着泪水跑出了他的房间。"在我即将动身离开英国之际，一位高尚的、最亲密的朋友却借故离开了我，因为他必须得陪一位女亲戚去一家女衣帽店。当我回想起这一切的时候，目前发生的事和对过去的回忆让我感到惊讶，我觉得十分屈辱。"

从马耳他回到祖国的路程需要三四十天。拜伦什么都没有，又少了一个有意思的同伴，但是他喜欢孤独和寂寞。总而言之，并没有什么特别不好的地方。他在马耳他时曾经对一位已经结婚的夫人感情很深，他拜访了一位帕夏，在雅典，他爱上了三个希腊的姑娘，游过了达达尼尔海峡并且自己又创作了一些诗歌。这勾起了拜伦曾经对英雄的回忆。过了六个月的像年轻人一般生活的拜伦，曾经和法国人、意大利人、希腊人、土耳其人和美国人广泛地交谈，并且能够猜测出其他一些国家的思想和生活方式。这些有趣的知识，即便他在伦敦俱乐部抽一百支烟，在村舍里打一百个哈欠也是换不来的。

仔细地去留意一个人的一生中"石头地层"的慢慢形成过程是很有趣的。由于时间的作用，"石层"开始变硬并且决定了一个人一生中的性格。在戈登家族的狂暴和拜伦家族的沉迷声色那个层次之上，始终有着一个追求肉体享受的"地层"。拜伦自己身体的残废，增加了他对这世界的憎恶。但是他美貌的面容又给了他一种可以用来报复的机会。拜伦的第一任苏格兰老师教授给他一种沉闷而且意思狭隘的宗教思想。但是在这个基础上他又从剑桥大学学生中受到了来自伏尔泰自然神论的影响。在少年时期特别单纯的伤感主义上又加上了一层讽刺的幽默。现在为拜伦的内心世界增添的精彩的宇宙观念一点都不复杂。造物主创造这个世界的原因到底是什么？人们是不知道的，上帝对人间的辛苦和疾病从来是不管不问。在激情的带动之下，聪明和有理智的人们去追求欢乐和幸福，而愚蠢的人去追求光荣和荣誉。在这世界上，有多少帝国就像海上的那些浪花一样，升起来，但是顿时又落了下去，他们除了享受和纵情之外，其他什么都是过眼云烟。

拜伦来到东方的旅行过程特别有力地证明了这一个观点。他不管是走到哪个地方总是觉得生活是一种严肃和残酷的事情，邪恶和罪恶到处都是。死亡是很容易的，游离在离人们很近的地方。伊斯兰教的宿命论同时也加强了拜伦自己的宿命理论。信仰伊斯兰教的人对待女人的方式使他很满意。宗教开始变得多种多样，但这同时也证明了宗教的软弱性。他带给自己的是怀疑，而且这种怀疑就像信仰坚不可摧。他长期的孤独和寂寞使他学会了如何对待自己，他现在完全知道了，他之所以很幸福的原因，只是因为他是一个被放逐的人，在他曾经挚爱的那片土地上他既不为别人操劳，而别人也不会为他操心。他远离故乡是因为他学会了轻视。当你和一个夸夸其谈的人，隔着波涛汹涌的大西洋和地中海的时候，当远方被批评的声音被海峡中的呼啸声压倒的时候，你怎么可能会对他这种带有批评性文采的文章产生兴趣呢？

拜伦一个人站在甲板上面，独自望着海浪的波涛汹涌，独自想着在这长途的旅途中他会到什么地方去呢？除了他的母亲，他还要去见谁呢？霍布豪斯吗？但是霍布豪斯一点消息都没有，听人家说，霍布豪斯已经穿上了军服。他要去见霍奇森吗？是的，当然会去见他的，可是霍奇森已经虔诚地信教了。至于奥古斯塔，他差点把她给忘了。他到底要在这个国家干什么？在纽斯台德向佃农收租？在罗奇代尔卖煤？在伦敦还债？不管哪一样，都是卑贱的活计。他还会见到谁呢？对啦，还有达拉斯，拜伦写信给达拉斯："一别两年，我原路返回英国……亲眼看过了土耳其、希腊、君士坦丁堡和阿尔巴尼亚中最著名的景色，尤其是土耳其的特罗德……和别的游客相比，我简直不知道自己做了什么与众不同的事情，除非你觉得，1810 年 5 月 3 日那天，我从塞斯托斯一路游到阿比多斯这一行为在现代人眼里还算是个功绩。"

第十三章　厌烦透顶

　　拜伦入住的是伦敦位于圣詹姆斯街的雷提西旅馆。他给拜伦夫人捎来了一条围巾和一瓶玫瑰油，还给霍布豪斯带回一些大理石制品，为他自己买了一瓶雅典毒芹，四个雅典人的头骨，外加几只活乌龟。达拉斯知道拜伦要回来，已经找了他几天，所以拜伦一回来达拉斯就出现在了他的面前。拜伦看上去气色不错，兴致勃勃地谈论着自己的旅行。达拉斯问他有没有把旅行中的见闻写成游记，拜伦压根就没想过写什么游记，他觉得自己擅长写讽刺诗，而且一向都是用这种体裁写作的，他写成了《贺拉斯的"诗艺"释义》。拜伦挺满意这篇诗作手稿，交给了达拉斯，并请他第二天早上再来。

　　达拉斯用了一整天阅读了《贺拉斯的"诗艺"释义》……他喜爱年轻的拜伦，满心希望从这诗篇中发现他生花的妙笔，然而却无比失望。两年的冒险旅行啊，可拜伦就写成这样吗？这是一部枯燥无味的模仿之作，不时来几段造作的插科打诨之句，形式老套，而且见解平庸。次日早晨，达拉斯再访雷提西旅馆，他尴尬地与拜伦一阵寒暄后，问起他是否还写过别的什么作品……是的，他还写过几首短诗和许多记录旅行的诗篇。但是他不想让别人读到这些诗篇，不过，如果是达拉斯想读，拜伦愿意把这些诗篇作为礼物赠予他。随之，他从箱中取出一卷手稿。于是，达拉斯离开旅馆时，胳膊下夹着《恰尔德·哈罗德》。

　　　一位青年，居住在英格兰岛屿，
　　寻欢作乐、放荡不羁是他的天性，
　　他过着如此纵情声色又无比快乐的生活，

夜里用喧闹来折磨那些昏昏欲睡的耳朵。

他就是恰尔德·哈罗德，至于为何，

他的家族经过几代，我最好不要说明；

只消说：他的祖先们也常有风光，

也曾一直是名声显赫、功绩辉煌……

在这些被弃置的诗篇中，达拉斯终于看到了真正的拜伦。他把自己的一切都融进了诗中：母亲、姐姐，还有他的修道院……

达拉斯的兴奋之情无法抑制。16日晚，他写信给已经去哈罗旅行的拜伦："你的这份诗作是我读过的最吸引人的诗篇之一……《恰尔德·哈罗德》把我给迷住了，我简直读到不忍释卷。"可是，当他再见到拜伦时，拜伦却用一种真实的轻蔑的口气评论这部诗作，这让达拉斯感到震惊。"这根本不是诗。"拜伦曾经拿这诗请一位优秀的评论家过目，却被评论家贬得一文不值。达拉斯难道没看见手稿边的评论吗？重要的是，现在得赶紧出版《贺拉斯》。达拉斯很清醒，坚持着自己的眼光："我对《恰尔德·哈罗德》的信心坚定不移，如果你把它交给我，我一定会让它出版。"

拜伦离开后，拜伦夫人总怕再也见不到他了。这种恐惧的念头时刻纠缠着她。当她收到拜伦从伦敦寄来的信件后，对女仆说："我要是在拜伦回来之前死了，那才怪呢！"同一星期，她得了一种不重的病。可是，她那激烈的脾气和一件意外竟然让这病越来越严重。她被室内装修师送来的账单彻底惹怒了，她中风了，没了知觉，随后便辞世了。

当时，拜伦在伦敦与达拉斯争论，还忙着对一位写小册子破坏他声誉的作者采取措施。听说母亲病了，拜伦马上准备动身回纽斯台德和罗奇代尔。次日，即8月1日，拜伦听闻了母亲去世的噩耗。他一直相信命运的巧合，主宰拜伦家族命运的女神以最残忍最惊骇的方式来召唤他回家。拜伦在回乡途中写信给皮戈特："我可怜的母亲昨日辞世。我现在正要送她到家族墓穴……感谢上帝，她走得安详。人们说，她当时没有遭受疼痛，已经失去意识。我现在明白了，格雷先生说得没错，'我们都只有一个母亲啊。'愿她安息！"这是在感情上要手腕吗？不！尽管他俩表面不和，内心却有一种天然的联系，一种血浓于水的联系。她死了，死亡使人陷入悲哀的诗意与冥想，死亡使拜伦回想起与母亲的种种联系。

下葬当天，他拒绝跟随送葬队伍，而是站在修道院门口，目送着人们抬着母亲的尸身，身后跟着佃户，走向赫克纳尔·托卡德小教堂。拜伦随后把曾经一同练过拳击的年轻人罗伯特·鲁斯顿叫来去拿拳击手套。他在沉默中猛烈地击打沙袋，这是他内心真实情感的唯一一次泄露。

两天后，拜伦又接到消息，那位玩世不恭、总是很快活的马修斯在凯姆河中溺亡。他被水草缠住，很长时间里，他痛苦而剧烈地挣扎着，最后葬身河底。这次的回乡之旅竟是如此可怕。母亲……还有最亲密的朋友……看不见的敌人正在向拜伦发起猛攻。"说实话，打击接二连三地来，简直让我震惊……一种灾祸正悬在我头顶，母亲的尸体躺在屋内，一位密友溺死河中。我还能说什么，我还能想什么，我还能做什么？"

他孤寂一人，独居在那座大修道院内，置身于古怪的辟邪物中，僧侣的骷髅、雅典人的头骨、波兹温的空项圈……他回想起曾和霍布豪斯以及马修斯在这屋内共度的快乐夜晚。他写信请霍布豪斯到修道院来饮酒祭奠马修斯，"我们一同喝酒纪念他，这对死者来说虽然于事无补，却让生者的灵魂得到安宁。对活着的人来说，只有死亡才是灾祸。"在霍布豪斯和霍奇森到访之前，拜伦孤零零地，与他的狗、刺猬、乌龟、"以及那些希腊人"住在一起，相依为伴。他困倦无聊，直打哈欠。"我才23岁，便已孑然一身，那到了70岁，我会变成什么样？是的，他年轻，可以从头开始，但谁能同他一起回忆旧日的欢乐呢？"躺在沙发上，拜伦嘴里嚼着烟草，又一次陷入遐思。这种遐思是他养成的一个新习惯，可以使他忘记饥饿。拜伦肯定是从当地的贵族那里看到什么了，但是"我不是社交动物。与那些伯爵夫人和贵族小姐们在一起时，我感到悲怆茫然不已。"

不，不，他不愿意再去追求第二个玛丽·查沃思。他放纵自我沉迷于"女色的慰藉"之中，那些巴夫斯姑娘早已散落天涯，不知去向。拜伦带回了最美的姑娘，把住所翻新："有很多鹧鸪，野兔都很肥大，野鸡都很好，还有庄园里的那些姑娘们，……我作为一个伟大的发号施令者，才下了一道命令，不许戴帽，任何情况下都不许剪发，允许束胸，但胸前衣襟不能太低……露西成了家中所有铺床女仆的首领。"就这样，纽斯台德的生活犹如中世纪的雕塑作品"死神之舞"，光头的年轻人被镣铐锁住手脚，与骨骼和骷髅翩翩共舞。

拜伦回家后又与姐姐通了几封信。他没有与她见面，但得知她并不幸福。她曾经那么热情地渴望与她的表哥共结姻缘，但谁知那个表哥上校原来是个登徒浪

子，是一个赌徒，一年十二个月竟有十个月都不在家。后来，他只是为了要参加
纽马克特的赛马，或是为了生个孩子，才回家一趟。尽管奥古斯塔已经 27 岁了，
拜伦仍然感到自己要比姐姐年长，而且他对她带有一种慈父般的关怀体贴的柔
情。在信的结尾，他会写："祝好，孩子。"奥古斯塔有点惧怕这个弟弟。她如今
感到拜伦身上带着一种仿佛陌生人的来自远方的魔力。"我之前给你写过信，但
是又撕掉了，因为我怕我写了叫你讨厌的东西。"尽管如此，她还是经常给他写
信。她的信件都很长，意思模糊不清，一读便知是妇人的文笔。她要么被哭哭啼
啼的孩子搅扰得心神不宁，要么就是被仆人嫌工资低的牢骚弄得心烦意乱。信里
的句子与句子之间，划满了破折号和感叹号，有些词语短语还加了下划线。她坚
持认为拜伦应该成婚了。

对于婚姻问题，拜伦的态度和对待其他问题相同，他屈服于习俗。一位家道
中落的年轻贵族，总是通过缔结婚姻来重振家族的兴旺。他蔑视男人，也蔑视女
人，为此，他付出了代价，陪伴他的只有厌倦的孤寂。尽管如此，他的这种蔑视
充满了独特的魅力。他是拜伦勋爵，罗奇代尔的拜伦勋爵，一个愤世嫉俗的男
人。他甘愿娶一位衰老的女继承人，而他自己的财产……拜伦草拟了一份遗嘱，
指明乔治·安森·拜伦为纽斯台德的继承人，同时出售罗奇代尔，由此所得收益
中七千镑付给雅典和马耳他的尼古拉·吉拉德，但这笔钱的交付要等到对方成年
方可。此外，弗莱查、乔·墨瑞和希腊仆人迪米特里斯·宙格拉芙每人每年会得
到五十镑，罗伯特·鲁斯顿能得到五十镑，他成年后将得到一千镑。拜伦将纽斯
台德的磨坊留给弗莱查，将图书馆赠予霍布豪斯和戴维斯。他又嘱托道："拜伦勋
爵的尸体将埋在纽斯台德花园的墓地中，不举行任何形式的悼念活动或葬礼，也
不需要任何墓志铭。墓碑上只要刻上他的名字和年龄即可，但他的爱犬不能移出
墓穴。"他的律师们反对最后一条要求，但拜伦坚持不退让，最后终于把这一点
保留了下来。

冬天到了，雪覆盖了整个草坪，几乎空荡荡的修道院里充满了一种怡人的
忧郁。两位朋友来探访拜伦，一位是他在哈罗时关系不错的那个跛脚男孩，威
廉·哈尼斯；另一位是正准备接受牧师职位的、他在剑桥时的朋友霍奇森。哈尼
斯 21 岁，拜伦 23 岁，霍奇森 28 岁。这三个星期过得很快乐，拜伦正在对《恰
尔德·哈罗德》做最后的修改润色，而哈尼斯与霍奇森也忙着自己的活计。晚上
他们会一起讨论哲学或诗歌。旅行归来以后，拜伦对哲学的见解非常明确："基督

降生来拯救我们；然而，一位善良的异教徒照样可以进天堂，而一位混账的基督徒还是会下地狱……廷巴克图、欧塔黑特和蛮荒之地的居民们，既没有听说过也没有幻想过加列里和它的预言者。这些人不懂宗教是因为无人引领啊！谁能相信上帝会因此就来诅咒这些黑人呢？"

霍奇森虽然已是个初显才华的牧师，但他发现要让拜伦摒弃那些形而上学的观念并不容易。"我不是个柏拉图主义者，我什么都不是，但我肯定强过那些为了爱上帝而自相残杀的七十二教派。你坚持不朽论，那么既然人们会永生下去，又何必要去死呢？你说我们那腐烂的尸身会再度复活，这有必要吗？要是我的尸体能复活，我倒是希望我能得到一双健壮的腿，别再是这23年来一直拖着的两条瘸腿了，否则我在挤往天国的路上都会被甩在后面，这也太叫人伤心了。"

在一封寄给哈尼斯的信中，拜伦倾吐了自己的肺腑之言："我的后半生将会与我多情的性情长期斗争，这些感情经历害苦了我的前半生。虽然我现在可以吹嘘说我在很大程度上已经克制了这种多情，但有好多次，我竟然又变得像以前一样愚蠢了。"这些话表达了他的真情实感。他以前从未如此坦白过，但他的这种沉默恰是一种提示，人们从中能发现存在于他身上的许多明显的矛盾。多年来，他一直竭力遏制内心的多愁善感，因为这种多愁善感的秉性带给了他无尽的痛苦。他那无畏的精神又搅扰着他，使他无法成功扮演一位忧郁的绅士。拜伦自认为对男女都毫无信心，因而他试图像个快活的海盗那样生活，远离爱情，也抛却友谊。他对这种热烈感情的压制却造成了他的灾难，这使他厌烦透顶。

有些人经历过痛苦的蹂躏，然而出于习惯或是遗忘的保护作用，他们的伤口已经愈合。这种人很容易感到疲倦，因为痛苦虽然使我们的生活无法忍受，但它同时也让我们对生活付出了情感，这些情感无比炽热，以掩饰生命中真实的空虚。拜伦怀着一种强烈的情感进入生活，这份情感虽然遭到了忽视冷遇，却让他渴望着爱的激荡，于是这种激荡成了他生活中密不可分的一部分。他再也无法平静地生活，他就像一个旅行家，太多的调味品使他味觉麻木，对所有美味珍馐都难以提起兴趣，拜伦相信，即便是目无法纪，也无须在意，因为自己有权利去追求任何热烈的感情，只要他能拥有存在感就可以了，哪怕这存在感稍纵即逝。他曾经劝朋友霍奇森尽情放纵享乐，如今他赠予他一首小诗，诗中再次忆念着玛丽·查沃思。

第十四章 奇迹般的成功

在伦敦，拜伦不再同以前一样了，现在他只与汉森和达拉斯交往。达拉斯已经把《恰尔德·哈罗德》转交给了约翰·墨瑞——一个精明能干、精力充沛的出版商；也已经和他的朋友谈论着他即将要出版的这部诗。拜伦每次从击剑房回来，总习惯去看看墨瑞。墨瑞大声朗读着拜伦新给他带来的诗篇，而拜伦却对准了书架上的某一本书，用手杖头向这本书刺去，嘴里还振振有词："第四种架势，第六种架势……第四种架势，第六种架势……"墨瑞特别心疼他的书籍，看到拜伦走掉，他瞬间松了口气。拜伦从墨瑞那离开，便去了庞德街的史蒂文酒店，和他的朋友托马·穆尔一起吃饭。

托马·穆尔其实是那位"小托马斯"。几年以前，他那无可挑剔的色情诗曾让哈罗公学的同学们兴奋不已。拜伦在发表他那首讽刺诗《英格兰诗和苏格兰评论家》时，有一段内容触犯了穆尔。穆尔寄了一封信到霍奇森那里，要求和拜伦决斗。当然这些都是拜伦后来才知道的，那个时候，他已经动身去东方旅行了，那封信便被搁置在了霍奇森那里一直没有拆。拜伦回国后，穆尔问起了那封信的事，拜伦说他从未收到过这封信。他请人找了一下，把信给穆尔送了回去，拜伦没有打开信，以此来表明他的诚意。穆尔最近和一位美丽漂亮、优雅大方的女子结了婚，他现在已无暇再考虑决斗的事，他建议通过共进午餐来代替决斗。

假如穆尔打算进行一次午餐的话，那么他第一个念头肯定是去有名的塞缪尔·罗杰斯家。罗杰斯之所以在文学界地位显著，不只是他那超人的才华，而且他还可以做出一桌十分美味的佳肴。他的父亲是一个富庶的、富有激进思想的银行家。他已经进入了他父亲的银行工作。他在21岁的时候便发表了一首非同一般，才华横溢的诗，名叫《回忆的快乐》，轰动了全城及整个文学界。城里最骄傲自大的门阀也给这个聪明、狠毒、可贵、可叹、短小、瘦弱而又惨白的无力的人打开了大门。

罗杰斯做事严谨而又不失浪漫。他把房间布置得充满诗意，用尽所有的精力去完成它。房间的位置很理想，可以俯瞰到格林公园。房间里的所有布置都那么完美，无可挑剔。而且，罗杰斯家的美味佳肴也可以称之为艺术品——主人精湛熟练的烹调技艺，以及客人的高雅，所有的一切都是美好的。这次具有和解性质的午餐，除了拜伦和穆尔之外，还有一位诗人——托马斯·坎贝尔。罗杰斯告诉穆尔和坎贝尔，让他独自来迎接拜伦这位陌生的客人，因为他知道拜伦是跛子，他怕他进来时会尴尬。然而当拜伦进来时，他却发现拜伦英俊潇洒，风度翩翩，气度不凡，给他们留下了深刻的印象。拜伦当时正在为母亲服丧，黑衣服衬托出苍白中的一丝倔强。罗杰斯问拜伦想不想喝点汤，"不，我从不喝汤"——"鱼呢？"——"不，我从不吃鱼"——羊肉上桌了，一样的问题，一样的回答。"要不来一杯葡萄酒吧？"罗杰斯建议说。——"不，我从不喝酒"。罗杰斯无语，问拜伦想吃什么，想喝什么。他说："只吃硬饼干和苏打水。"但很不巧，罗杰斯家里没有硬饼干也没有苏打水。拜伦便捣碎了几个土豆，蘸着醋吃了。隔了几天，罗杰斯无意间遇到了刚刚服役回家的霍布豪斯，得知拜伦是他的朋友，便问他："拜伦的节食会持续多长时间？""你能观察他多长时间，他就能节食多长时间。"

从那天起，拜伦和穆尔就形影不离。拜伦这个"没有朋友的动物"只希望能有一个人可以让他倾心。他十分敬佩穆尔，觉得他在上流社会中依然能保持那种无拘无束、自由洒脱的态度简直无法想象，而他自己在这个上流社会却如此孤独。他是纽斯台德的勋爵，穆尔只是一个柏林食品商的儿子。但是，穆尔从小就展现了他在诗歌和音乐方面惊人的天赋。在柏林，人们都争着想要得到这位才华横溢的诗人的作品。穆尔受到这种教育，获得了一种自信，而且对自己是浪子这个事实，反而感到无比的愉快。拜伦真切地感受到穆尔是"无论在才华还是才能方面最完美的体现"。他们几乎每天晚上都去晟奥尔本或史蒂文酒店吃饭，准确地说，是穆尔吃饭，拜伦嚼着他的饼干，一边问穆尔，吃牛肉有没有使他更为强壮。

拜伦经常说起要卖掉纽斯台德，到纳克索斯岛（希腊岛屿）去定居。他愿意试着去接受东方的服饰和风俗习惯，并研究东方的诗歌。冬天的英国让拜伦不舒服，宗教气氛也是如此。这个时代奉行权力主义政治。欧洲大陆的政治统治却没有受到战争的影响。他们的生活依然悠闲自在，他们把时间都浪费在打猎、求爱、从事会议活动上了。外部的斗争为阻止思想自由提供了强有力的借口。科贝特因为谴责了一件军事上的丑闻而被关押了两年。不可思议的是，人们当时却因工业革命遭受痛苦。不过，为了应付人们的怨声载道，当政者却还是一样大讲爱国主义和当权者的动机。

与此同时，上议院正在讨论一项议案，内容是要严惩在工业中心区毁坏机器的工人。拜伦住在纽斯台德期间，目睹了这些悲惨的场面。他决定站出来说话。拜伦十分乐意在这些达官贵人们中站出来，严肃地给他们讲讲关于他们残忍行为的逆耳忠言。事情也挺凑巧，在诺丁汉欺压工人的民兵上尉正是从拜伦手中夺走玛丽·安的杰克·马斯特斯。马斯特斯对那些有美丽妻子的庄稼人十分友善，但对针织工人却充满仇恨，总是落井下石地迫害他们，并说他们偷猎。拜伦将对往事的回忆与他母亲的家庭教育联系在一起，这让他成了十分进步的辉格党党员。

达拉斯依照嘱咐在圣詹姆斯街与拜伦碰面。拜伦以一反常态的声音，发表了慷慨激昂的演说，效果非常不错。他描绘了工人阶级的痛苦生活："人们动不动就被扣上罪名，而且证据是最明显的：那就是贫穷。贫穷就是死罪……你们的补救措施在哪里呢……这些动乱必须以死为终结……你们法令中死刑还不够多吗……这些忍饥挨冻的可怜人，他们根本不怕你们的刺刀，难道还会被你们的绞刑架吓倒吗？"人们认为拜伦是个很有才华的演说家，他的表现甚至有点戏剧化。拜伦一走出来就受到了达拉斯的迎接。达拉斯右手拿着一把伞，只能伸出左手祝贺他。他当时表现得得意扬扬，听到荷兰德勋爵和格伦威尔勋爵的赞扬后更是满意，所以坚持让达拉斯伸出右手祝贺自己。

这次演讲引起了辉格党人对拜伦的注意。由于一位令人敬畏的荷兰德夫人的操持，荷兰德府成了伦敦社交界和知识界的聚集地，现在这府上的大门为拜伦敞开了。数天后，墨瑞出版了《恰尔德·哈罗德》的头两章。直到最后一刻，拜伦还对这篇诗作的价值存有怀疑，他对它极度缺乏信心。达拉斯惊讶于拜伦的责任感，同时对此忧心忡忡，但是这篇诗作的成功却是毋庸置疑的。墨瑞是一个聪明活跃的出版商，过去这段时间，他一直在与友人们谈论着《恰尔德·哈罗德》。他精心挑选了其中的几页，发给作家和上流人士，让他们对外称赞这部作品。塞缪尔·罗杰斯在一月份就得到了校样，他当时在一些文学沙龙里拥有至高无上的权力，尤其是在卡洛琳·兰姆夫人那里。他拼命吹捧兰姆夫人的智慧和风姿，并给她带来了《恰尔德·哈罗德》的校样，请求她不要把这诗作再拿给别人看。同一天，她就走遍了全城，向所有人称赞了这篇诗作。她对罗杰斯说："我一定要见到他，我真是想死他了！"

很快，所有女人也都动了要和拜伦见面的念头。拜伦的生活好像东方传说里的主人公，被巫师用魔棒一指，便发生了天翻地覆的变化。拜伦曾经写道："一觉醒来，我已扬名天下。"前一天夜里。他还认为伦敦是一片沙漠，在其中只有三四个熟人而已。第二天，伦敦就成了《天方夜谭》里的城市，随处可见金碧辉煌的宫殿，都为这位优秀的年轻人大开方便之门。拜伦曾说，就算全市都已经进入梦乡，还有四千人在忙活着，这些人就是奢侈豪华的上流社会，它始终在人们的倾慕和厌恶的浪潮中翻滚。在这些日夜相聚的红男绿女之中，一个新声音以平地惊雷般的力量和速度杀出重围。他们这些人毕竟也是需要找些事物来崇拜的。在英国尤为如此，空虚的生活支配着社会，而这个社会已经厌倦了道德松弛所引起的寻欢作乐；厌倦了接连不断的战争所引起的军事野心；厌倦了由托利党政府的连续执政（外部的威胁使托利党政府历久弥坚）所引起的政治危机。

曾经的诗人们由于无能懦弱，没有说出这种潜在的厌恶之情。《恰尔德·哈罗德》则首次为这厌恶的一代所怀有的悲剧性怀疑主义发出了呐喊，艺术和生活的步调终于一致。一位年轻的英国人会让他的读者们感到亲切，他终于看清了1812 年的这经历了革命和战争的欧洲，这个年轻人就是拜伦。十年以来，阿尔巴尼亚的苏丽奥茨人自我封闭，与欧洲大陆生活隔绝，在这里的游记要远比到印度群岛或南海群岛航海更引人注目。他们欣赏《恰尔德·哈罗德》中带有政治色彩的注解及其所含有的勇气和创意。这篇诗作是关于大海的，但斯堪的纳维亚人由于闭锁已经与海洋长期隔绝了。人们能在这篇诗作中尝到他们逐渐开始怀念的海浪的浓重咸味。甚至托利党评论家的批判之声也让拜伦的威风更进一步。

然而，一部文学作品成功了，它的作者却令人失望，这样的例子屡见不鲜。好在拜伦这位作者和他的作品同样令人赞叹。拜伦出身于贵族世家，他的天才诗情为惹人非议的贵族阶级赢得了声望，因而上流社会对他充满感激之情。他年轻英俊，长睫毛下灰蓝色的双眸闪烁着激情的光芒，他白皙的皮肤几近透明，嘴唇像魅惑的女子，敏感多变……甚至他的残疾缺陷也为他赢得了人们更多的兴趣。众所周知，拜伦像《恰尔德·哈罗德》一样从希腊和土耳其归来。他赐予了恰尔德所有的忧郁、孤独、哀愁。

　　整个伦敦都在谈论拜伦，而且只谈论他一个人。一群又一群名人要求结识他，或在访问他时留下他们的名片。拜伦在圣詹姆斯街住所前的街道，都被拜访他的马车堵塞了。一家书店展出了一本为摄政王的女儿夏洛蒂公主特别装帧的《恰尔德·哈罗德》。摄政王亲自请人为自己引见拜伦，并针对诗人和诗的话题与他聊了许多。当时，每一个季节都有自己的政治、军事、文学头领，1812 年，拜伦成了社交场合中当之无愧的王者。

　　当拜伦本人猜到了自己的影响力时，便反复练习他那有名的令人神魂颠倒的"眼睛下垂"的魅力。达拉斯有天听见拜伦高声朗诵《恰尔德·哈罗德》，无疑，他正在试图挖掘身上令人倾慕之物。达拉斯预言道："我确信，他曾经全部的忧郁都会在未来的生活中无影无踪。"

　　但达拉斯错了，这种忧郁是拜伦不可分割的一部分。他完全明白，读者们非常喜爱这首诗，他也知道，人们都盼望接待恰尔德·哈罗德，因此拜伦走进他们的客厅时，便流露出令人沮丧的轻蔑神色，用冰冷的沉默掩盖他祖传的羞涩。以前，在面对伊丽莎白·皮戈特时，拜伦还在口中喃喃数着："一、二、三、四、五、六、七……"现在，他再也不需要那样了。但在这个生机无限、五彩缤纷的上流社会中，拜伦没有亲人，也没有朋友，而这个社会在忽视他这么久之后，突然如此喧闹着迎接他。别人在翩翩起舞，拜伦却因为残疾只能一动不动地靠在镀金的门边观望，这场景活脱脱他诗中的主人公，屹立在船首，眺望着海浪。

　　1812 年的春天，崇拜拜伦的浪潮越发狂热。德文西亚公爵夫人写道："当时人们谈话主题中让人好奇又倾慕的，不是西班牙、葡萄牙，也不是武士、爱国者，而是拜伦……每一张桌上都摆满了他的诗集，拜伦只要一出现就受人追捧，被人赞颂，他脸色有种病态的苍白，但是非常动人。总之，他垄断了一切话题，男人感到嫉妒，女人间互相争风吃醋。"人们团团围住拜伦的几位密友，罗杰斯、托马·穆尔、荷兰德勋爵，要求他们写信介绍自己认识拜伦。小姑娘伊丽莎白·巴雷特曾正式地考虑过要女扮男装来做拜伦的童仆。宴会上，女人们不顾安排好的座次，都企图坐在拜伦身旁。对他这个年轻的跛脚人而言，一切都是神赐奇迹。仅仅几年前，他还小心地捧着庸医开的小药瓶，走在诺丁汉的街上呢。

　　兰姆夫人在威斯特摩兰夫人家里见到了拜伦。她走近他，不禁为他的容貌而惊叹：那弯曲得恰到好处的双眉，微闪着一缕红光的卷发，希腊雕像一般的嘴唇，在嘴角处微微下翻。她长久地聆听着那柔和的、轻灵的、乐曲一般的声音。孩子们说："这位绅士说话好像歌声。"她注视着拜伦矫揉造作的礼节和他那傲慢得几乎侮辱人的谦卑，她看着女人们将他层层围住，转身便离开了。

当晚，兰姆夫人在日记中写道："要结识他是发狂的，邪恶的，危险的。"两天后，她正在荷兰德府中，有人通报说拜伦来访。人们把他介绍给她，拜伦问道："那天有人就提出要介绍我们认识，请问您当时为什么拒绝了呢？"

她身材高大苗条，一双淡褐色的大眼睛疑虑地闪烁着。她并不美，但是娇艳动人。拜伦问她，自己可否去探望她。他一边同她交谈，一边好奇地打量着这只让他感到如此新鲜的"动物"——这位身份高贵的女人。她有着优雅的谈吐，时而显得多愁善感，时而又表现得才华横溢。她还有着奇特的嗓音，虽然略带着德文西亚郡人特有的鼻音，却很是动听。

她在日记中描述拜伦的那句话下又添了一句："那美丽苍白的脸庞就是我的命运。"

第十五章　爱情是什么

拜伦在第一次拜访墨尔本府时，看到罗杰斯和穆尔也在那里做客。卡洛琳夫人骑马回来，累得衣服也没换就躺在沙发上，这时，有人通报说拜伦勋爵来了，她便快速起身，一溜烟地跑掉了。罗杰斯便对拜伦说："拜伦勋爵，你可真是个幸运的家伙，刚才卡洛琳夫人穿着一身脏衣服毫不介意地和我们坐在一起，可是你一来她便飞快地跑去梳妆打扮去了。"另外两个男人不满地瞥了一眼拜伦，心想他就不能在只有她一个人时来吗？她请他在吃晚饭的时候再来，拜伦来了，不久人们在墨尔本府便只能见到他一人的身影了。

墨尔本府和荷兰德府一起，是辉格党知识分子的中心，也是伦敦最富丽堂皇的住宅之一。兰姆一家是不久前承袭了墨尔本的贵族爵位，他们的地位是通过自然地上升取得的。兰姆的祖上是律师，在18世纪初的时候发了财，到了18世纪50年代，他的儿子带来了布洛坎庄园的财产，这位准男爵因为娶了美丽的伊丽莎白·米尔班克小姐而进入了议院。当时的首相为了得到多数人的支持，所以封他为墨尔本勋爵。墨尔本夫人非常机智，有高超的手腕，生活得非常体面，并且她凭着这一切征服了伦敦而不招惹任何流言蜚语。

墨尔本夫妇有两个儿子，父亲喜欢像他的那个长子，母亲喜欢长得像埃格尔蒙特勋爵的小儿子威廉·兰姆，她非常宠他，但他遭到了父亲的忽视，他穷奢极侈，放荡不羁。威廉爱读书、幻想、作诗。他非常厌恶体育活动，不愿受任何拘束，于他来说，父亲就像是寡言的客人一样。因此威廉·兰姆变成了懒散、放荡却聪明的年轻人。1805年他同别斯保罗勋爵的女儿卡洛琳·庞森结婚。这场婚姻是爱情的结果，而且相当大胆。卡洛琳惹人崇拜，而且相当危险。她的母亲，别斯保罗夫人，在生女后的第三年轻度中风，被迫把孩子托付给她的阿姨乔治安娜·德文西亚公爵夫人抚养。公爵夫人把自己的孩子都交给仆人养，对卡洛琳也不例外。卡洛琳的成长环境豪华又混乱："早晨她使用银制餐具，常拿着昂贵的餐具跑进厨房，跑到那些争来吵去的仆人中间。"她这个小姑娘只知道世界上有公爵、公爵夫人和乞丐。卡洛琳夫人性情不定，常勃然大怒，以至于人们怀疑她神经不正常。她在 15 岁之前没有接受过什么教育，但就是在那时，她忽然就学会了希腊语和拉丁语，并且还学习音乐、法语、意大利语、绘画、表演、速写，她还画漫画。几年之后，她成了伦敦最特别的年轻女人之一。

她 13 岁那年第一次见到了她未来的丈夫威廉·兰姆，他年长她六岁。她读了他的诗作，并"渴望见到他"。她如愿以偿，对这位双目炯炯有神的年轻人一见倾心。你也许会说他是个花花公子，有一种和他整个人十分相称的满不在乎的神情。威廉·兰姆喜欢她，情不自禁地说："在所有德文西亚府的姑娘中，她就是我命中注定的那一个。"那日之后，他便下定决心要娶她为妻。很长一段时间里，她都没有答应他。"我崇拜他，我知道自己的厉害，我不会嫁给他。"他却始终坚持不懈地追求着，1805 年他终于成功了。

婚礼当天，她对主持婚礼的主教勃然大怒，她撕破了自己的长袍，还昏了过去，旁人只好将她扶上马车带走。这个开端很奇怪，但她风度翩翩的丈夫看到她如此娇弱，对她更是怜惜备至。威廉·兰姆惧怕人家提及伦理道理那些东西，那东西很低级，惹人厌烦。"虽说我当时追求的是愚蠢和邪恶的事物，但我在这追求的过程中感受到了乐趣，因此尽管我生活得不对，但我从未对那段时光有过懊悔和惋惜。"墨尔本夫人阅历丰富，和儿子一样，她也厌烦着道德伦理那一套，但她对于谈论道德的方式则与儿子持有不同观点。显然，她已经向众人证明，一个女人能够无为而无不为，但其中有许多玄机。她不赞成儿媳妇那种毫不遮掩的搔首弄姿，也不赞成她对人们的殷勤来者不拒。比方说她接受戈弗雷·韦伯斯特爵士的殷切时快乐得过于明显了。但威廉对母亲的说法只是付诸一笑，卡洛琳也越发放纵自己。

拜伦突然闯入了这样一对夫妻的生活。情夫的角色对他来说充满新意，他真是说不出的高兴。他喜欢在早晨 11 点左右到卡洛琳那里，和闺房女伴一起拆看信件，爱抚孩子，挑选当天的服饰。最初的几个星期，拜伦与她在墨尔本府的友谊仍旧是柏拉图式的。他严肃地谈论事物，在膝盖上逗弄着卡洛琳的小儿子。拜伦明白她的期望，他应该成为人们想象中的拜伦式的人物而不是他本身。拜伦向她谈起家族的诅咒，谈论戈登家族，那个摧毁了他所爱的一切的邪恶勋爵，谈论可爱的东方女人。她心悦诚服地倾听着拜伦的高谈阔论，认为他迥异于威廉，而且他是那样的美丽。

你也许会问拜伦爱她吗？她不是他"爱的那种类型"。尽管她举止优雅，但身材太瘦，算不上真正的美丽。她也没有拜伦一直追求的那种绰约的风姿，但她有"无限的活力"。一个年轻人两周前在伦敦还仅有屈指可数的几个朋友，如今已经成了墨尔本府上的知己常客，如果是骄傲的作用促成了这一切，那么这种骄傲真叫人荣幸。毋庸置疑，看到她身上那种十分强烈的情感，拜伦很想为此屈服。有一次，达拉斯正在拜伦家，看见一个仆人穿着滑稽的花边衣服，而他则"全神贯注地阅读和回复着她的来信"。这位可敬的达拉斯，甚至觉得应该警告他，让拜伦注意防范那个腐蚀道德的圈子，警惕那些声称自己为他疯狂的女人。而实际上，拜伦已经过于警惕了。

拜伦常常对卡洛琳夫人显出令人震惊的冷酷。一个春日的清晨，他带给她第一朵玫瑰和荷兰石竹花。拜伦讽刺地说道："夫人，据说您热爱一切新鲜稀有的事物——片刻的喜欢。"她写信回复拜伦，信纸真叫人惊讶，四周的花边在四角形成贝壳图案。信的内容叫人又感动又恼怒，她自比向日葵，"一旦看见那一时恩泽照耀着自己的灿烂阳光，我便想，只要自己一日在世上，便不会崇拜和敬佩低于自己的事物。"

这种谦卑用错了地方，拜伦喜欢女人们像"宠我爱我又有点着急的姐姐"一样对待他，而不是像君王一样统治着自己。对一个人来说，纵欲和爱情总是与初次让人难忘的经历密切联系着的。还是少年的拜伦默默思索着忧郁的柏拉图主义，可纵欲这种温和快乐的天赋又将这种沉思打破。拜伦肯定两种极端类型的女人：梦中的丽人，羞涩、纯洁，这种幻想的原型是玛丽·查沃思，或者孩子般幻影中的玛格丽特·帕克；另一种就是寻欢作乐的伴侣。但卡洛琳夫人热情洋溢的话语对他来说只是烦扰庸俗的聒噪。他本来也很喜欢轻浮的暧昧，一种和他的犹豫交织在一起的放荡，可卡洛琳的崇拜带给他一种约束，这约束让拜伦感到疲倦。

卡洛琳夫人已经不爱她的丈夫了，还能够给他写迷人的书信，如今屈尊写给拜伦这样的信件，真让她悲伤难耐。她认为，只要对拜伦炫耀上流社会，就会取悦他。她为拜伦在早晨安排聚会，邀请全伦敦最美丽的姑娘们来参加，然而，对于这个六个月前还在蓝天下平静地抽烟、眺望远山的朝圣者来说，客厅里叽叽喳喳的谈话声让拜伦疲惫不已。回忆着逝去的寂寞，他追悔莫及。

有一位年轻聪明的姑娘遇到拜伦之后仔细地观察起了他。她名叫安娜贝拉·米尔班克，是墨尔本夫妇的一个侄女，住在乡村，受过良好的教育，虔心宗教。她总带着微微蔑视的眼神，打量着伦敦上流社会和她自己发狂的表姐卡洛琳。3月14日，她在日记里写道："拜伦勋爵的《恰尔德·哈罗德》中许多片段都体现了诗最优美的风格。"25日，她应邀到墨尔本府参加"早晨举行的华尔兹舞会"。那儿有招人喜欢的乔治夫人，她说话叽叽喳喳，身上戴的项链窸窸窣窣。除了她还有体态风姿、满头红发的爱芬斯顿小姐及十多个佳人和一位女歌手。安娜贝拉觉得，这些男男女女好像将听音乐作为"义务"。卡洛琳·兰姆指着拜伦给她看，她觉得拜伦高傲自大，"他的嘴里不时地暴露出刻薄不满的情绪"。她认为，拜伦对这些无聊的行径和愚蠢的事不屑一顾是正确的。那天她故意让人把她介绍给他，就是因为"好像所有的女人都在荒唐地追求他"；几天以后她又看见了拜伦，发现他很腼腆，就试图和他聊了起来。她说，"在某些场合几乎没人会在回家以后反省自己，检查自己的内心，而我没有憎恶这些场面，这使我感到意外。"

拜伦在卡洛琳·兰姆面前将安娜贝拉称赞了一番，甚至将姐妹俩毫无奉承的真心比较了一番。卡洛琳已经心醉神迷，愿意接受拜伦的斥责。于是他说明，他反对这种生活方式，反对过分频繁的聚会，长久以来更是特别憎恶跳舞，他再也不想看到人们在墨尔本府上跳华尔兹舞和瓜德利尔舞。拜伦要求她不要再跳华尔兹，她欣然答应了。她已经被拜伦征服了，陷入热恋，棋子般任由他摆布，但她并没有立刻成为拜伦的情妇。回想起那失败的初恋，拜伦依然痛苦难当，否则他本来很可能会饶恕她的。但是，按照拜伦自创的哲学观来说，一位不将自己奉献出来的女人自然是什么也不会献上，反而还鄙视情人的懦弱，怪对方没有逼自己奉献出来。卡洛琳的母亲别斯保罗夫人自作聪明，告诉已经让步的拜伦说，不管表象如何，他并没有被爱，卡洛琳会把他撵走的。拜伦没有出声，但他决意不会追求卡洛琳夫人，因为他知道那是无用的，拜伦只需在她身旁。一周后，她便属于他了。

拜伦非常平静地占有着她，对于她来说，他是一个凶狠严厉的情人。拜伦绝不是理想主义者，他总以尖锐而无情的现实主义来判断自己的情妇。如果当他本人不在热恋时，这种现实主义就像天生的心境一样。"我从来都不曾认识一位更出众、更悦人的女人，可是，这些才能真的缺乏普通的行为举动……我可怜的卡洛琳，你的心真是一座小火山！你的静脉涌出了喷发的熔岩……我一直认为你是人类活着的人中最聪明、最怡人、最荒唐、最和蔼、最令人困惑、最危险、最迷人的小精灵……我不与你谈美，因为我不是评论家。可是每当我接近你时，我们的美就不是美了，所以说你有美之外更为美好的东西。"她使他不高兴的地方在别人看来更有魅力，她觉得为他援引诗人的诗便能留住他。拜伦却想到安思莱晨星的寂寥疲惫，想到东方的哑女。

别斯保罗夫人现在把一切都看得真切，因而比她的女婿更为焦躁。她自己正值芳华的年纪上，也曾经历过这样春心荡漾的时分，当年她与格伦威尔勋爵的私情闹得满城风雨。可是，她竟然乔装成马车夫，跑到情人身边去，守护着他；也没在舞会结束、人们一涌而出时，伫立在雨中守望着他。别斯保罗夫人万般无奈，请来了霍布豪斯，同他商议如何解决这件让两家都名誉扫地的事情。霍布豪斯随时愿意去开导他的朋友，但光靠嘴皮子功夫怎么可能就让这对男女一刀两断呢？拜伦和别斯保罗夫人一样，厌倦了卡洛琳·兰姆的愚蠢，他也毫不隐瞒这一点，他宁可跟托马·穆尔或者霍布豪斯待在一块，也绝不愿和她幽会。

1812 年 8 月，卡洛琳·兰姆的行为变得让人忍无可忍了。一天清晨，别斯保罗夫人来看望她，求她一起到爱尔兰去，威廉会到那儿与她们碰头，这件可悲的事情就会告终。她还在屋内时，墨尔本勋爵回来了，严肃地指责了一番卡洛琳。卡洛琳大发脾气，无理取闹地与他顶嘴。别斯保罗夫人吓坏了，赶紧跑下楼去请墨尔本老夫人。当她俩一起上楼时，卡洛琳已经跑了，连衣服都没换。墨尔本老勋爵说，卡洛琳威胁说要住到情人家里去，他答复她："滚，你这该死的！"

两位母亲一起急匆匆来到拜伦那里，发现他独自一人，听闻消息后，拜伦和她们一样惊讶。两位贵妇人的行为让他觉得很好笑。对她们来说，一年前还与他互不相识，如今却一起跪在他面前，请他相助，将她们的女儿、儿媳妇送回到丈夫府上。这真是奇特的复仇。最后，兰姆家的马车夫得到了一点小小的贿赂后，透露了卡洛琳的去向。拜伦几乎是强迫着才把她带回到她母亲家。

消息闹得满城风雨，沸沸扬扬。摄政王亲自召来别斯保罗夫人，告诉她，他认为两位老夫人和卡洛琳一样都疯了。母亲和婆婆，丈夫和作为她情人的拜伦都要求卡洛琳离开伦敦，但她继续待着，希望在街上或哪个大厅中能与拜伦偶遇，希望能在第二天写信时告诉拜伦，她觉得他是如此的英俊！"你如此苍白……如同一位死亡的美女，或一尊白色大理石雕像，如此苍白与乌黑的眉毛、乌黑的头发、形成鲜明的对照。我一见到你就想大哭一场。假如有画家能为我惟妙惟肖地画下你的容颜，我就把我在这尘世间拥有的一切都赠予他。"

她终于答应陪着别斯保罗夫人回去，拜伦这才松了口气。这是他首次同一位出身显赫的女人冒险，这次历险使他深感厌倦。她以毫不顾忌的狂热投入这场激情中，并在激情中沉沦，以至于面色苍白，奄奄一息。拜伦写信给墨尔本老夫人："亲爱的墨尔本夫人，想必你已经听说，何妨再听一遍，她们安然无恙，已经被安顿在爱尔兰，在你和这位折磨你的人之间，大海在汹涌翻腾；另一位折磨你的人却仍近在咫尺。我真希望这一切终结，你也不会惋惜我这么做。我绝不会让这件事'野火烧不尽，春风吹又生'的。并不是说我另有所爱，我这个人与爱无法共存，我也当够了傻瓜。当我回顾虚掷的岁月时，回顾到最近这件事使我去年冬天的所有计划都失败了，我成了我过去早就应该成为的那种人。"

拜伦相信婚姻的价值，这是他最后的幻想。一位年轻的贵族，尤其是一位他们家族的人，应该酗酒，赌博，调戏邻人的妻子，在历险够了以后，就迎娶一位出身高贵、家产尚可的女人，他不爱她，但同她生儿育女，得以延续他家族的姓氏。这就是传统做法，这就是纽斯台德的规矩。

为了使墨尔本老夫人一次就放心，拜伦向她做了令人咋舌的坦白：他希望迎娶卡洛琳的表妹米尔班克小姐为妻，他在威廉·兰姆的家中邂逅她，并拜读了她的诗作。通常情况下，墨尔本老夫人对什么都很平静淡然，但这次她却大吃一惊。还有比这虔诚的数学家和恰尔德·哈罗德的性格更截然相反的一对吗？但是正是这种悬殊的差别加上姑娘的含蓄吸引了拜伦。她是所有女人中唯一疏远他的一个。"我对她几乎一无所知，所以没有任何理由可以相信，我会受到她的宠爱，但我从未遇见过一个让我如此敬重的女人……我唯一的障碍来自我的母亲，我从她那儿本能地摄取了致命的憎恶。"但是为了弥补这一点，拜伦对成为墨尔本夫人的侄女婿一事很是着迷。

墨尔本夫人要拜伦做出保证，她写信告知拜伦说他情绪变幻莫测。拜伦答复道："你问'我有信心吗？'我的答案是没有，但是你有，我觉得这更好。我敬重米尔班克小姐，因为她冰雪聪明，出身高贵，假如我真的结婚，我对门第仍有偏见，至于爱情，给我一星期就够了，只要那位夫人也愿意合理地付出些努力。此外，与浪漫相比，尊重和信任更会让婚姻生活美满。她并非美艳到炫目，不会为我吸引到太多情敌，但她很俏丽，这足以让她得到丈夫的爱……"

弗莱查急于让拜伦同一位"非常有钱，身材肥胖"的荷兰寡妇结婚。当然，弗莱查已结过婚了，但地中海沿海地区的蚊子和潮湿热风解放了他的头脑，他现在又迷上了这位寡妇的女佣人。他希望拜伦同寡妇的婚姻也可以促使他向女佣人求婚成功。荷兰寡妇？米尔班克小姐？卡洛琳？拜伦饶有兴味地等待着命运或墨尔本夫人为他抉择。

这几个人处在那样的时代，仍然把婚姻视为神圣不可动摇的大事情。把一位如此任性的求婚者的要求提给这些人中的任何一个，这种责任都非常可怕。拜伦清醒时曾亲自宣布，她值着拥有一位比他心地更纯洁的男人，但墨尔本夫人喜欢拜伦。她可能会想：看着她一本正经的侄女管教这位蹒跚着的唐璜倒是个有趣的景象。"可怜的安娜贝拉，如果他爱上了你，他那双天真的眼眸将会改变……眼睛需要那种灵感。"安娜贝拉会受苦吗？墨尔本夫人并不认为这会伤害安娜贝拉。她一直为安娜贝拉外表的平静感到愤怒，她开始插手这件事情了。

这姑娘根本没有忘记拜伦。她逗留伦敦的那段时间已经成竹在胸，知道自己引起了他的兴趣，并且几乎有望拯救他。然而，拜伦和卡洛琳的丑闻让她绝望，她认为他的灵魂已经无药可救。她回到父母身边，又一次面对着天空和大海，心情舒畅地漫步于这两个无限的空间之间。拜伦认为这个世界太冷酷了，无视人类的痛苦；而她则笃信在这个尘世上她可以随处看到上帝仁爱的证据："能够拥有造物主的博爱，我多么幸福，我怀着无比的幸福想到上帝创造的一切，凝视着这些景象。"她在日记中试着用文字来给拜伦画像："从幼时起，爱情就一直引领着他……但他的许多气质可以和基督教教旨相联结，比如'我爱着我所不能要求的德行'……内心深处，他是人类全部感情的热心的朋友。但骄傲产生了最莫名其妙的反常情况，所以他努力掩盖着他性格中的长处……他的怒火很容易被激起，而当他怒气冲冲时，他便会变得歹毒起来。他用最狠毒的鄙视仇恨着……他如果相信对方是善良的，就会对之袒露心胸，毫不隐晦……他尊重他们，并且会向他们坦白自己的错误。"

拜伦选择了墨尔本夫人作为中间人，可以说并不十分明智，因为安娜贝拉并不推崇她的判断。她回答道："若我不明白地说出真相，我就一点也不值得拜伦勋爵尊重。若我不相信他会令我钟情，使我在家庭生活中幸福，那么我至少是委屈了他，这会证实他目前对我的印象，哪怕是间接印象。我通过对他的所作所为的有限观察，我愿意相信你那些有利于他的说辞，我更愿意认为造成苦果的原因在于我个人性格中的缺陷，而不是他的。因此我不想回报他的爱情，想到这会带来痛苦，我作此说明时也很痛苦。此后，我必须由他来判断我们未来的交往状况……"实际上，如果米尔班克小姐要人相信自己的话，那就是婉拒了拜伦的求婚，因为她不爱他。这对《恰尔德·哈罗德》的作者而言，是从未有过的经历。

第十六章　卢克莱修哲学

　　拜伦早就不再想着与纽斯台德共存亡了。他已经债台高筑，欠下二万五千镑的债务。1812 年 9 月，他以十四万镑的价钱将修道院卖给了一位叫克劳顿的人，但很快克劳顿就宣布他实际支付不起这笔钱。汉森律师是个精明谨慎的人，他提出要求，如果克劳顿无法付清款项，就要缴纳二万五千镑的违约金，这简直是要克劳顿身败名裂。但拜伦的钱连谈判的时间都撑不过去了，他又没钱花了。

　　拜伦接受了那些慕名而来与他交朋友的乔治家和奥克斯福家的邀请，去他们那里度过十个月的时间。乔治夫人是个红遍上流社会的女人，正是这种无暇分身的忙碌使她的德行都还算不错。但凡她出入的圈子，都受到她的感染，充满活力。她美丽动人，乌黑的头发，滋润的皮肤和那串戴在颈间的粉红珍珠无不为她添色；除了饶舌，再不能从她身上找到其他的缺点，而这也已经不是什么秘密。

　　接着，拜伦又去了奥克斯福夫人家里，她住在哈福德郡。拜伦在伦敦的时候曾遇见过她，他记得那是个冬天。后来，卡洛琳夫人离开之后，拜伦在查尔顿汉姆再一次遇见她。他们的默契仿佛是瞬间达成的，年轻羞涩又激情四射的他与依旧美丽并不曾放弃对爱情幻想的她就这样坠入了爱河。她知道如何迈出第一步最合适。那时的奥克斯福夫人已经到了不惑之年，"就像克洛德·洛兰画出来的夕阳西下的画卷，也许是意识到，这是她最后的光芒，所以愈发用力地去绽放，去明亮，释放出最美丽的光华。对于一个女人来说，第一个和最后一个为她倾倒的男人总是让她尤为在意。"

　　拜伦接受她的邀请到她位于艾沃德的别墅做客。他在那里度过了 1812 年 10 月到 11 月两个月的时间，温柔聪慧的她就一直陪在拜伦身边。拜伦为她表现出来的比自己还要强烈的愤世嫉俗感到兴奋不已。她有书籍和音乐相伴，不会因为他的忽略而痛苦抱怨。奥克斯福勋爵把大把的时间花在了在树林中散步上面。作为一个丈夫，他行事小心谨慎，拜伦和他亲爱的奥克斯福夫人的日子过得就如同卢克莱修在他的作品中描述的那样——"他们仿佛永远地生活在一片安宁祥和之中，无人叨扰，不需为琐事费心费力，没有顾虑，自给自足，不需要任何人的帮助……"这样的生活，他之前经历过两次，其中一次在哈罗山岭，一次在东方，在没有城市的喧嚣的超然物外中得到无限幸福感。他也不过是凡夫俗子，他也有弱点，也正因此，这种如神仙眷侣般的生活，虽短暂，但让人格外珍惜。拜伦内心是不羁的，但这不羁也常会让他迷茫，他看到的奥克斯福夫人和墨尔本夫人一样，有声望威名。他也愿意多听听这些女人的意见，她们的勇敢多疑能给他不一样的东西。他时常会感到莫名其妙，为什么会陷入这样的感情之中呢，冷淡却又温情，他不知道这样下去的结果是什么……总之，他是个彻头彻尾的懒家伙，什么事情都不做。和那些小天使们在湖面、林子里玩耍，孩子们的笑脸让人不禁想起他们的父亲。他享受着最后几天快乐的时光。他想他从来没有那么满意过自己的生活，之前没有，后来也没有，对一个异教徒来说，这真是太完美了。

那时候，卡洛琳·兰姆还无法接受自己被抛弃的现实，不知道她如何知道了拜伦在艾沃德，妒火燃遍她的全身。她和奥克斯福夫人是朋友，之前的几年，她们还会通信，探讨深邃严肃的问题。现在她坚持每天写信给拜伦或者奥克斯福夫人，但奥克斯福夫人拒绝回信。于是卡洛琳夫人就拿来访、告密和自杀相要挟。拜伦和奥克斯福夫人一起读她的信，他们彼此相爱，那么，这些信里的哀怨，便让他们更加看不起卡洛琳夫人。这信里的口气与卢克莱修的哲学是完全相悖的。

拜伦将卡洛琳的行为告诉了墨尔本夫人，他知道墨尔本夫人是站在他这边的。"卡洛琳想为自己讨回公道，但这不关他的事……他有他爱的人，这是他活着该有的目标。而目前他们在一起简直是最完美的选择。他们要的不多，只希望能够过没人打扰的生活，在休息中找到双重的快乐……这就是他想对她说的所有了，他不想再见到她，至于为什么，他想不需要他再提。如果他们再见，他想那可能会是地狱了。"

最初，拜伦还是会礼貌地回信给卡洛琳，但后来，他实在是无法忍受了，他写了一封很伤人的信，"卡洛琳夫人，我希望你能清楚，我已经不再是你的情人，这是你用一种不该是女人所为的行为逼迫我跟你讲清楚的。我必须告诉你，我的爱给了另外一个女人，但我不想在这里亵渎她的名字。我始终感谢你对我的爱与关注，我也将一直把你当作朋友，如果你愿意的话。作为朋友，我想给你提个意见，麻烦你不要再用你可耻的虚荣心强加给我一些荒唐的胡思乱想了，把这份殊荣给其他人吧，我只求安静生活——你最恭敬的仆人，拜伦。"

拜伦想，如果她在他面前的话他也许不会说出这么伤人的话，她也有她的可怜之处。她将"信任拜伦"印在了她仆人的制服上。她模仿他的笔迹给自己写信，又从墨瑞那里拿到了他之前一直不肯给她的肖像。她在布洛坎大厅导演了一场诡异的仪式，她焚烧拜伦的模拟人像，让乡村姑娘围绕着燃烧物跳舞，姑娘们都穿着白色的衣服。她简直是痴迷了，将对这场仪式的叙述寄给了拜伦，他读过之后又加了一些评论就转交给了墨尔本夫人。评语是这样写的"关于这场焚烧的叙述过于冗长，其中充斥的都是些愚蠢的东西，小乡绅仆人，金项链，花篮甚至还包括她自己。"

最后，拜伦还是跟卡洛琳见面了，但并不是安排好的，而是偶然的机会。那是 1813 年的 7 月 6 日，他出席西斯考特夫人举办的一场舞会，墨尔本夫人在舞会中，已经 61 岁的她仍旧光彩夺目，巨大的羽毛从她的银白色秀发上披下来，无可厚非地成为舞会最惹人注目的女人之一。拜伦记得当时格雷勋爵和谢立顿也在晚会。他微微跛着脚走进来，人们自觉闪出一条路来，带着满脸的迫切看着他。人们说他当时苍白的脸色给人一种阴险的美感。他发现他居然和卡洛琳面对面了，他在她的眼中看到说不出的憔悴。

当时，乐队正在演奏一段华尔兹舞曲，他能感觉到女主人的不安，她拉着卡洛琳说，"来，卡洛琳，让我们跳舞吧"，"对，我要跳华尔兹了。"她在拜伦耳边轻轻说"我想我现在可以跳华尔兹了吧？而且是和每个人跳，不停地跳"（拜伦曾经要求她发誓再也不跳华尔兹）。她记得他当时的回答极尽嘲讽，"可不，你何时跳都是最好的，看着你跳舞让我感到快乐。"她便跳起舞来，但很快便体力不支，她走到一间正在准备晚饭的房间去休息。拜伦跟着进去，但他并不是自己一个人，而是拥着一位夫人；他看着卡洛琳说："你的舞步真是从不让我失望。"他看她气愤地拿起了刀子，说："来吧，我亲爱的，但如果你要演的是一个罗马人，那么你可一定要注意你的刀子的方向，是要对着你自己的心脏的，而不是我的呀，你别忘了我心上已经有你扎出的伤口了。""拜伦！"她疯狂叫喊着，手里紧紧抓着刀子跑开了，没有人知道到底发生了什么事情。有人说是她自己用刀子伤到了自己，有人说是她拿杯子时晕倒被破碎的杯子伤到，总之，她最后满身是血，而拜伦并未关注这些，当有人到另一间房间告诉他这一切的时候，他只觉得那都是她的小把戏。

几个星期过去了，不知道哪来的勇气，她亲自跑到拜伦家来了，但他当时并不在家，所以没有见到她，但她仍然进来了，在拜伦放在案头的一本贝尔福特的《开赛克》的扉页写下"记着我"。他回到家时，便看到了她留下的字，那字迹他再熟悉不过了，他一时激动，便留下了以下的诗句：

> 记着你！记着你！
> 直到忘河的水停止生生不息，
> 你会被悔恨和耻辱挡住去路！
> 就如同梦魇将你纠缠！
> 记着你！啊，毋庸置疑，
> 同样想念你的还有你的丈夫！
> 有谁能够忘记你？
> 他得到了不忠，我得到了诅咒！

拜伦就是这样。他把他的情人和她的丈夫放在一起来讲，但正是这样，便显示出她让人无法宽恕的罪过，她这一辈子最大的罪过，那便是爱上拜伦。

他真的是受够了。如果这是爱情必经的苦痛，那么也许他能做的只有躲避蛇蝎一样的女人。奥克斯福夫人虽然在他看来曾是完美情人，但也会给他带来苦恼，那便是她不羁好动的个性。当他们依旧在交往时，她却已经爱上了另一个男人。而奥克斯福勋爵则只能继续装作不闻不问。拜伦却被抛弃了，以一种直接的不加解释的方式。她从不对他撒谎，即使是伤害也是毫无遮掩的，也许这正是拜伦失去她时感到惋惜的一部分原因。

第十七章　噢，亲爱的奥古斯塔

自从拜伦回国后，他还没见过奥古斯塔。她住在离纽马克特六里地的一栋乡下房子里。她的经济情况困难，还要抚养三个孩子，这使她一筹莫展。她的丈夫是个非常自私的人，经常赛马使得家庭债台高筑，而且他还与他的朋友达林顿爵士一起和女仆寻欢作乐，只有在他回到纽马克特赛马时才回来和她一起住。但是奥古斯塔却对他非常忠诚，因为抚养她长大的祖母是一个非常虔诚的人，对她影响很大。而她也是用这种虔诚来替代道德观念的。而且，家庭的重担和母亲的责任压得她透不过气来，根本没有考虑其他东西的时间。她每天的生活就是照料孩子，三个孩子里总是有一个生病；她还要经常躲避来要债的债主；还要给欠了一屁股债的丈夫回信；而她的生活就在这些烦琐的家庭杂务中流失掉了。

1813 年 6 月 27 日中午，拜伦在贝内特街的公寓里见到了她。他一见到她，就如痴如醉，喜欢上了她。她虽然不是特别的娇小、艳丽，但是她举手投足间散发着迷人的神态。他们之间有许多相似之处，比如在长相上她还是和拜伦有几分相像，尤其是侧面。除了神似以外，在其他地方也有许多相似之处，比如他们说话都不发 r 的音，喜欢噘嘴、喜欢皱眉头等。在性格上他们也有相似处，在别人面前，他们都比较内向和羞怯，但是当他们独处时，却又感到不受拘束，自由快乐。因为她是拜伦的姐姐，他们在共同的回忆中有交集，从家庭到父亲直到索斯威尔的遗孀。只要是他们在一起，就可以无话不谈而且非常有趣。如果她没有结婚多好啊，他们可以住在一起，为拜伦管理家庭。这比娶一个陌生人来说好多了。他和奥古斯塔在一起简单而又放松，她在对待他时总有一颗温柔的心。在她抵达的第一个星期天，拜伦给她留了张便条，邀请她一起出席宴会。“我最亲爱的奥古斯塔——你是否愿意与我出席戴维夫人的宴会，在那里你可以见到斯丹夫人，也可以和很多你认识及不认识的人聊天，我想当我们一起出现在别人面前时，会给我们带来新的情感"。

拜伦还在情感这个词的下面画了着重符。无疑这是在向她阐释拜伦对她的喜爱这一想法：只有在轰轰烈烈的爱情中，他们才能看清楚自己。但是她的头脑太过于简单，又常常很混乱，有时很多事情很快便被遗忘了。最初，她时常让拜伦给她看他最新写的诗，可当他说她对诗什么也不知道后，她笑一笑也就忘记了。在玩游戏的时候，她总像个孩子一样，对喜剧性的东西格外喜欢，又最爱模仿，这令他的兄弟格外开心。她有她特有的表达方式，一种前后不连贯，充满插入语和暗示的方式。在和她谈了5分钟之后，人们还是一头雾水茫然不知谈了什么。她的语言中全是"噢！亲爱的！"……她的孩子们生病的事情……忽而是皇后的逸事（她是宫廷的女侍）……接着却又是她突然想到的另外一桩趣事……她总是自己把自己讲得哈哈大笑。不过拜伦喜欢这种前后不搭调的说话风格，他称之为奥古斯塔的糊涂的演讲。

这个女人在各个方面都吸引着拜伦，所有的因素也凑到一起引诱着他，他们不是寻常的姐弟关系，这样无拘无束的来往可能会导致恋爱的发生。他们不在一起长大，平时见面也少，没有同一个母亲，同一个家庭。在他的眼里，奥古斯塔具备一切新鲜东西的所有魅力。拜伦迷信出身，她是有着利兹公爵一半的血统的姐姐，她是皇后的宫廷侍女，她经常出入各种上流社会的场合，也认识每一个上流社会的人。当人们看到他们在一起且关系密切时，可以满足他的虚荣心。他不仅仅被她深深地吸引，还被她的身世和地位所引诱。

有一次拜伦写道，他喜欢女人对自己"像一个宠爱的，多少有些鲁莽的姐姐"。他对自己的认识还是很清楚的，他在爱情中寻找的是一种混合着友谊、性欲及母性温暖的感觉。每当他和这个鲁莽姐姐的事在脑海中浮现，乱伦的思绪就时刻缠绕着他。他在这个危险游戏中寻找着刺激，又安慰自己好像是命中注定要如此。奥古斯塔和他是如此相像，他对她的追随也正是对自我的寻找，对她的渴望，正折射出他奇怪的自恋情结。

两年前，也许拜伦的年轻和羞怯会使他犹豫不前。但是，多亏了卡洛琳·兰姆和奥克斯福夫人，他现在可是以征服女人的强者而自居。他很快把这一切告诉了他的好友墨尔本夫人，告诉她奥古斯塔之所以和他保持这种关系是因为善良，而不是爱的激情。"凭着上帝起誓，虽然这个上帝为我带来苦难，也并未给别人带来多大好处，她不应该受到责备。比较起来，也只是千分之一的责备。当她觉察自己的危险时，已为时过晚。如果要解释她后来的纵情，也只能说，女人受到温柔或亲切的对待时，比男人更加容易动情。我想这没什么不对。"

由于他的罪恶感，这次爱情给了他一种更加刻骨铭心的乐趣。与这种混杂着欢乐和悔恨的感觉相比，他过去的感情都变得毫无趣味。这种乱伦的感觉是违背人类道德和法律的，但是就是因为这样，才使得这种关系增添了性欲的快乐和叛逆的刺激。奥古斯塔很单纯，她只是屈服了。"噢，亲爱的！噢，亲爱的……"对一个有家庭而且还是三个孩子的母亲来说，这是非常冒险的游戏啊……但是她的个性又不适合这种危险关系！最令人惊奇的是：她还是以自己的方式爱着她的丈夫，那个"无药可救的绅士"。但是她又不能抗拒拜伦对她的种种要求。噢，亲爱的！噢，亲爱的！她是那种只要能不去想过去的不愉快，就可以以为那些都不存在，就能快乐起来的女人。她就像一只小鸟，不去深思，只在思想的表面上跳来跳去，寻找有趣平凡的东西。拜伦喜爱悔恨的苦涩滋味，有时他会引导她面对这种错误的罪行，但她总是不予面对，轻描淡写，一笑了之。

7月，拜伦建议他们去希腊或西西里旅行，想想在蔚蓝的海洋，吸着麝香草和薰衣草的味道，没有人打扰他们，只有他和她那是多么惬意的事啊。但是他把这秘密告诉了墨尔本夫人。她对拜伦的行为很震惊，虽然她是个大胆的人，也并不执拗于道德，但是乱伦的罪行还是让她无法接受。"你是在悬崖的边缘上，如果你再不退步，你就永远完了——这是世上无法拯救的罪行。"在她的告诫下，拜伦取消了西西里的旅行计划。

8月的伦敦像是沙漠一样，他和奥古斯塔待在一起感到很幸福。"现在你在干什么？在这个地方，他们只能说他们不在干什么。城中冷冷清清，但并不因此而糟糕一些。现在这里杳无一人，因此就是个使人高兴的地方。他完完全全地、无可言喻地给那种无法形容的惰性缠住了。他不见一个人，他不说一句话，他不做一件事。他什么都不向往。"

他写了一首有关东方的叙事诗《加吾尔》，这是在《恰尔德·哈罗德》后唯一的作品了，也是他们关系公开前所发表的诗。这个诗讲述了雅典人的回忆，感情冰冷，叙事平淡，描写了一个女人的遭遇，她的私情被土耳其人知道后将要把她抛入大海。到了秋季里，拜伦把这首诗增加了五百行，并在诗中把自己内心的情感、罪行、快乐的幸福以及希望一起表达出来，他所表达出的这些热情全部是为了奥古斯塔。但是他知道这种关系是维持不了多久的。墨尔本夫人这次收起了对他宽容、和善的态度，她坚信他和奥古斯塔正在走向罪恶的深渊，她请求拜伦终止与奥古斯塔的关系。但是他真的没有失去她的勇气，就这样奥古斯塔还是和他在一起度过了8月。9月初，奥古斯塔怀孕，离开了拜伦。

第十八章　心灵之鸟

　　在与墨尔本夫人往来书信中，字母代表每一段恋情的女主角。C代表卡洛琳，A是安娜贝拉，"我的A"是奥古斯塔，她们的姓名被拜伦用第一个字母来指代。而十字架符号"+"常常被用来区别更为神秘的主人公。

　　奥古斯塔离去的脚步还未走远，拜伦就收到了詹姆士·韦德伯恩·韦伯斯特的邀请，请他一同去乡间小住。早在剑桥的日子，拜伦就结识了这个相貌普通、有着蓬乱的亚麻色头发的年轻人，之后二人在雅典重逢。一年前，年轻貌美的弗朗西斯·安思莱成为韦伯斯特夫人。声名显赫的拜伦这次被邀请来做他们第一个孩子的教父。"生下来要是男孩的话……"韦伯斯特信里这样写着。拜伦愠怒地自语道："要是个女孩的话，怎么就不可以呢？"不过，的确是一个男孩。

　　弗朗西斯夫人身材窈窕，相貌出众，但苍白的脸色让她显得十分孱弱。拜伦凝视着她，在她眼中泛着那种患有热病的人才有的颜色，"她能活多久呢"，他心里不由得嘀咕。凯瑟琳·安思莱和姐姐弗朗西斯夫人一样可爱而娇弱。两人都拥有一头金色的秀发，向上长长翘起的睫毛。和这些像是贫血的美女在一起，韦伯斯特，这个胖胖的快乐的家伙，显得格格不入。用晚餐的时候，他讲了几个粗俗的笑话，他乐在其中，而他的妻子和妹妹却表现得极为不耐烦。拜伦默默地观察着她们每次轻轻地叹息，像个行家似的品味着，自得其乐。晚饭后，两个男人依旧留在酒瓶旁寒暄，拜伦丝毫没有吝啬对弗朗西斯夫人的赞美之词，韦伯斯特当然心花怒放，为他的妻子骄傲，但也心生醋意。这是所有丈夫的喜好和软肋，拜伦意识到这一点，同时他也比任何人都清楚该怎样对付这一类人。他小心翼翼，丝毫没有表现出向女主人献殷勤的样子，有时甚至无动于衷，显得有点失了礼节。韦伯斯特觉得拜伦处事精明圆滑，即便他在别人眼中是无可救药的唐璜。的确，拜伦是很慈悲的，丝毫不想去折磨像他这样的一个丈夫。

拜伦第二天要离开阿斯顿大厦，韦伯斯特热情地邀请他再来。女主人在一旁一言不发，只是满含深意地瞅了拜伦一眼，仿佛是在问"你还会回来吗？"拜伦觉得自己并不真正适合那位庄园夫人，他并不想涉足其中。"而她显然在等待他的进攻，仿佛准备好要做一次杰出的防御。"拜伦觉得自己作为一个浪子的性格已然消失了。"我表现出的冷漠甚至不屑的神情让她备感诧异，我知道她一定开始觉得自己相貌丑陋，或是我瞎了眼——也许还有更糟的。"

拜伦理应为了这值得赞扬的节制得到一段平静的日子，但是人们总是无视真相。人们讥笑他表现出的普通，因为拜伦被冠以才子之名；人们判定他的笨拙举动是精心策划的，因为他是个善于要手腕的人；人们眼中的唐璜怎么会无视一个女人，于是那些最黑暗的不可告人的动机都被赋予了拜伦。可怜的拜伦，他曾一度希望这个家庭得到安宁，那个娇弱的女人得到健康，事实却并非他所想象的那样。那位丈夫坚信拜伦冷漠的态度下隐藏着可怕的阴谋，为此他变得神经质并且常常烦躁不安。在给墨尔本夫人的信中拜伦写道，"韦伯斯特变得难以理喻，甚至不堪忍受。他厌恶我的那些意大利书籍（但丁和阿尔弗雷的书），不允许他的夫人读这些书，竟是因为他认为意大利语是一种为害无穷的语言！当问起我们曾经共同相识的斯坦厄普一家的情况，他竟然是用一个问题回答我：'请问，你用同样的方式问过我的妻子吗？'看到了吗，我所谓的德行真是在自讨苦吃——因为无论在行动上，或是在言语上，我从来没有对他的妻子有过其他想法。"

拜伦不是一个傻瓜，也不是一个自满的人。他向人求爱一定是他清楚地知道自己的求爱会得到满足。他说自己从来没有引诱过一个女人，这也是对的。其实对于自己在爱情上获得的成功和在文学上取得的成功他感到一样的惊讶。对于女人的轻佻，拜伦觉得让人诧异，甚至在内心深处，他会觉得这是种伤风败俗的行为。刚受邀来到阿斯顿大厦时，拜伦认为这个年轻美丽的女人似乎对他没有任何兴趣。她的眼神冷冷地从长长的眼睫毛下投向他；但是有别于大多数的女人，弗朗西斯夫人不是半途而废，而是选择继续走下去。她想方设法地获得了和他独自留在弹子游戏房里的机会。他记得在他们还没有到十分亲切的阶段时她问过他一个看似奇怪的问题——如果一个女人喜欢一个男人，而他又觉察不到，她该如何让这个男人知道呢？拜伦还注意到，他们还继续心不在焉地玩着弹子游戏。"我觉得自己和对方都是心不在焉，根本没有注意表面上像是在进行的游戏。对于自己的进展我相当满意，虽然没有达到十分满意的地步。在这温柔而又令人眩晕（尚可容忍的眩晕）的无聊时光里，我用笔和纸完成了一个十分冒险的步骤……这当然是一种冒险。首先是我要怎样传达这封信，接着是这封信将怎样被接受，而且放在离我想要换到的那颗心不远的地方（正在这时一个人进了房间，猜猜是谁——就是那个本应远在红海的人，连撒旦都比他懂礼貌）。但她脸色不变，还有那张纸……我的冒险取得了成功，她不仅接受了，甚至还（此刻我被那丈夫打断，我是在他面前写下的这段话，他带给我一本政治小册子的手稿，要我进行解释，让我鼓掌，我拍拍手他也就满足了。这不，他又走了）。我得到了一个十分明确的回答……"

"等到六点钟。事态越发严重，好像是柏拉图主义遇到了危机，发生了一场几乎是歇斯底里的轩然大波，而且是无事生非。我的行为方式（至少在自己看来）具有一种非常让人反感的端庄……虽然表面看起来这些事再正常不过，这必须告一段落。我会想还好足够有运气，要是有人在她正泪如雨下而我对她大加安慰的时候进来，这一切就都完了。我们行事必须小心谨慎，或者就可以少掉一些眼泪。又等到十点钟，我刚从只有上帝才知道的那张纸上，从葡萄酒和喧闹之中脱了身就给你写信了。"

就这样，他到那的时候，心里完全想着另外一个女人，却发现自己因为这一整天的意料之外的事而陷入了一种最无法预料的冒险——而且更糟糕的是——这完全是一种柏拉图式的冒险。弗朗西斯夫人告诉他说，无论她的心怎样软弱，她也只会给他口头上的承认，除此之外他将一无所获。他回答说，除非得到她的同意，否则自己绝不会越过这些承诺而采取哪怕最微不足道的行动。这个几乎还是姑娘的女性感动了他。其实在内心深处她就像是一个处女——因为除了那举止粗鲁的丈夫，她几乎不认识其他任何男人——她使人想起玛丽·查沃思。那种羞涩的神情，沉默不语的样子，略显苍白的面色，所有这些魅力超过了卡洛琳·兰姆散发的激情。

韦伯斯特和拜伦一起在纽斯台德，这个丈夫毫不知情，还向他描绘着自己的幸福——说自己的妻子是一个冷淡的伴侣。而拜伦当时正当着韦伯斯特的面在给墨尔本夫人写信，他继续写道："我不了解，当然就不能十分确切地说……唯一让人吃惊的是这位丈夫抱怨他夫人不肯大方地面对生儿育女的事，如果这是一种无法动摇的信念，那我就将徒劳无功了。不过从她的眼睛，脸色的变化，以及她颤抖着的手，尤其是从她的忠诚来判断，说明这并非如此。"

然后拜伦跟随韦伯斯特回到阿斯顿大厦。他向他借一千镑用来引诱一个贪财的公爵夫人。拜伦显得格外慷慨，给了他一千镑，但并不把这件事作为手中的武器去征服弗朗西斯夫人。拜伦还未曾经历过这样的日子，一位苍白年轻的妻子，闪动着长长的黑睫毛，走过来并在他身旁坐下，含情脉脉地注视着他，沉默不语，而他也同样一言不语。他们有着一样含蓄的动作，经常是一个人握着另一个人的手，偶尔亲吻一下，两人就这样端坐在一起，一起写着无穷无尽的信，直到深夜。早晨憔悴的两个人看起来就像鬼魂一样，她会把她的长信夹在书里，或者放在乐谱里递给拜伦，然后依旧用那种梦幻般的温柔目光注视着她的丈夫……

柏拉图主义自有它的魅力，它为微小的事情增光添彩——相互交换的花枝，低声吟诵的诗句。一次与纤纤玉手的触碰，一声轻轻的叹息，裙摆一次长长的拖曳，都被赋予了无限的情趣。而轻易得到的爱情会像通货膨胀的纸币一样贬值。

但唐璜绝不会永远沉醉于这种柏拉图主义中，即便他的柔情允许，他的骄傲也不会允许他这样做——这场冒险少了可以占有的标志。他得征服她，即便只是因为墨尔本夫人的缘故。想要把感情推向高潮，阿斯顿大厦大概是英格兰所有乡间房子中最不适合的地点。这里只适合短暂的会面，或者几个匆忙的亲吻。

他们用了好长一段时间来讨论让整个阿斯顿大厦的人都到纽斯台德修道院度几天假，拜伦使得这个已被遗忘了一半的计划成功复活。这提议受到了在场女客的热情赞同，而韦伯斯特对此也没有表示反对。

到了纽斯台德，拜伦更加如鱼得水。美丽的住所更是增加了他的魅力和风度，他带着他们参观了哥特式的修道院、湖泊、僧侣的大道，以及修道院中迷人的瀑布。在弗朗西斯夫人赞美的眼神中，他畅饮满溢的美酒。她对他的崇敬和顺从他能够感觉到。在这样一座拜伦再熟悉不过的房子里，很容易就可以安排一次幽会的地点。午夜时分，无可指责的情人碰面了，并且只有他们两个人。她的举止中流露出一种奇特的东西——那是一种温和的决定，没有吵闹，没有挣扎，但说不出到底是什么让人深信她是认真的。"我不知道究竟自己会不会反悔——但她似乎对我的克制心存感激——这至少是一个证明，她不是仅仅在伪装那种拘礼的勉强，要知道那种勉强在这些场合中经常让人心生厌恶。你要问我是否真准备走到底……我的回答是，是的，我爱她。"

拜伦的心在接下来几天的日子里仿佛要被激烈的挣扎给撕裂了。她向他的意志让步了："只要你不发怒……只要你不会喜欢其他人，我愿做你所希望的一切。"看到苍白、娇弱的她站在那里，猜想到她快要哭了，拜伦感觉自己失去了勇气。该做些什么呢？他心生怜悯和同情，放过了她。那是个错误吗？他是否被他所经历过的美好的感情骗了呢？有可能的，墨尔本夫人一定又会说他不理解女人。没有关系的，他从不标榜自己了解她们。

弗朗西斯夫人神秘得难以捉摸，至于詹姆士·韦德伯恩·韦伯斯特，为了纪念这两个星期，他送给拜伦一件蜡烛盒形状的纪念品，蜡烛上写着些热情洋溢的话语。

第十九章　无法抗拒的爱

　　这个世界上遍布着撒旦洒下的诱饵，或许那些他想钓取的灵魂，无论怎样挣扎，都是注定属于他的了。拜伦曾抗拒过乱伦，并尝试将感情转移到其他人身上，但是转折往往在最后出现，当他认为已经成功逃脱时，美好的感情又使得整个计划崩塌。于是唯有在悔恨中艰难地度日，他后悔任由奥古斯塔离去，后悔对弗朗西斯·韦伯斯特夫人过于仁慈。妄想着那些可能发生的种种，又徒劳地审视着现实。诗歌犹如幻想世界的火山，每一次它的爆发都减缓了振荡，他也是这样想的。于是在恐怖的震荡即将来临时，满怀感情地写出一首首诗歌。盛夏以来，拜伦始终在构思着一个崭新的土耳其故事，名为《阿比多斯的新娘》，朱丽佳深爱着她的弟弟塞利姆……

　　一个描写乱伦的故事在当时毫无疑问是冒失的，但他无法控制自己手中的笔不在这些主题边缘游走。为了让沸腾的心逐渐平静，拜伦又一次回到了伦敦，而这首长达 200 行的诗就是在这里耗费了四个晚上写完的，在诗中可以隐约看到奥古斯塔和弗朗西斯夫人的影子。"如果我在当时不写出点什么来宣泄自己的话，我想我会彻底疯掉，因为那样我宁愿选择吞噬我苦涩的心。"

　　发表一首诗本身无妨，然而当它与乱伦的爱情相关联就变得危险了，而承认自己的生活与这样的诗歌有关更是危险。拜伦曾这样写信给盖尔特说："我对自己所经历事物的观察形成了第一部分。"而在给墨尔本夫人的信中，又这样说道："我最近完成的土耳其故事就要问世了，或许在某种原因的引导下，你会比其他任何人都热衷于我的创作。其实我更想要知道，你是否认为那个故事所描写的就是我自己。"对于这些事为什么要高调地承认？为什么不沉默呢？因为他早已别无他法。是的，他并不像奥古斯塔一般，拥有着甘愿默默无闻的修养。他一直在纠结着自己内心深处的想法。"我无数次拿起又放下书籍。我试图写一部喜剧，又因为场景与现实巧合的相似，让它在火焰中消失。因为同样的原因，我也将另一部小说付之一炬。然而在诗歌的韵律中，我能使更多事物摆脱现实的约束，但是这种思想却总是在诗歌里，贯穿始终。"

从伦敦回来后，拜伦以写日记的方法聊以自慰。因为他的精神总是那样令人钦佩地与现实相结合，由于他的诗歌过于简洁与跳跃，所以日记变成了杰作。他在日记中所写下的每一句话都拥有着仅会在《恰尔德·哈罗德》中几节诗中出现的灵光一现，能完整地抓住整个自我，"那种早应当死去的自私"，使得他的思想真实而有力地影响了这些日记，在某种程度上，也同样影响着他的精神。现在唯有两个拜伦之间烦琐而冗长的对话构成了他的生活中心。在每个夜晚结束日记的时候，他又会写给拜伦："一会儿见，我已经在打呵欠了——晚安——拜伦。"他并非没有注意到外面的事情，但是他却像一位守夜者站在山的顶端注视着他们，骄傲而无动于衷地将动物展览中的虎与象同莎士比亚笔下的克里奥佩特拉相结合。在他的印象里，"这就是女性的缩影：痴爱、活泼、悲伤、温柔、撩人、谦卑、傲慢、美丽得如同一个魔鬼，毒蛇一样地向安东尼卖弄风情，直到生命的终结。"

他的灵魂在此刻应当是平静的。至少到目前看来，他所写下的文字已经将一切说明。哪怕时间已经流逝了十五个年头，依然在思索着对玛丽·查沃思的爱。"纵使她现在就在我眼前，我想我依旧难逃凄凉。无论现实看起来多么美好，也终究有崩塌的那一天，至少一切都将复归于混乱，然而在我的脑海里，她当时可爱如仙女般的容貌却永恒地存活。"表面上拜伦依旧享受着愉快的生活，与穆尔和谢立德一起畅饮或是与杰克逊练拳击，也依旧在躲避着德·斯丹尔夫人——那个使他厌烦的人。但是流于外表的情感总是被轻易地忽略，他的生活其实充满苦痛的思想，始终体现在行动上！在行动中同时也包含着拯救，他坚信自己之所以存活便是为了行动，而并非是诗歌。"从事写作，无非是因为没有更好的工作罢了。'行动——行动——行动'古雅典辩论家德摩斯蒂尼便是这样说的。"

弗朗西斯夫人的幽灵第一个被驱走，她给他的信充满了过于奔放的激情，这种卡洛琳式的风格使他腻了。毫无疑问，弗朗西斯夫人最终会接受一位比拜伦更大胆的情人。"她不可能在乎一位像我一样对她优柔寡断的人。"由于没有其他爱情的羁绊，他再一次为奥古斯塔吸引。那时他收到一封出乎意料的信。这封信来自安思莱的晨星，他的 M.A.C.（玛丽·安·查沃思）。这是一张非常简短的便条：

> 我亲爱的勋爵，——如果你打算来诺兹，请到诺丁汉附近的埃德华尔顿来，你会在那儿遇到一位非常忠实的、迫切想见你的老朋友。
>
> 你的最忠实的玛丽

这几行字唤起了往昔令人心醉的遗憾，拜伦知道她是不幸的。杰克·马斯特斯绝对是位难以相处的丈夫；导致了他的妻子永远充满悲伤，在耻辱中已经离开了安思莱。她现在同一位朋友一起居住在离纽斯台德不远的一所乡村小农舍中，她是多么的痛苦啊。

该回信吗？他想再去看一下她那种遥远的微笑，但是理智提醒他，今后现实中的玛丽·查沃思将成为想象中的玛丽。另外一个玛丽会需要什么呢？会爱上他吗？这好像并不太可能。她是位众人所知的非常纯洁的女人。此外，在她随后的一封信中，她提到会将他认作是"一位亲爱的弟弟"，信中她又说道："曾经的我在你眼中是个幸运儿。而如今在我身上这一点你几乎找不到了。现在的我骨瘦如柴，面色苍白，郁郁寡欢。你的确见了不少世面，而我却可以说从来没有。曾有机会接触到的很小一部分世界却唯有使我感到憎恶，我曾经期待能够相信普通人，并且能够根据我的内心加以判断，这样更好些。"这些话中蕴含着一种悲伤和动人的节奏。这恰恰让他深感触动，但是他又能帮上她什么忙呢？难道非得到中部的各郡去勉强继续那些"令人生厌的友谊"才行？这样又能起到什么作用呢？的确，他被勾引住了，只要女人向他献殷勤，他便一定会这样。那颗始终停在最近的枝头的心已经在跃跃欲试地准备起飞了。她会让步吗？这几乎不太可能。有一位"令人尊敬的朋友"同她生活在一起，毫无疑问，就是某种可怕的贞洁监护者。在信中玛丽提及了拜伦的声名狼藉，但是尽管有着这样的名声，她还是丝毫不迟疑地给他写了信。她不正像弗朗西斯夫人和其他所有人一样吗，逃跑的目的不就是怕让人逮住和他来往吗？当然，进行这样的游戏对于拜伦来说也是在承担风险，要准备好承受昔日烦恼的再次来袭。当拜伦求助于墨尔本夫人时，她承认自己也不知所措。

拜伦从自己的经历取材，正着手创作一首新诗《海盗》，诗中洋溢着热情，他用了意大利诗人塔索的一行诗作为诗首格言——"他的思想无法在他心中沉睡。"虽然这首诗绝大部分是取材于自己的经历，但是诗中的海盗康拉德并不是他自己，而是非常典型的拜伦笔下的拜伦式英雄。

显然在拜伦和他创造的拜伦式英雄之间存在着诸多相似之处——出身贵族、少年的温柔、多情、失望、愤怒、犯罪、绝望……但拜伦式的英雄经历了极富戏剧性的事件，而对拜伦而言仅仅是梦想而已。他创造的这位海盗首领康拉德是颇具行动力的人，而他痛恨自己的生性懒散，不付诸行动；康拉德身材健硕，拜伦自己却是个跛子；康拉德有着黝黑的皮肤，而他却面色苍白。拜伦有些孩子气，但盛怒之下他会立刻成为康拉德，但是在日常生活中，在他和他创造的拜伦式英雄之间很难看到共性。拜伦和他笔下的英雄成了危险的伙伴。他会情不自禁地赋予他所希望的那个坚强的人物一些自身的软弱性；对他来说这些拜伦式的英雄就成了虚假的、戏剧性的模特，他又觉得自己必须去效仿这模特。他为康拉德辩护，也就是在为自己辩护："正是康拉德骗人的品行毁了他自己"，那就是他本人，一个天真的少年。在令人失望的学校里那些男人、特别是那些女人培养了他，因此他便成了海盗，成了歹徒，成了一个满怀爱情的罪犯；他有自己豪侠一般的气质，他也成为全人类的公敌，当然只有一个人除外——只有一个人，因为康拉德爱上了一个女人。这个女人最初被拜伦命名为弗朗西斯卡，借以怀念弗朗西斯夫人，后来被重新命名为梅多拉。

那些出现在拜伦的笔下和构思中的美丽的女主角是脆弱而不现实的，她们存在于理想之中。现实中的他无望找到这种美丽的女性，否则，她们定会成为可供剖析的令人好奇的主题。"真正的酒色之徒一定会从现实中遁逃，只有为世俗、物质和纵欲的肉体高歌称颂，唯有掩盖内心的想法并且将之遗忘，或者至少避免对自己提起这些思想，才能够使这些不那么令人生厌"，这令人诧异的处世之道来自墨尔本夫人的门徒。无可否认的是那些纵欲者爱的激情是精深的。在他们看来赤裸裸的肉欲是无法治愈无聊的。女人始终是爱情中唯一的现实主义者。康拉德用骑士般的爱情爱着他想象中的美女梅多拉，正如他的创造者拜伦。

拜伦将《海盗》的手稿交付给墨瑞之后便同姐姐一起赶往纽斯台德。那是1814年1月17日，正值冬日，皑皑积雪覆盖着山坡，修道院被冬日的天空映衬得更为美丽。他们轻快的笑声在宏伟的拱形大殿里飘荡。拜伦给奥古斯塔上意大利语课。这是她和弟弟头一次住在同一间房里，这也让她得以逐渐了解到他的性格，当然让她惊讶不已。他的床头放着一把装了子弹的手枪，他在梦魇中说着令人毛骨悚然的话，有时他叫嚷着要弗莱查来使他镇静下来。为了避免咬伤自己，拜伦把餐巾塞在两颚之间，因为睡着时他会剧烈地咬牙。因为失眠，他整夜地喝着苏打水，有时多达十二瓶；一时打不开瓶子他就干脆把瓶口砸了。早晨，他还会吞服超过剂量的氧化镁。

社会被他遗忘了，只有墨尔本夫人除外。墨尔本夫人的书信不断从遥远的地方捎来，提醒他们回归正常的生活，但是他仍一如既往地为她辩护："奥古斯塔是世界上最无私的人，你肯定不相信我们之间存在正常的感情。其实我自己也不否认这一点，但你不知道的是，她是一个极为高尚的人，如果她有错，那错完全是在我。除了情欲之外，我不乞求原谅，但情欲是没有的……只有我们曾经铸成的一个大错；她的脾气秉性和她的心地善良几乎无人能及。请允许我这样说，她确实是一位非常出色的女人，而我将努力不再去爱她。如果你不相信我所说的，那就去问问那些比我更了解她的人吧。之所以有人会比我更了解她，是所谓爱情会让人盲目……而我，在肉体上和道德上都是由人抚养大的，因此，不要对我有所期望。但我感到奇怪的是，自己总是有一个预兆，记得小时候读到过罗马史中的一桩婚姻（至于这桩婚姻的细节我们见面时我会告诉你的），就问我的母亲，'我为什么不该娶奥古斯塔为妻？'"

因为产期将至，1月底，奥古斯塔不得不回家了。

和自己所爱的人单独住在乡村，这就是幸福。冬日里那次在纽斯台德的日子就是他们纵情欢乐的插曲。但是一回到伦敦，拜伦就不得不面对从四面八方袭来的暴风骤雨。有关俩人之间的不正常关系已经被传得满城风雨。而他也谈论自己的私事，展示他们的信件，完全不能克制自己。卡洛琳·兰姆也唠叨着说这真是无可比拟的，他愚蠢地选择他人为知己，并且向许许多多的知己推心置腹。

人们对拜伦深恶痛绝，而当他们发现他犯了罪就越发幸灾乐祸。而这种罪恰如墨尔本夫人所说的，无可救赎。由于在上议院表露出十分激进的辉格党观点，他已经人心尽失了，此外他又从不隐讳对拿破仑的个人崇拜。尽管同盟国侵入法国已成事实，他仍然希望他的"英雄"——波拿巴会把他们统统击败。每当眼前浮现出回到那种"沉闷、愚蠢的旧制度——欧洲的平衡——在国王的鼻子上使稻草平衡"的前景时他就会感到阵阵揪心。在这个正处在战争中的国家里，有恃无恐地向公众表达这样的观点，他拥有的才华和他的风流韵事，都促成了他成为众矢之的。在伦敦，他毫无顾忌地向人们展示他美的傲慢、天才的傲慢和发表自由言论的傲慢。对他的种种愤怒和怨恨如箭在弦上，蓄势待发，好像稍一发力，就将强劲地迸射出来。

于是他一年前写的一首用以攻击摄政王的八行短诗成了导火索。这首诗本来并没有引起太多关注，可是当《海盗》交付印刷时，他急切地想把这首诗附加进去，并点明其原作者，丝毫不理会墨瑞对于这么做可能带来的风险的善意提点。他反驳说："对于可能的结果，我毫不在乎，我的政治和我的关系就像一位年迈的老人和他年轻的情人。它变得越糟糕，我越喜欢。"见之于报的这二阕四行诗很快引起了惊涛骇浪般的轩然大波。

他受到的攻击越是猛烈，他的书越是获得前所未有的欢迎。出版的当天就卖了一万三千册——对一首诗来说，这绝对是一个纪录。并不仅仅是那些丑事促成了这首诗的成功，它奇特的主题当时也并未引起人们的惊叹，是诗的主题及其带来的全新的启迪以及诗中某些引起人们感情共鸣的东西给人留下了深刻的印象。个人和社会之间的冲突总是不可避免的。人们发现，一个多世纪以来，在这不可避免的个人与社会的冲突之中，诗人处在社会这个阵营之中——这并非他们自然的栖息之所。康拉德的形象对于好几代渴望强烈感情的人来说就是一个真正赋有男子气概的人物，他的本能摆脱了束缚。"拜伦的影响是独特的，他的诗歌所造就的影响面之广无人能及。那些从来不会受到任何其他诗歌影响的男男女女却深深地被拜伦的诗歌感染着。老船长、生意人、小职员、裁缝、女帽商以及最贤明的法官，人人都在一页一页地反复吟诵他的诗。"对于1814年的读者而言，东方的背景和晚年的平庸并不会让他们感到吃惊。因为在拜伦看来，沿地中海的国家更富有强烈奔放、无拘无束的感情。相比于《恰尔德·哈罗德》《海盗》促使他成为所有叛逆者的诗人，更当之无愧地成为欧洲每一个绝望于政治自由、感情自由的人的诗人。

伦敦意味着孤寂、空虚。1月22日，刚满26岁的他觉得一个人到了这个年龄应该已经有所成就，可自己总是想了很多，却甚少付诸行动。到底他算什么？究竟有谁喜欢他呢？此时的他不再是那头雄狮，但人们还是向他发出很多邀请，而他却不愿看到任何人。"霍布豪斯说我正转变成一个孤独的人，一个孤独的怪兽，一点没错，上周我完全沉浸在阅读之中，偶尔见见客人、打打呵欠，签个名，除了写信之外就没再写过什么。阅读丝毫没有让我觉得自己缺少社交生活，我当然更不会为此而遗憾。哼！'男人并不会使我愉快'，只有在一段时间，在一个女人面前我会感受到一种温柔。这是一种近乎神秘的影响，因为你并没爱上她们。对此我也无从解释，因为我对女性并没有太多好感。但若换成是和我相熟的女人，我就会心情愉悦，不只对她，甚至对周遭的一切。只要我'性情愉快'，连那个替我烧火的看似最古老最干瘪的米尔夫人也会使我开怀大笑。我多么希望生活在自己的岛屿中！"

1814 年的冬天对拜伦来说充满了戏剧的味道，就像莎士比亚的戏剧，晚上他会看《李尔王》《哈姆雷特》《麦克白》。拿破仑帝国的戏也进入最后一幕的高潮阶段，可可树酒店里霍布豪斯一边喝着酒，一边打赌说同盟国一定会在 2 月底之前进驻巴黎，输了的人要请客。对自己心目中的英雄充满信心的拜伦同意一赌。28 日普鲁士元帅布鲁克还在巴黎东部的莫城前面，因此拜伦赢了赌局。3 月，法国北方的拉·菲香槟的战役给了拜伦希望，他期待看到英国的盟国普鲁士布鲁克的军队和奥地利斯瓦森堡的军队被一一击败，可是这希望持续了一两周之后就彻底破灭了。他"可怜的小宝塔"（拜伦对拿破仑的称呼）4 月 9 日滚下了他的宝座。第二天便传来了皇帝退位的消息。日记里拜伦这样记录着："我要记住这一天！拿破仑·波拿巴放弃了王位。这真是太了不起。塞拉干得更漂亮……不是吗！难道非要等他们进入首都之后，他再说愿意放弃已失去的东西不成……他回到地中海的厄尔巴岛去！我感到茫然无措，感到不解。想一想自己，和他相比我的生命卑劣渺小到不及他百万分之一。皇冠也许不值得人们付诸生命，然而在经历了 1796 年洛地战役之后，却竟然落得这样的结局……"

喜欢追随大场面的霍布豪斯本打算带着拜伦前往法国，去凭吊这头怪兽的最后足迹，但是奥古斯塔的分娩使拜伦留了下来，4 月 15 日，女儿梅多拉降临了，这是最为轻率荒唐的举动。乱伦的结合只会产生怪物，墨尔本夫人对此确信无疑。在给她的信中拜伦写道："如果这是猿人的话，那一定是我的过错，可她不是猿人。无论如何我一定会改邪归正，但你不得不承认，她比任何人都更喜欢我。有生以来我一直渴望被爱，在她之前我从未得过我所喜欢的那种人。但是，我和她一定会从善的，从现在起，在未来的三星期或更长的时间里，我们一定会改邪归正，并始终如一。"奥古斯塔分娩后的一天，他给了她一笔三千英镑的礼物，这礼物让她的丈夫大为生气。

他比以前更爱她了，这爱情危机重重却势不可当。他为她写诗，创作了迄今他笔下最动人的诗篇：

> 我不说，我不刨根问底，不吐露你的姓名，
> 声音中透着悲凉；名声充斥罪恶；
> 但燃烧在脸颊上的泪水会向你倾诉，
> 藏在内心寂静中的浓浓的情意……

面对这激情洋溢的呼喊，可怜的、思绪混乱的奥古斯塔又能如何面对呢？她用自己的方式爱着拜伦，她原本可以轻易地避免他扮演情人的角色，她原本希望替他找到一个妻子，了结这一切。但在他面前所有的意志都变得软弱，她毫无抵抗力地归顺于他。他是她的弟弟，他拥有名声和财富，他像一个英雄，将她从狭窄苦闷的生活里拯救出来。

他开始创作《莱拉》，这也是他的诗作第一次摆脱东方的背景。作为一个纯粹的拜伦式英雄，莱拉不属于任何国家、任何时代。莱拉的身上能看到康拉德、恰尔德·哈罗德以及拜伦的影子。他慷慨大方，原本一颗为爱而生的心却在童年就枯萎了。他极度渴望拥有青年的幻想，却又清楚地知道这些幻想的幼稚可笑。《莱拉》中有三节诗句惟妙惟肖地描绘出拜伦的形象，连奥古斯塔也惊叹其逼真的程度。"在这充满生气的世界里的一位陌生人……"他执着于自己的这种想法，如幽灵般四处漂泊，如天使坠落世间，更像是生来注定做超人的人，无奈于被命运推向罪恶的谷底。当康拉德这样的怪物想摆脱罪恶而重生时，饱受悔恨和嫉妒的折磨，怒火更加猛烈地在内心燃烧。他妒忌比他幸福的人，这些人挥舞权杖而又冒犯人类；他更加嫉妒他本来会成为的那种人，嫉妒他曾经在瞬息之间成为的那种人。拜伦妒忌自己，就像地狱中的撒旦妒忌曾在天堂的自己一样。爱达山上青春的幻想神圣而高尚，而像拜伦一样怀揣这样梦想的孩子又能有几个呢！贝内特街上的堕落者也不能为此而感到宽慰。难道他能宽恕"超越未来的自己"昔日的热情和柔情吗？

夏日来临，拜伦带着奥古斯塔来到英格兰海滨城市黑斯廷斯，一起度过了8、9两个月。那是1814年，巴黎的士兵们高唱着："他必将回来……"要求那种长的灰色大氅归来。拜伦和奥古斯塔书信频繁，潦草的字迹中充满了幼稚的、代表亲吻的十字架。

第二十章　一纸婚书

　　数月来在纽斯台德，购买人的律师们和汉森的争执从来不曾休止，但汉森和他的合同丝毫没有让步的余地。年轻的克劳顿先生不得不将修道院出售，拜伦重新成为修道院主人，二万五千镑的罚款也帮他偿清了部分债务。于是他孤单单地在那儿住了两个星期。他也试图邀请托马·穆尔："作为废墟这里真的值得一看。我能向你保证，这里的鬼魂、哥特式建筑、矿泉水和荒凉使这种寂静显得有声有色。"很显然，托马·穆尔并不为这哥特式建筑和荒凉所动心。起初拜伦住在这，仅有的伙伴是一位穿着黑衣、幽灵般的僧侣。两人在走廊上擦肩而过时，对方会投来闪烁的目光，但脚步却不见停顿。

　　每当一个人形单影只地居于纽斯台德，拜伦便会闪出想要结婚的念头，要知道这个修道院是散发着忧郁的住所。"想要有个伴儿，可以常常一起打打呵欠。"他享受孤寂，或者说他更乐于将自己对孤寂的享受倾诉给一个女人。他已然经历过所有的爱情形式，唯有婚姻对他还是一片处女地。他喜欢看到自己让别人吃惊，喜欢尝试冒险。拥有如此的名声，他怎么能接受一段平淡无奇的婚姻呢。

　　拜伦和知心朋友商量以后更坚定了为此而努力的决心。墨尔本夫人写信说，只有一个合法的妻子，才能拯救拜伦。安娜贝拉仍然在可选择的名单之列。两人尽管性格迥异，但是两年来依旧保持联系。在遭到这位"平行四边形公主"的拒绝之后，拜伦大概是出于名声的原因，并无怨言。在这种场合下他也许是超越了一个男人所具有的普遍的人类偏见，也许至少自己没有显露出这种偏见。在感到吃惊的同时，他内心对这位唯一拒自己于门外的女人隐隐生出些许敬佩；一丝茫然的怨恨中夹杂着一种好奇。他揣测着这美丽的哲学家能够去爱吗？在他看来，当这种强烈的意识无法延伸的时候，竟也是一种愉悦！

她对于这种充满危险的征服感到好奇，这也必然是她的不幸。表姐卡洛琳疯狂地想要而不能得到的情人为自己倾倒，她自然是感到非常得意。但是，她也固执地认为只有自己才能够拯救这个英俊的罪人。爱情包裹在这怪异的外衣里溜进了曾经封闭的心房。献身的愿望使得安娜贝拉脆弱不堪。经历了那次求婚以来，她一直为拜伦的所作所为担心。而这个不羁的王子是无法体会那次求婚给她平静生活带来的重要意义的。有关他的那些荒谬恶毒的谣言一直在伦敦流传，这些道听途说的消息让她不安，更让她伤心。她把给他的信委托给她的姑妈墨尔本夫人："也许我再也见不到他，但如果能够听到他生活幸福的消息我会非常高兴的。希望我的问候能使他高兴，对于那些流言蜚语我是不会当真的。"她希望再见到拜伦"对于和他的相识，我备感荣幸。为了享受这份幸运，只要这么做对他没有什么影响，我不在乎成为别人眼中的调情者。"

终于，这个女孩有了令人吃惊的大胆的举动。在 1813 年 8 月她亲笔给拜伦写了一封信。对于自己之前的态度，她解释为另一种爱（虽然并不是真实的，但是这个可怜女孩认为它巧妙地存在着）。她奉献出友谊，提出了忠告："你绝不能允许自己一时的卑微，也不要遏制自己的高贵的冲动。树立一个目标，让它永远为你的感情掌舵，为你的理智护航。拜托你，为了使人类受益，请忍受人类的虚伪，请你必须去爱人。"面对这样一封信，海盗不得不微笑。他的回信语气严肃，无懈可击。信中她被描述为是第一位他一直愿意结为夫妻的女人，也许也是最后一位。他认真地诉说着两人的感情："我怀疑我是否会不由自主地不爱你……不论我的感情如何，它一定不会让你遭受折磨。"此刻的他认真而顺从。给她写回信的时候，他幻想这位姑娘就在眼前，脸庞略微胖了些，但依旧匀称，身材窈窕。好像所有富有想象力的人，身上都有一种变色龙的特质。为了尽快获得她的芳心，便采取了与之对应的措施。

她理所当然成了他的改造者。她了解到他有时会展现出良好的品质；她知道他的价值好过他的声誉；他的笑声听起来并不真实，她深感拜伦的不幸。他是否彻头彻尾就不是个信教者呢？谈到信仰，拜伦也毫不避讳："一直以来对这个话题我都是回避的，现在终于要面对这个令我畏惧的主题——宗教。我是在苏格兰的加尔文教徒中间哺育成长的，这使我憎恶那种信仰。自那起，我去过西班牙、希腊、土耳其……这些最执迷于信仰、最轻信某种信仰的国……我并不怀疑上帝，但如果有人可以让我更坚定的话，我会幸福的。现在的我并不盲目信仰那些人类的传统和教义，这种不敬不是针对造物主，而是失望于他所创造的人。"于是，她建议他去读英国哲学家洛克的作品，不要纠结于证据，这个建议被拜伦谢绝了，因为他宁愿选择更充满忧郁色彩的先知者约伯和艾塞亚的书。

她也在道德方面劝告拜伦："要有仁慈之心，要学会爱他人，行善举……尽管我的行事也绝不完美，但我能努力带给他人平安，唤起他人的良行，为此我感到十分荣幸。"

可怜的女孩！就像有一种神圣的责任感，她有想要接近病人并照料病人的感情。她越感到拜伦对自己的疏远就越是坚持给他写信。她无法从头脑中硬生生剔除这个令自己心神不宁的人。她拜读他的《加吾尔》和《海盗》，感受他表达激情的文字，陶醉于他对爱情的描写；她对所有的朋友谈起他，甚至在给姑妈的信中也谈及拜伦。这个自信而庄重的女才子清楚地知道他已经占据了自己的内心深处。在她看来，拜伦勋爵是一个不幸的、不冒犯他人的可怜人，她越来越大胆地尝试把他引入正途，甚至说服她的父母邀请拜伦去西汉姆！

事实上，侄女和姑妈之间并不像看上去那样和谐。安娜贝拉眼中的姑妈是个轻佻、淫荡的女人，而墨尔本夫人则反感年轻姑娘总去探究什么数学和所谓形而上学的问题。她从一个女人口中得知自己的侄女最喜欢的是苏格兰哲学家，又说她侄女"在对实用书籍的选择和许多常见问题的考虑和很多人大相径庭。"这时的墨尔本夫人有些心绪不宁。她请求侄女列一张表，表中呈现她要求的一位丈夫应该具备的品质。回信用词刻板、耐人寻味。

读完信后，墨尔本夫人耸了耸肩膀。她能说什么呢？侄女对于丈夫的要求在她看来荒唐可笑，她不需要丈夫的宽仁、开朗、善良、坦率，只要求他具有"枯燥的理性和冰冷的正义"。她责备自己的侄女生活在高跷上而非现实中，"你误解了，我并不是说不需要令人温暖的感情，我认为，这些'宽仁的脾气，开朗的性格，坦率善良的心地'都体现在'慷慨大方'之中……所以，我一向憎恶那种具有枯燥的理性和冰冷的争议的人，更不要担心我会爱上这样的人……，在我解释之后，恐怕得脱了高跷，生活在脚尖上了。"

假如她能够掀开帷幕，看到拜伦写给她的姑妈有关这张肖像的信的话（这幅肖像是墨尔本夫人转给他看的），一定会大吃一惊："她不像一个通常意义上被宠坏的孩子，而更像是塞缪尔笔下不羁的克莱里莎·哈娄德一样，逐渐养成一种难以对付的自以为是的性格，固执地认为自己总是正确的，将来这也许会导致她铸成大错……我没有爱上她；我无法预见我不会爱上她。说真的，她只是受缚于德行，我钦佩她就像钦佩一位超凡脱俗的女性。"其实在和墨尔本夫人的书信往来之初，拜伦主要是想知道弗朗西斯·韦伯斯特夫人是否会决定欺骗自己的丈夫。安娜贝拉若是知道其中缘由的话，一定会更为吃惊。

　　1814年8月初的纽斯台德，拜伦比以往任何时候都认真地开始考虑结婚对自己来说是否已经成为必需。他给安娜贝拉小姐写了一封拿捏有度、让人沉醉的信："我过去爱着，现在爱着，也将永远爱着。感情是不完全受意志控制的，我不知道有何药方让我至此……在我们交往之初，根据自己的所见所闻，我冥冥之中觉得你是一位适应性很强的女人，是能使男人（他并非愚钝无知，也不是无恶不赦）幸福的女人。但我遗憾地知道，你已经有意中人了，尽管你们还没到订婚的地步……要一个女人被迫解释自己的厌恶，这将是一种难为。如果你愿意尝试，你是会喜欢我的；当然如果你不愿意，我也不会感到意外。"但是，信仰和感情束缚着安娜贝拉，尽管这个建议她已等候了数月，她还是给出一种谜一般的答复。她怀疑选择了他会带来什么样的名声，或者他能否成为自己人生的向导、依靠和榜样。面对这样的答复拜伦恼羞成怒，他请正在他身边的姐姐为他求婚，对象是夏洛特·莱维森高尔。失去安娜贝拉让他感到遗憾。而当他打开夏洛特夫人的父母亲表示拒绝的回信时，他不禁大喊，决意亲自去试试运气。9月9日，他再次向安娜贝拉小姐求婚。

　　在写信给她之后，拜伦开始在焦急和不安中等待答复。同在纽斯台德的奥古斯塔看到每到邮差送信的时刻，他都会坐在修道院的台阶上等待。那天早晨，就在两人一同坐在桌边时，园丁走了进来，掏出一枚属于他的结婚戒指，正是奥古斯塔多年以前遗失的那枚戒指。园丁在遗孀曾住过的房间的窗下挖掘时，发现了它。他觉得这是一个预兆，巧的是安娜贝拉的回信几乎就在同时被送到他手中。他毫不犹疑地说："如果信中是肯定的答复，我将戴着这枚戒指结婚。"

　　信里是这样写的："一直以来，我对自己发誓，我人生最大的目标就是要让你幸福，现在依旧是这样。我唯一考虑的事就是怎样才能带给你幸福。我将一切寄托于你。唯一让我不安的就是害怕有负你的期望。事实上，我的感情从未改变过。"

　　喜形于色的拜伦把信递给坐在对面的奥古斯塔，而她丝毫没有察觉到这一情景令人吃惊的因素。"这是我所读过的最美好、最漂亮的信。"说出这话的同时她已暗下决心，要做一个完美的姐姐，她为拜伦能安下心来而感到欣慰。那一抹有关乱伦的回忆被她从脑海中轻轻拂去。

三天内三封寄往西汉姆的信，拜伦果真是按捺不住内心的喜悦，"我为你的信而重生——这从未发生过，不需要说欢迎，因为这个词远不能表达我的感情，没有什么词汇能恰如其分地表达我的感情……你有权力使我幸福，而你已经这样做了……"他表达了想要尽早见到她的渴望，"想到这次的相会，我竟浑身颤抖，虽然我不敢承认。收到信时我姐姐正坐一旁，这封信竟然吓到了她。一时间这种后果居然变得痛苦了……你注定将是我的领路人，哲学家和朋友，我的一颗心都是属于你的。"

唐璜订婚了！他是被这种冒险的新奇所吸引。幸福的确是他一心想要从婚姻中得到的东西。在同玛丽·查沃思交往以来，难道他从来没有向往过婚姻？难道他不想要获得一片宁静？难道除了这位纯洁的姑娘之外，他还能找到更贤惠的妻子吗？他难道不爱她吗？"亲爱的姑妈……"在通知他昔日的朋友时他这样称呼到，从朋友到侄子的转变是令人愉快的。如果她侄女能更早地做出这个决定，多少人可以免受折磨啊。最终这一切都结束了，"我的骄傲由于这段自己促成的婚姻而得到宽恕了……"

多么令人费解的感情啊！这个堕落的人竟为他妻子的圣洁无瑕的声誉而感到无与伦比的骄傲。他在给朋友的邀请信中这样写道："亲爱的穆尔——我要结婚了，那就意味着终于有人接受了我。人总是希望能有个伴侣携手同行。虽然我那未来的格雷夏家族的母亲——你大概认为她会对我约束过多——仅是孩子们的偶像，她却得到所有男人的一致好评。"拜伦同样通知了霍布豪斯和斯克鲁普·戴维斯；下一步就是要让安娜贝拉对姐姐奥古斯塔产生好感："很高兴得知姐姐奥古斯塔已写信给你。她是我所见过最无私，最善良的人，世间没有一个人比她更爱我。我结婚她将更为高兴，唯一遗憾就是无缘更早地认识你。"一切都如他所愿。在姐姐和妻子的陪伴下，他终于得以在纽斯台德度过一个令人舒畅的冬天。

安娜贝拉向家人宣布了将要结婚的消息。在谈到未来女婿的伟大才能时，父母略显不安。他们焦急地等待他来到西汉姆，盼着能从头到尾地将他打量一番。在给孩提时代的朋友的信中安娜贝拉说道："只有去询问与拜伦勋爵最亲近的人才能了解他真实的性格，并不一定要到他的伟大作品中去寻找——那些他曾安慰过的可怜人，那些他曾祝福过的穷人，那些依靠他的人——他是他们最好的主人。而他近两年来的沮丧，恐怕完全得归咎于我。"她坚信于自己的判断，这个对自己未来丈夫的性格和生活一无所知的女人成为一个可悲的角色。拜伦给了她极为精准的评价："她坚信自己绝对正确，这将导致她铸成大错。"

两人的书信频繁往来于伦敦和西汉姆之间。拜伦试图打消米尔班克小姐对他的宗教观点的顾虑，"尽管我是不信教的，但我会虚心听取你的任何观点。"她回复说自己一点也不着急此事，"前不久，有人说我想在和你结婚之前让你皈依宗教，心里真有点不高兴。"像所有的人一样，她对别人瞎传自己的事感到愤怒。她知道自己是个女人，是个爱上那张英俊脸庞的女人，为什么被说成是冷若冰霜呢？她反复地品味着，读着信中他所说的他们爱情的开端。

"也许你已忘记我们在墨尔本府第一次见面的情形……那时我甚至还不知道你的名字，满屋子都是一早来访的客人。我觉得你是那儿最引人注目的人，因为你的举止和外貌中有一种天真淳朴、令人难忘的美。尽管你很少开口，你的举止和外貌已经显示了你的超凡脱俗。"她回信说："我清楚地记得我们每次的相会，对于那第一个早晨，我们有着极其相似的印象。和你在一起，也只有和你在一起，我才能感到自由舒畅，我没有其他方法来表达。其他人对你也许是敬畏，又或是厌恶，而我是打算把我的想法告诉你……在一次晚宴上，我听见你说：'感谢上帝，在这世上我没有一个朋友。'你痛苦的言语使我心寒。回家后，每每回想起这些话我便泪如雨下，祈祷着你能得到一位来自上流社会的朋友的安慰，同样也能获得底层社会的朋友安慰。"

拜伦本该感动于这些语言的深情，也许他确也有过短暂的感动，但是就在从纽斯台德动身前往伦敦之际，在公园的那棵树上，他把自己和奥古斯塔名字的首字母相互交织着刻在一起。

第二十一章 步入神圣的殿堂

　　一方面，拜伦对于自己赢得的爱情感到自豪，另一方面，他却无法接受要去西汉姆这件事。汉森成了他绝好的借口，这位谨慎多疑的律师坚持要正式地草拟一份财产授予草案。拉尔夫·米尔班克爵士给女儿准备了一份年收入一千英镑的嫁妆，三百英镑的零用钱交给女儿，七百英镑将给拜伦勋爵作为终身年金。安娜贝拉在未来的某一天还将从温特沃思勋爵那儿继承一笔年收入为七千或八千英镑的财产，由她和拜伦平分。而拜伦一方将会以纽斯台德的财产作担保，正式给予他妻子总数达六万英镑的一笔钱，估计年收入为二千英镑。

　　谈判给他和他的朋友们留下了很不愉快的印象，汉森和霍布豪斯一致认为米尔班克一家贪得无厌，而米尔班克夫人指责汉森是个让人难以容忍的家伙。拜伦只相信事实：在这些琐碎的纷争中，米尔班克小姐本人是毫无价值的。不能说他是为了得到她的财产才结的婚；但是婚姻带给他仅有的价值就是收入的增加，尽管收入的增幅远不及用于维持家庭、生儿育女的支出增幅。他打算同她结婚，因为这个消息能引起轩然大波，因为他的生活中缺少一位"顾问"，甚至更大程度上是因为他不时地让自己相信，他是在用自己的方式爱她。因此，为了扮演一位传统的求婚者，他将前往英格兰东北部达勒姆市的西汉姆去拜见未来的岳父母。对他来说有什么比这更让人厌恶的呢？"多希望某天清晨醒来时发现我已经摆脱世俗的干扰、合情合理地结了婚。"

　　伦敦的秋天，气候非常宜人，拜伦享受着最后的单身生活，愉快的好似一个小孩。这次虽还在奥尔巴尼那座黑白相间的修道院里住着，可是每天晚上都会和同是霍布豪斯朋友的年轻的银行家道格拉斯·金奈尔德一起小酌几杯。这个年轻人带来了一种很不错的白兰地酒，几杯之后就使得拜伦情感流淌起来。托马·穆尔要是也在，就会在钢琴前唱起那首爱尔兰歌曲《爱情的春梦》。悠扬的曲调缓缓地将拜伦带进回忆，想起自己和奥古斯塔，以及玛丽·查沃思的过往，以至于忘记了现在。可怜的玛丽遭受着精神错乱的折磨。得病的时候她在黑斯廷斯，当时拜伦和奥古斯塔也住在那儿。她不就像那《哈姆雷特》里的奥菲莉亚吗？又一出戏剧发生在他所爱的人身上，他显然不曾给她们带来好运。演员埃德蒙·基恩滑稽的模仿让人捧腹；奥古斯塔也很善于模仿，拳击师杰克逊发达的肌肉撑起了他的绣花衣服。金奈尔德和霍布豪斯正在畅快地笑着，而一杯白兰地却引得拜伦泪流满面。静谧的夜色中，他们又让穆尔坐在钢琴前唱着诗一般的歌曲——

> 我唯一的书本，
> 是女人的容貌，
> 而它们所教我的一切则是愚蠢……

　　肤浅的歌词里隐含着耐人寻味的意蕴。这个邪恶的勋爵——乔治·戈登·拜伦，即将把充满智慧的安娜贝拉娶进门。但他其实丝毫没有觉得自己会变成另外一个人。他真真切切地感觉到害怕，怕一切会变得非常糟糕。

　　他终于在9月初决意动身前往西汉姆。四轮马车在门前停下，在自己闺房里的安娜贝拉放下手中的书，下了楼，见到独自在客厅的壁炉旁的拜伦。安娜贝拉伸出手，拜伦轻轻地亲吻了她的手背，一阵沉寂过后他轻声说道："我们好久没见面了。"她喃喃地说着要去请父母来，然后离开了客厅。西汉姆的家庭生活中有些滑稽的元素，拜伦敏锐地觉察到了。这一家人在一起时随意而和睦，但一群人的纯朴和快乐往往只能靠感知。拜伦嘲讽宗教和政府，嘲笑人类的愚昧和罪恶，他所营造的幽默和米尔班克一家的快乐气氛格格不入。关于跳蚤、食物这些再家常不过的笑话却总能让米尔班克一家津津乐道。尽管如此，拉尔夫爵士仍然在女儿的眼神中发现了一种风采。拉尔夫爵士是个十足的绅士，他完美地演绎着传统岳父的角色，尽管他总在滔滔不绝地讲着自己的故事，惹人生厌。不知道什么原因，拜伦一直很不喜欢米尔班克夫人，甚至是厌恶。而此时，在她的家里，他更觉得她是一个易兴奋、爱多事、难相处的人。更有意思的是，拜伦亲爱的朋友，就是她的嫂子墨尔本夫人是最让她头疼的人。她喜欢忙于外部事务，总想支配她的女儿和丈夫，这使得父女二人总是合力对付她。在很大程度上正是母亲的易于兴奋造就了安娜贝拉的心平气和。说起安娜贝拉本人，也让拜伦感到失望，再次见面的那一刻他就意识到自己错了。他就是这样，当远离一个女人时，他会把她想象得有声有色。就像是他在内心搭建了一座令人憧憬的虚幻的陈列馆，而陈列馆的壁龛里静静地竖立着那个他见不到的女人。他认为眼前的安娜贝拉应该扮演成一位强大而敏感，能让他深爱并追随的女人的角色。她既要像一个魅力四射的情人，又要像一个和自己志同道合的快乐和智慧兼具的同伴，拥有这样一个女人似乎是很多诗人的梦想。拜伦无法理解一个女人在热恋中的短处，发生在安娜贝拉身上，他尤其不能理解。

这位年轻女孩的美并不出众。她总在沉默，那是种让人不安的沉默。拜伦最无法忍受她用那带着怀疑的眼神不断地打量着自己。他感觉到她正在把自己和那种抽象的天才男人、富有情操的男人放在一起比较，他为之恼火。总之，她太过聪明了。他想到什么说什么，只要不打哈欠他就可以信口开河，而她却将他所说的话一一加以分析。同样面对他粗暴的愤怒，奥克斯福夫人一笑了之，奥古斯塔不屑一顾，而安娜贝拉却能从中总结得头头是道。就像一个客观公正的数学家测算了感情的各种可能变量，计算出了音调的每一个细微变化，最终将爱情转变为方程式。他被她无法抗拒的感情波涛制服，关于他们的婚约，她总是说自己是何等犹豫不决，何等想要将其解除，似乎每隔一天她那莫名其妙的病就会发作了。在客观清晰地对她研究一番之后，他对安娜贝拉得出的评价是一个总爱杞人忧天的好人，注定总会用虚构的浪漫故事没完没了地折磨自己，他最不屑女人的这一套本事。拜伦总是强调说自己结婚是想要一位伴侣、一个朋友，而绝不是一个多愁善感的人。但是米尔班克一家却总在无休无止地谈论情感，把他带回到卡洛琳·兰姆的时代。反复思考了一两天，拜伦认为这桩婚事肯定不会成功。

拜伦离开后，她给他的第一封信谦卑而又炽热："我的拜伦……假如我真的感到一丝悔恨，一定不会对你隐瞒。如果我们分开后你不再为我有时表现出的忧愁伤感而担忧的话，我就放心了。你是否完全相信我爱你呢？你为什么会怀疑？多希望我们已经结婚了啊，那么我就能尽全力，不会再因为那么多在你看来微不足道的小事而自责。我愿意你写信来批评指正我，我会认真地反省。请带我走进你的内心，因为我将把那里当作自己的安身之所，直到死神将我们分开。我是你的，永远是你的，请你不要像你所威胁的那样，为了报复而把我赶出家门。"

就像穆尔歌里唱的那样，智慧哟，可怜的智慧哟，戴上了与她极不相称的愚蠢面具，想方设法地取悦他人。这位相思成灾的女孩在给拜伦信的最后署名——你的妻子；拜伦从奥古斯塔的住所寄出了回信署名——爱你的拜伦。他在信里问她：“现在后悔还不迟，你确定不后悔吗？”她答复道：“我感到太幸福了，我永远都不会后悔。”就这样一切已成定局，他已然许下了诺言，而她则义无反顾地走向毁灭——信任拜伦。

离别时拜伦安慰安娜贝拉说这只是短暂的分别。一周过去了，又一周过去了，拜伦的身影还是没有出现在西汉姆。此时的他正在伦敦喝着金奈尔德带来的白兰地酒。婚礼的筹备正在紧张地进行中，安娜贝拉的父亲在为新人准备颂诗；家族的兄弟姐妹都送来了结婚礼物，甚至卡洛琳也带了礼物来。（拜伦就此暗讽说，“即便口蜜腹剑的希腊人带来了礼物，我也依然害怕。”）一切就绪，连结婚蛋糕都已烘好备用，只待仪式开始。就像《哈姆雷特》中的丹麦王子一样，男主角若是不出现，他的角色只有取消，这一切都将毫无意义。她变得大胆而直白，写信告诉他说如果他还继续待着，那她也将在近日去奥尔巴尼见他，但这也起不到什么作用。这位执着的、有涵养的女孩索性不再这样写了，她用各种措辞在各种情形中反复强调着“我爱你”这个主题。她解释说当他在的时候她表现得好像是世间最沉默的女人，那是因为她想不出有其他的事。她总在房间里，这使得她的父母觉得她是个懒散的人。为了向她请教颂诗里韵脚的问题，父亲总是跑到女儿房间，母亲自从听说星期六举行婚礼之后，就开始愉快地赶工缝制衣服。“我最亲爱的，我将迎接你和幸福一同到来。”她在信中这样写着。在婚礼前几日，他仍然写信询问，劝她仔细斟酌。到了 12 月 23 日，他写信说：“我们再见时就结婚吧，如果只是同居而不结婚是很难堪的，就像在地狱中赎罪一样让人不舒服。”

拜伦和他邀请的男傧相霍布豪斯一同乘马车前往西汉姆。途中他们去取了结婚登记证书，在那位负责登记的人递来证书的时候，拜伦询问他到底有多少人来是想要举行婚礼，又有多少人不愿举行婚礼呢。

本来两天的旅途，可途中准新郎想方设法地拖延。途经六哩底时他决意逗留一天，他是想和奥古斯塔单独在一起。霍布豪斯被他打发去了纽马克特。圣诞节他得以和姐姐一起度过。在这儿他给安娜贝拉发出了最后一封信件：“我到了六哩底。爱神使得人类温暖，连我也感受到了。我拿着结婚登记证书，这东西虽然滑稽但却能带着我们走向婚姻，让我们祈祷吧。”

两人终于在 26 日再次上路，冒着一路雨雪他们于四天后到达了西汉姆。霍布豪斯觉得他的朋友越来越让人安心了。见到他们进门，安娜贝拉激动得眼泪夺眶而出。霍布豪斯努力想找些借口来解释他们的拖延，还能有什么借口呢，不都是因为这一路磨磨蹭蹭的同伴。为了打破这令人尴尬的沉默，霍布豪斯又将自己准备的结婚礼物打开——是用黄色山羊皮包裹着的拜伦全集。拉尔夫爵士和他们聊着天，因为米尔班克夫人无法下来用餐。这个老家伙真的很唠叨，在霍布豪斯看来他倒有一点幽默感，也是个好人。他讲着教士的事，讲着达勒姆主教如何趋炎附势，讲着自己如何给一位勋爵的儿子写信，接着又大谈特谈坎特伯雷大主教。听着他的侃侃而谈两个远道而来的朋友相互交换了一下眼神。

进入 1815 年的第一天，拜伦和霍布豪斯在海边久久地徘徊着。白天的时间像蜗牛爬过一般缓慢而让人无奈。晚饭后拜伦对他的朋友说："嘿，今晚是我们最后一晚了，明天我就是安娜贝拉的了。"1 月 2 日，结婚的日子，一睁眼拜伦就看见结婚礼服已经被他的贴身仆人摆在那了，他顿时心生郁闷。下楼用餐时又见穿着牧师衣服的诺埃尔先生。由于过于紧张和激动，米尔班克夫人连茶水都没法倒了。不一会的工夫，霍布豪斯也戴着白手套来了。仆人们忙着在客厅里铺上新人的跪席。拜伦到花园散步，吩咐仆人时间一到就去叫他。身穿白色平纹细织布睡衣的安娜贝拉在家庭教师克莱蒙夫人的陪伴下终于下了楼。仆人将拜伦请来，他跪在新娘身旁。席子很硬，拜伦做了个痛苦的表情，好像陷入沉思的样子。

此时的他看不见也听不见，眼前好像升起一层迷雾。脑海里浮现的是和玛丽·查沃思分别的情形、安思莱的房间、那长长的阳台、草地，当然还有那张由于现在的失常的恐惧而抽搐的面孔。直到轮到新郎说话了，他才恍然从幻象中醒来，"我将把在世间的一切都献给你……"他微笑着看了看霍布豪斯。教堂的钟声响起，花园里也传出了鸣枪的声音，托马斯·诺埃尔牧师默然不语；人们纷纷向拜伦表示祝贺，并一一和他握手，此时的他才恍然意识到自己已经结婚了。

安娜贝拉，新任的拜伦夫人离开去换衣服了，回来时穿着青灰色白毛镶襟皮外套。由于激动，拉尔夫爵士脸涨得通红，米尔班克夫人眼含泪水。霍布豪斯行使着职责扶新娘上了马车，他跟新娘说道："祝你永远幸福。"她回答说："如果不幸福，那就是我自己的过错。"拜伦紧握着霍布豪斯的手上了马车。男仆在他身后关上车门。拜伦舍不得放开自己忠实朋友的手，又将手伸出窗外拉住他，马车缓缓移动开了，他仍旧不愿放手。心情低落的霍布豪斯感觉自己毁了一个朋友。

第二十二章　苦涩的蜜月

　　马车载着他们缓缓向海尔纳比驶去。拉尔夫爵士将这幢房子借给他们度蜜月。但此时车上的妻子和丈夫却是一个焦急迫切，另一个紧张恼火。拜伦自问到"为什么啊？为什么要结婚？这难道是为了拯救奥古斯塔吗？为了与她断绝关系吗？又或是为了满足自己的骄傲吗？身旁这位喜欢对一切品头论足而且难以对付的陌生人将一直待在我身边，直到临终吗？"突然他心中燃起一种疯狂的怒火，接着开始发疯似的唱歌。不高兴时，他总是这样。

　　马车穿过时，达勒姆的街道上传来一阵当当的钟声。拜伦语气里充满了嘲讽地说："我想，这大概是在为我们的幸福而敲的吧？"厚厚的积雪覆盖了整个田野和树林。拜伦认为这个婚姻对他来说，像是一个报复性行动，仿佛中断了他的神话般的生活。他一直如此，不断把自己变成浪漫故事中的英雄，从而找到精神的支撑。而这个婚姻却打算把他同一个女人，仅仅一个女人束缚在一起！至少目前看是这样的。"好吧，我会尽力把这场戏演完的，为了报复她。在我初次求婚的时候，那时，我多么希望由一位女人来支配我，获得幸福的婚姻。但是，安娜贝拉不可能是那个人了，现在我正精心安排她担任受害者的角色，在我遭到拒绝的时候开始我就已经有了报复的念头，我精心策划着……"这听起来真的太疯狂了，但这对于拜伦式的疯狂却的确是个好的主题。

　　他一直喜欢类似于复仇的故事。拜伦越想越兴奋，他沉思着，用各种想象的情景使自己激动起来。他对着自己的妻子大喊："啊，你真是被你不切实际的幻想愚弄了！像你这样一位有见识的人却被自己骗了，希望来改造我，这怎么可能呢？若是以前你也许会拯救我，但现在已经太迟了，我恨你，要知道为什么？那我告诉你，当初我向你表白时，你本来可以为所欲为，但是你却毫不留情地拒绝了。而现在你会发现，你已经嫁给了一个魔鬼。"看到她惊慌失措，拜伦哈哈大笑起来，笑得那么开心。他能看出来她正在努力地说服自己，假装他说的那些话只是同她开个小玩笑而已。安娜贝拉正在失去她的亲朋挚友对她敬佩不已的那种勇气和权威。拜伦这样对待她，会持续多久呢？他不知道，她也不知道。假如她能够询问霍布豪斯的话，他会回答："你在这段关系中多久，便会持续多久。"

马车在傍晚时抵达海尔纳比。暮色沉沉的，天上飘着大片的雪花，使这座偌大的已经很久无人居住的屋宇显得更加阴森晦暗。安娜贝拉默默地走出马车，脸上带着一丝丝的绝望。晚餐时，拜伦在餐桌上居然冷冷地对她说："现在你将处于我的摆布之下，看我接下来如何对付你。"随后的日子称为"蜜月"，但从来没有如此一段时光，天上变幻的月亮越是闪闪发光，就越是乌云滚滚。是的，拜伦就像是月亮那般，让人恐怖但又令人销魂。你会发现当他那乖戾的脾气像晨雾一般暂时消失时，他们的谈话就会轻松快乐；有时他会愉快地听她说着各种各样的、幼稚的、荒唐往事。还会称她为"我的好宝贝"，但其实是在挖苦她的娴静。对年轻的安娜贝拉来说，这段蜜月里让她觉得甜蜜的片刻太有限，所以这个瞬间就成了她深刻的记忆，她把这个让她觉得美好的片刻称为，是"在沙漠中找到的甘泉"。

她的一些语句措辞常常会使拜伦感到不舒服，马上就觉得她又恢复到了他称之为"说教和情感控制的状况"。这时，拜伦就会立刻变得粗暴且不可理喻。安娜贝拉那年才刚 22 岁，对生活一无所知。而这段疲惫不堪的婚姻让她逐渐成长，开始接受一些与她预期里截然相反的事情，好比她一直觉得婚姻生活应该是甜蜜无比的，相反现实中的婚姻却给她带来了很多莫名的恐惧。

她的伴侣其实是个出奇简单的人，只是敏感的程度异于常人，几乎达到了让人痛苦的地步，利己主义的行为在肉体欲望和道德名誉的占有程度上几乎令人难以置信。他会不知疲倦地大谈健康，哪怕几根掉落的头发，一颗蛀掉的牙齿，都会让他无比担心，特别是那双跛脚，让他的自尊心更为敏感。刚开始时，拜伦和妻子的聊天中从不提及跛足相关的话题。可是她却急于摆脱这种让她觉得尴尬的局面，所以首先提到了这件事，她和他分享了最近一直在看伊拉兹马斯·达尔文写的论病态意志的文章。书中有段关于达尔文的言论令她有所触动，"患者畅谈自己的病痛便能够更快地解除痛苦。"

拜伦才从心底承认她已经知道自己的跛足。但这之后当他每次提到"我的小脚"时还是带着神经质的大笑，然后又立刻做出一副要努力与安娜贝拉的道德情感抗衡的样子。"这仅仅是第一步努力，"他自言自语地说。每到晚上，他就会试图向她证明，无论是宗教信仰还是道德典范其实都没有真理存在。他会带着挑衅的口吻对她说："好吧，你来改变吧。"她深信自己如果用宽恕、顺从、勇气、欢乐的情绪面对他，可以让他慢慢相信人并不是都是坏的。并且她发现他称为宗教的东西其实是童年时代那些让他觉得忧郁和教条的记忆。而这种教条印记已经深入了拜伦的灵魂，加上在伊斯兰国家生活了两年，所以他对宿命观念根深蒂固，很难移除。

在还没有和拜伦一起生活之前，她眼中的拜伦是一位伏尔泰式的怀疑论者。但是一起生活的这些日子让她看清楚了，在智力层面他是一位伏尔泰式的人物，但是在他的精神深处严重地潜伏着加尔文主义。他的宗教源自恐惧的合成，充斥着反叛和改革的力量。他深信，一些人生来要进天堂，另一些人却注定要下地狱，而他无可厚非地属于后一种人。因此自然而然成了反抗宇宙的愤怒暴君，绝望地堕落着。

平心而论，他们真是悲惨的一对。一个异于常人的特点加上另一个不愿面对的缺点，只能够产生无尽的痛苦。安娜贝拉严肃的言辞和不苟的习惯让他紧张，仿佛是在强迫他的意志，去思考那些空泛的宇宙秩序，简直是让他发疯。但她也不乏是个聪颖的姑娘，总算把拜伦的性格分析得精准："他的不幸在于习惯沉溺于兴奋的情绪当中，而这种情绪只有在异乎热烈的性格中才能存在。而这种性格的人所能从事的事业，在一定程度上可以说是无章可循的。对单调生活的厌倦，常常产生的无聊情绪，把这类心地最善良的人逼上了最危险的道路，使他们常常做出外界看起来是动机不良的事。"

拜伦告诉他的妻子，在他很小的时候住在阿伯丁，紧邻着一块墓地，他害怕极了，而每一种神奇的巧合都像是一种预兆。譬如，穿黑色外衣的人是危险的；蝙蝠飞进房间会带来厄运等。有天晚上，他们站在积雪覆盖的花园里，瞧着谜团似的云彩渐渐飘近月亮。拜伦告诉她，如果这团云彩从中间穿过月亮，他将被毁掉，假如没有，万事大吉。但结果云彩从中间穿过了月亮。

遗孀留下的结婚戒指对她来说太大了，于是安娜贝拉用一段黑色缎带缠在了戒指圈上。"黑色缎带？"他看到就叫嚷了起来，非要安娜贝拉拿掉它。安娜贝拉吓坏了，把手放在背后，靠着壁炉架站着，结果戒指滑下来掉进了火里。这件事让拜伦心烦意乱了好几个小时。拜伦的一些稀奇古怪的说法，让安娜贝拉郁闷至极，常常怀疑他是否真的爱她。他故弄玄虚地声称自己是一个堕落的大天使。他告诉安娜贝拉《圣经》中谈到的一些女人会受到逐出天国的人的爱，而她就是这样一位女人，他甚至在看书时也会发现预兆。他没有忘记泽卢科，并且详细地同安娜贝拉谈论着他。泽卢科最后以掐死自己的孩子而告终。拜伦觉得也许他自己有天也会做出这样的事情。"我将掐死我们的孩子。"是的，一直有无法抗拒的力量逼他不断作恶。他深信未来的事件都会事先在星宿预示中描绘出来，吉卜赛占卜者威廉夫人说过他将在37岁过世，对此他深信不疑。安娜贝拉是研究科学的，认真地听着他所说的。她愕然，焦急，怀疑他是真的疯了还是在装疯？

但是这还不是全部。神秘的第一层是黑的，但是在这一层下面，安娜贝拉现在已觉察到第二层，更加黑暗。

就在第一天早晨，拜伦收到奥古斯塔的一封信，欣喜若狂地念给安娜贝拉听："我最最亲爱的，无与伦比的…"。"你觉得这句话怎么样？"他问道。两三天之后，他在海尔纳比逼着她照镜子，让她说出他俩微微相似的地方。她哈哈地笑着说："我俩相像得如同兄妹一样。"这句话无疑触动了他心底最深处的秘密，他发疯似的抓住她的手腕嚷着："你听见了什么。"又有一天，她的头脑中正在形成无意识的担心，于是对他谈起关于乱伦的悲剧《塞巴斯蒂恩》。这个主题似乎让他非常恐惧。她有些纳闷，难道他曾经有过情妇，后来又发现女人是他父亲的私生女？

夜里，她被噩梦中不断发出梦呓的他吵醒。看见他从床上起来，在屋里来回走动，手里挥舞着手枪和匕首，接着又翻身躺下，咬牙切齿。她走过去，将头枕在他的肩上，让他安静。一天晚上他说："你该有一个比我的心还要柔软的枕头。"她静静地看着他，低声呢喃："我不知道哪一颗心先碎，是你的，还是我的？"她常常想逃走，想离开他。但是她又做不到，因为她爱他。所以她为他感到难过，感到痛心。"我生平第一次尝到了单独与上帝待在一起的滋味。"而他又怎样呢？如何看待这位女人，一位与以前所有他接触的女人迥然不同。有时他的内心为她所感动。"假如有什么能使我相信天国的话，那就是你脸上此时此刻的表情，可怜的小家伙，你应该嫁给一位更加善良的男人。"他同情她，但他还是很无情。自从《恰尔德·哈罗德》发表以来，他就成了自己生活中的演员，并且发现这位勤劳胆小的姑娘是最忠实的观众。只要她有想笑的感受，他便会马上改变自己的角色。此时，他所需要的其实应该是一位像奥克斯福夫人一样的女人。他受不了安娜贝拉的严肃劲儿。

他认为自己是最温和的人，任何一位女士，哪怕年老色衰，相貌丑陋，他都会心平气和面对；他曾经温情脉脉地、无微不至地照顾着弱不禁风的弗朗西斯夫人，现在怎么会如此得粗暴，有时他自己也觉得莫名其妙。"安娜贝拉，你不知道我一发怒就会成为什么样的魔鬼啊。"他感到自己已经被这个女人俘虏，所以曾请她解除婚约，但是她非要嫁给他，并且说她不会后悔。她来了，这个陌生人闯入他的生活。他风卷残云般迅速地用完一餐时，她还在慢吞吞地、有条不紊地咀嚼着。他将双手甩向空中，叫嚷着让她不要再那么多愁善感。"假如你不在乎我说的话，我们会相处得很好的。"她则会把一切都当真。两人总在一起太可怕了，因为他需要的是一个人的安静和孤独。每次他都用这样的话把她从房间里打发出去，"我不需要你，受不了我们总是在一起"。拜伦能够预见他们夫妻之间的关系已经走向尽头。

拜伦原本的计划是在 1 月 20 日离开海尔纳比，两天后可以在西汉姆与米尔班克夫妇一起度过自己的生日。在动身的最后一刻，他发现 20 日是周五，而星期五是穆罕默德的安息日，于是宣布将启程的日期推迟到 21 日。安娜贝拉微笑着听他气冲冲地解释着，在途中他的兴致还算比较好的，"我们会很和睦地一起生活下去，"他一边盯着她，一边继续说："我想，你应该明白我忌讳什么样的话题。"

在过去的残忍的几个星期里，对她的个性拜伦有了更清楚的了解，她帮助他完成他为音乐家内森所作的《希伯来歌曲》，俩人一起谈论着曾经读过的书籍。假如天资聪颖的她不是他的妻子该多好……这婚姻的百无聊赖，她也是有责任的。当这位曾经是自由的，从未同自己的父母生活在一起的人发现自己竟然同岳父母捆绑在一起时，还有什么比这更可恨的呢？在西汉姆，又一次见到了拉尔夫爵士，他的"爸爸"，可是他心中充满厌恶之意。这位年迈的男爵，依然满面红光，态度看上去和蔼可亲，但他那些小把戏却着实令人烦恼。他喜欢自己那些少得可怜的笑话并且喜欢没完没了地讲述，这令人难以忍受。有一个笑话是关于羊羔的脊背的，他总是在一个星期里安排几次让仆人端上这道菜，就为了可以再一次打开他讲这个笑话的匣子。

伦敦的夜晚的街景引人入胜，而西汉姆却沉闷得令人昏昏欲睡。当他厌倦了他的岳父母时，安娜贝拉就成为他的避难所。一天晚上，当她把柠檬水拿到床上给他时，他说："你真是品种优良的'小苹果'，世上最贤惠的妻子。"但是古怪的事还是不时地发生。一天晚上，他们玩着文字对韵的游戏，他提出将这些寄给奥古斯塔玩赏。妻子建议说在他的字母韵脚上面都做上十字的标示进行区别。听了她说的话，他顿时脸色苍白。"上帝啊，请不要这样做，这会把她吓死的。"她躺在床上一夜未眠，琢磨这些十字到底意味着什么。

可是在沙滩上，他又成了她的快乐无邪的伴侣。俩人常常走到一块名为"羽毛床"的巨石边。他问她敢不敢像他一样快速地攀爬上去，然后便飞快地在她的前边跑过，灵活地爬上巨石。在短短的时间里拜伦会表现出类似天真无邪的孩子似的面貌，这便是她所说的拜伦的"孩子的一面"。在某些痛苦时刻里，拜伦常常会变得像个孩子，甚至自言自语地说："我是个傻瓜，是的，我是个傻瓜。"接着又凄楚地说："可怜的拜伦哟……可怜的拜伦哟！"通常这个时候，安娜贝拉会被他声音中流露的绝望所触动。

在离开前的最后一个晚上，他对她说："我想，我是爱你的。"这并不是不可能，因为她在逐渐成为他所需要的那个人，这慢慢成了一种习惯。

在写给穆尔的信中，拜伦说："我整天忙着吃水果、打呵欠，读旧年鉴，在海滩上拾贝壳，看着花园里矮矮的灌木丛生长，处在一种几乎停滞的状态中。没有时间，也没有想要说更多的话。我们夫唱妇随，令人艳羡。"

拜伦夫妇安排了春天到伦敦去，"3月9日我们又一次乘马车走了。"拜伦很想单独去六哩底的奥古斯塔那儿拜访一下，但他的妻子坚持要与他一同前去。犹豫了一阵之后，利夫人才同意接待他们——因为这座小小的住宅的确没有空房。她不知道上尉是否要离开。最终她还是邀请了他们。

迎接他们时奥古斯塔显得十分平静，几乎没说一个字，也没吻一下她的弟媳。走进卧室时，安娜贝拉主动先拥抱了奥古斯塔。晚饭后，拜伦开始喝着白兰地，让妻子回自己房间时他说："现在她被我占有了，但你知道我可以不需要你。我告诉过你最好别来，你真是个傻瓜跟来这里。"安娜贝拉对此感到困惑不解，她猜想拜伦对奥古斯塔可能心怀欲望，却遭到了奥古斯塔的拒绝。

利夫人在这期间对待安娜贝拉非常客气。拜伦倒像是在不断地逼迫安娜贝拉，她想尽办法避开拜伦，可是他却越发地直言不讳地让她害怕，并以此为乐。

让安娜贝拉大吃一惊的是当看着小梅多拉时，拜伦脸上的表情异常慈祥。他指着梅多拉说："你知道那是我的孩子吗？"安娜贝拉无论如何都不相信，尽可能地抑制浇灭自己对拜伦的怀疑，甚至觉得有这样的念头是自己的责任。她体会到一种"极端的恐怖和怜悯"。她暗自发誓，今后的言行都要像从未有过这种思想一样。

拜伦请人在伦敦做了两枚标着字母"A–B–+++"的饰针，里面有一绺他和奥古斯塔绞在一起的头发。他将其中一枚给了奥古斯塔并针对安娜贝拉说："要是她知道其中的含意，那该多好！你记得我们在纽斯台德的符号吗？"即便如此，这两位 A 字母的女人还是在花园里友好地一起散了很长时间的步。虽然已经陷入绝望的安娜贝拉强烈地掩饰着自己的疑虑，她还是将奥古斯塔当作知己。而弟媳妇表现出对爱情的谦逊也让奥古斯塔颇为吃惊。利夫人说："你待我客气是因为还不够了解我。"她劝告安娜贝拉说，应该强迫拜伦遵循养生之道，她理所当然地按照自己的标准来看待最悲惨的事件。她认为，她弟弟的愤怒来自消化不良。可以为了苗条而挨饿，饿慌了便狼吞虎咽地大吃一顿；吃得不舒服，就大剂量地服用氧化镁。奥古斯塔解释说，整个问题就在这儿。

尽管有奥古斯塔的真心款待，但在那儿的逗留对安娜贝拉而言就像噩梦。拜伦发疯似的对自己、对妻子甚至对他的姐姐发火，这让人害怕。他为了忘却而喝酒，口出狂言，强迫奥古斯塔大声念过去两年中自己写给她的信，信中他毫无顾忌地谈起他对安娜贝拉的冷淡和他的一些情妇。转过身他对自己的妻子嘲讽着说道："而你还以为我想死你了！"到了晚上，他早早打发自己的妻子上楼，这样就可以单独和奥古斯塔再坐一两小时。痛苦的拜伦夫人吃不下东西，喃喃自语地说不相信这一切。

接近告别的日子时，现实已经变得忍无可忍。拜伦夫人在沉思中得以安慰。在读《圣经》过程中，她发现有些内容和自己的感情不谋而合，自己还能获得神秘的热情。她把自己视作是两个堕落者的监护人。但是要如何拯救被自己爱着却恨着自己的人呢？

拜伦在六哩底听说了皇家军队溃退，拿破仑回来的消息，欣喜若狂。他的"小宝塔"没有被摧毁，人们在可可树咖啡馆以三比一的赌注拿波旁王朝打赌，霍布豪斯把赌注压在拿破仑上。据说皇帝 23 日已经进入巴黎，并且在二十天之内将足迹踏遍法国。二十年的历史重新开启。

　　换作是平日，拜伦早已迫不及待地和霍布豪斯他们讨论这条消息了，可此时的他正"很好地哄着这两位女人"。仿佛这给他带来一种阴郁的乐趣，他甚至想继续待着。由于奥古斯塔不同意，于是他们在 28 日启程离开了。

第二十三章　皮卡迪里坪的窘境

在皮卡迪里坪十三号他们租了一幢大宅院，雇用了许多的仆人，家里还有两辆四轮马车。可是这么大的房子每年的开销需要七百镑，光这些钱就会花光拜伦夫人这边的一切收入，糟糕的是纽斯台德的房产地租还不够偿还欠下的债务的利息，生活可谓是入不敷出。拜伦和他的夫人如此奢侈的生活惹得他的债主纷纷上门来催他还账。霍布豪斯来看望了他，却发现他的朋友拜伦忧心忡忡，之后霍布豪斯打算出发去法国，在那里记下皇帝归来的一切场景。而拜伦看见他的老朋友霍布豪斯时，诚心地劝告他亲爱的朋友不要结婚。

凡事都有一个新鲜，在刚刚搬进新家的那段时间拜伦觉得还是幸福的。这十几天来拜伦以他最温柔亲切的方式对待了他的妻子。他的英俊与日俱增，脸上常常带有高贵的神色和那种不屈于平静的豪华气派，黑色的衣服为他的华贵又添加了一股高雅的气息。安娜贝拉十分迷恋他，任何时候她的眼睛都深情地凝望着拜伦。她特别喜欢和他一同去亨德森商店买手套，然后把他留在利·亨特家里，自己跑去买东西。在利·亨特家里，拜伦十分喜欢坐着小的木马荡来荡去，然后与亨特先生讨论政治。随后他的夫人买完东西就乘着自己家那漂亮的马车同拜伦一起回家。是的，这也许就是大家羡慕的天伦之乐。马儿不耐烦地相互摩擦，嚼着衔铁，年轻娇媚的妻子和她的丈夫并肩站在一起，同他们的朋友告别。一切的一切都是那么的诗情画意。但是这种恩爱的场景模式总觉得像是缺少了什么似的。在家里，拜伦开始创作他的新诗《巴里西娜》，而他的娇妻安娜贝拉可谓是一个尽职尽责的妻子，默默地一页一页抄写着，这场景从表面上看十分恩爱。可是安娜贝拉的悲伤却从未停止，她觉得自己是孤独的，再也无法恢复曾经那神采奕奕的乡村少女气息，常常被一股淡淡的悲伤笼罩着。她将拜伦的朋友霍布豪斯和金奈尔德称作"皮卡迪利帮"，而且不喜欢他们，甚至可以说讨厌。她清楚地明白她的姑母墨尔本夫人是一个危险的参谋，而她的丈夫却常常去墨尔本夫人家里，为此安娜贝拉感到心烦意乱，因为她根本无法阻止拜伦的脚步。

　　时间到了1815年6月，拜伦的妻子已经怀孕三个多月了。霍布豪斯此时在法国等着部队的消息。等到了20日，邮政局长告诉他，拿破仑在滑铁卢战败的消息。"真是可怜的家伙啊！"霍布豪斯感叹道。拜伦一听到这个消息就情不自禁地喊出来："啊！我真的好伤心，"卡洛琳和当时所有的英国少妇一样在比利时照料自己的兄弟姐妹，丈夫和情人，她对弗朗西斯·韦伯斯特夫人的获胜不无嫉妒之感。拜伦十分明白，拥有更多的勇气才足以和这个女人随心所欲。

　　知道了拿破仑失败的消息之后，霍布豪斯回家了。他们两个人哀颂着《帕勒洛丰》的悲剧，愤愤不平地骂着那些将皇帝称作为"将军"的英国海军将领。"对，没错！他们是一群野蛮的流氓！"霍布豪斯不可遏制地怒吼着。后来拿破仑在起航的时候受到了英国人民的欢呼喝彩，这一件事倒是让拜伦和霍布豪斯感到欢欣鼓舞。但是拿破仑失败以后，巨大的灾难就笼罩着整个英国。甚至整个欧洲都处于梅涅特令人窒息的枷锁下。想要成立共和国的希望已经化成泡影，这意味着拜伦和所有的欧洲人都必须在旧制度下继续生活下去。

　　虽然这样，对于政治和屠杀他还是十分厌恶的。上帝总是喜欢把好运施加在拜伦不喜欢的卡斯累勋爵身上。拜伦不明白为什么神明会允许卡斯累勋爵和他那些烂醉的小兵去屈辱比他们好上千万倍的人。是啊，这只能说明诸神已经不再庇佑人类了。只有一个人除外，那就是威灵顿，拜伦从心里认为他是一位真正的男子汉。

　　面对现在的时局，还有什么是值得拜伦和他的伙伴想一想的呢？"我们已经做了一切该做的。"查托布里昂说，"当今谁还会自找麻烦呢？晚上，我们在床上聆听一个王国的衰亡；每天早晨，这些王国化成一缕灰烬飘落在我们的门前，最后被扫成一堆碎屑。"是的，往事随风而去。就这样吧，把西方的一切腐败都抛弃在脑后吧。拜伦和霍布豪斯还有已经出人头地的弗莱查骑马尽情地奔驰在蔚蓝色的天空下，此刻的一切都令人神往。多么美好的生活啊，策马奔腾，对酒当歌。可是拜伦的婚姻现在让他觉得枯燥无味，几乎使他难以忍受了。对他这样一个放纵不羁的人来说，婚姻已经成了一把枷锁，紧紧地拷着他，令他发狂。

　　拜伦已经和安娜贝拉生活了一段时间，对她也有了非常深入的了解，到了现在可以正确地把握他妻子的性格。正如他想的那样，安娜贝拉是一个有原则的女人，还是一个有控制欲的女人，希望一切都可以在她的操控下井井有条地进行。但是，拜伦从不愿意顺从他妻子的意愿，安娜贝拉越是相信她可以掌控生活中的一切，拜伦就越是想要证明她是无能的。米尔班克夫人的哥哥温德沃斯勋爵的去世，给安娜贝拉留下了一大笔来自柯尔比·马洛里庄园的进款，年收入十分可观，几乎达到了每年八千英镑。但是只要安娜贝拉的母亲在，他们就捞不到一丁点的好处。由于这座庄园本来就收支相抵，不赚什么钱，并且诺埃尔勋爵负债累累，所以根本无力援助她的女儿。但是现在拜伦和他的妻子的生活已经面临财政告急，该怎么办呢。后来墨瑞知道了他生活的拮据，毫不犹豫地给送来了一张一千五百英镑的支票，但是被他退还了。现在一位土地经纪人正睡在这座房子里，对于这位陌生人的到来，拜伦觉得讽刺意味十足。

　　生活在窘境当中，拜伦会感到心烦意乱。他将自己一切的不幸都归咎在了他的妻子身上。是的，拜伦曾经警告过安娜贝拉，结婚以后钱会少的，可是安娜贝拉还是不顾一切地跟着拜伦，犹如飞蛾扑火一般那样炽热。然而现在的生活又有什么好的呢？现金已经告罄，债主们天天逼着他们还债，要求他们拍卖书籍和家具。土地经纪人的脚步在楼梯上回响，令人心烦。

　　拜伦知道自己在虐待妻子，他知道这段时间他对安娜贝拉不好，因此他的良心也在惩罚着自己，谴责着自己。但是那又怎样呢？他常常逃避自己的良心，甚至觉得这种莫名的谴责渐渐变成了憎恨他妻子的理由，他开始厌烦妻子的无辜和善良。为了抑制这种类似于无理的情绪，以平复自己的心情，拜伦认识到他应该马上离开安娜贝拉，让自己的心静下来。要不然动身到索斯威尔去，要不然就打发他的妻子回家，因为拜伦心中的魔鬼会将他的妻子撕碎的。他的祖先就善变、邪恶、不同于常人，拜伦身上流淌着祖先的血液，也许他"注定不做好事"。有时他脾气发作，会把一口钟摔在地上，把它弄得粉碎，很早以前在索斯威尔他母亲也做过同样的事情。拜伦根本无法控制自己体内的基因，这也许是他暴躁的因素之一吧。安娜贝拉此时越来越觉得不安了，因为她发现身边自己这股敌对力量已经越来越强大了，并且最令她担忧的是再过三个月她的宝宝就要出生了，然而现在的场面安娜贝拉已经无法控制。她该怎么办，本来想告诉父母，可是又怕他们为自己的事担心。她想到寻求利夫人的庇护，或许她可以控制现在的局面。

　　安娜贝拉于是再一次邀请了奥古斯塔来皮卡迪里坪住，尽管奥古斯塔是她最畏惧的女人，可是她实在没有办法了，因为拜伦的情绪已经不是她能够掌控的。现在只要和拜伦单独在一起，她就觉得怕极了。拜伦写好了遗嘱，将他的一切财产都留给他的姐姐，安娜贝拉也不反对，把这一情况告诉了她的姑姑。虽然奥古斯塔和拜伦的事情令妻子感到伤心和难过，但是她仍旧觉得奥古斯塔还是让人温暖的。

　　近来拜伦的身体状况并不是很好，由于肝脏患病，他的脸色看起来没有血色，犹如一张苍白的蜡纸。他病恹恹的，做什么事情都感到无力，甚至连创作的灵感也没有，就像一股干枯的泉水。病魔折磨着他，逼得他用鸦片来止痛，因此他常常在床头柜上放着鸦片。更糟糕的是，他不愿再和他妻子一起住，在他心里安娜贝拉就是一个呆头呆脑的女病人。每天还有一帮债主逼着他还债，连一个安静的环境都不愿意给他。所有的事情都要将拜伦逼疯了，现在的他就像一只几乎失去理智的野兽。就算奥古斯塔的到来，也不能抚慰他的心，反而使他更想要虐待他的妻子，甚至他的姐姐。拜伦谈论着奥古斯塔十分厌恶的丈夫和孩子，希望能使他的姐姐难受，但是奥古斯塔说这是责任。"责任？让责任去见上帝吧！"拜伦讥讽地回答。

　　"哦，奥古斯塔。我真的是瞎了眼才会和他结婚！"安娜贝拉和姐姐伤心地交谈着。结婚这么久，安娜贝拉心里的怨恨可谓是与日俱增。她们之间的谈话逐渐转换到和拜伦在一起的安全问题。安娜贝拉知道，现在她与恐惧就只隔了奥古斯塔这个屏障，她十分害怕拜伦会做出什么疯狂的举动。但是在拜伦看来这两个女人的窃窃私语是对他极大的侮辱，彻底激怒了他。屋里还住着其他的人，乔治·安森·拜伦，他是姐姐请来保护她们的，还有安娜贝拉的女教师克莱蒙夫人。似乎他们对拜伦也有防备。拜伦甚至觉得他的妻子找人监视他，利用克莱蒙夫人刺探他，他常常发现自己的房间像马蜂窝一般乱，信件会莫名其妙地不翼而飞。这些都让拜伦觉得自己处在严密的监察当中。

　　是的，拜伦的症状也许呈现了他将要发疯的趋势。他的眼神常常呆滞，低头的时候，从眼皮底下朝上瞅，他的行为变得越来越奇怪。就连乔治都劝拜伦的妻子赶快离开这幢屋子。

　　12月1日孩子出世了，是个女孩。拜伦不免有些失望，因为如果是个男孩就会有希望继承他的所有。霍布豪斯前来拜访了，他没想到居然海盗也会成一家之长，就觉得有些好笑。告别了拜伦，霍布豪斯去了荷兰德府上用餐，在那里遇见了卡洛琳，坐在了她的身旁。现在的卡洛琳是幸福的，同自己的婆婆和丈夫在一起共享天伦之乐，然而拜伦勋爵却在皮卡迪里坪怒不可遏地踱着方步。

安娜贝拉在 12 月 28 日收到了母亲的来信，说是请他们全家去她母亲的新房产柯尔比·马罗里去。本来拜伦是不打算去的，但是转念一想，这真是一个甩掉安娜贝拉的绝好机会。过了几天，拜伦在妻子的房间里告诉她，他打算在房间里安顿一个女演员。于是拜伦一连三天都没有再去看过自己的孩子和妻子。只是在第六天的时候留了一张便条给安娜贝拉，"如果你打算离开伦敦的话，动身时间尽可能定得早一点。等你到了乡间之后，我就会定期地给你写信，诺埃尔夫人邀请你去玩，你就好好地在那里住一段日子。现在我正忙着处理自己的财产，这件事对我来说是很重要的。当然最好孩子也和你一起过去玩玩，这样你也方便照顾她。"第二天，安娜贝拉回信道："既然你都这么说了，那我就遵从你的意愿。我会尽早离开伦敦的。"

安娜贝拉知道拜伦为什么会这样做，因为她的丈夫快要疯了，而这种疯狂就表现在对自己咬牙切齿的痛恨当中，为了避免情况更糟糕，她有责任离开他。医生告诉安娜贝拉，"在随后的几天，你丈夫的病情会越来越明显的，那个时候我们会将他送到柯尔比。"并且警告安娜贝拉要尽一切可能避免会使拜伦恼火的事情，特别是在给他写信的时候既要写得高兴，语气又要委婉温存。

走的前一天晚上，安娜贝拉睡得很熟，起来的时候还感觉身体有点乏力。她抱着孩子看着拜伦，祈求他能够和自己道别。拜伦只是冷冷地和她打了招呼。安娜贝拉恋恋不舍，渴望他会送她。最后她还是独自下楼，四轮马车已经在门口等着接她离开了。

才到第一个驿站，安娜贝拉就给拜伦写了一封信："亲爱的拜伦，我和孩子都很好，艾达她真的可听话了，旅客中就属她最乖。你一定要好好照顾你的身体，不要忘了医嘱。记得按时吃饭，少喝酒。千万不要再过度地沉迷于你的诗篇，更不要和违法的事情有任何牵扯。我希望能够在柯尔比听到你的好消息，要知道我和艾达都非常爱你，接受我们的爱吧——小苹果。"第二天安娜贝拉又迫不及待地给拜伦写信了，"亲爱的母鸭子，你不要担心，我们昨晚安全抵达。回去的时候还发生了一件好笑的事情，由于疏忽我们被领进了厨房而不是客厅。但是当时我们真的是太饿了，看见厨房里的东西觉得比看见其他事情要开心得多。爸爸想要告诉你，他和妈妈很希望你能来，这样一家就团圆啦。我真的好想你，你知道吗，乡间的空气实在是太好了，艾达的食量也增大了……向善良的雌鹅问好啊，这里的人都希望你们好。——最爱你的小苹果。"

第二十四章　后会无期

　　拜伦以为安娜贝拉走后，他就可以为所欲为，做自己想做的，用自己的暴虐去控制皮卡迪里坪的客人，可是从安娜贝拉的来信中他发现，自己必须遵守医生的命令，这不得不让他觉得自己的命运已经被远在柯尔比的妻子决定了。当安娜贝拉见到她的母亲时，她的母亲几乎无法相信站在她眼前的是自己的女儿。是啊，安娜贝拉曾经红润光泽的小脸蛋现在却显得苍白、凹陷，没有了往日的神采。她自己也明白，跟着拜伦的这些日子确实让她有些累了。每天晚上都辗转难眠，对拜伦的爱和恐惧交织在一起，让她产生了种种焦虑。她到底该怎样对待拜伦呢？漫漫长夜无情地折磨着她，她想不明白为什么无法拯救自己的丈夫。安娜贝拉想要拯救拜伦，可惜她太武断，而且心胸太狭窄，不够为拜伦的诗情画意撑起一片天，所以她无法理解丈夫的行为。每当她想拜伦想得快发疯时，她就会以责任为开脱，默默地告诉自己现在的一切都是照顾拜伦的责任。

　　安娜贝拉面对父母的质问，不得不说出在家里和拜伦一起生活的情况；但她没有告诉父母自己对奥古斯塔和拜伦关系的怀疑。听完女儿的话，安娜贝拉的父亲气愤不已，以至于后来安娜贝拉给奥古斯塔写信时都心有余悸，"你真的难以想象当时我的父亲变得有多么的严厉。"可是在听到安娜贝拉解释说拜伦患病的时候，她父亲的气就消散了一大半，很快原谅了拜伦，甚至邀请他赶快到柯尔比来疗伤，这样两位老人可以帮着自己的女儿照料他。安娜贝拉的父母亲的确是善良的，甚至比拜伦的母亲还关心他的健康。以前拜伦的母亲知道他生病时，仅仅只是很震惊，很快就恢复了平静。安娜贝拉的父母想要帮助拜伦和她的女儿，让他们尽快脱离生活的不幸。所以他们极力让拜伦快一点到柯尔比来，告诉他不要觉得难为情，他们不会觉得麻烦。事实上，拜伦也多次计划打算和妻子恢复一起生活的日子，直到安娜贝拉生了一个男孩之后，拜伦终于动身去了欧洲大陆。

时间久了，安娜贝拉不自觉地说出了过去生活中种种不好的境遇，这让父母对拜伦的不满与日俱增。甚至爱管闲事的诺埃尔夫人还建议安娜贝拉去请律师为她讨回一个公道。安娜贝拉也认识到诺埃尔夫人的建议是可行的。倘若拜伦的神智是健全的，她就没有理由被折磨得如此痛苦。尽管安娜贝拉深深地爱着他，但是现在已经是时候和他分居了。她没有理由再让自己受苦，更没有理由和拜伦一同去承受地狱一般的生活煎熬。对他们的婚姻，安娜贝拉已经开始感到绝望了。

诺埃尔夫人知道安娜贝拉有意要接受自己的建议时，心里不免觉得有些扬扬得意。这就证明了她不仅可以替年长的女人挣脱爱情的枷锁，现在还能够替年轻的女人摆脱折磨。为了让她的建议更快地实施，诺埃尔夫人迫不及待地请来了一位著名的律师塞缪尔·罗米利爵士和拉瑟顿博士。相比之下，她更加喜欢拉瑟顿博士，因为她觉得这个年轻的小伙子更有才华。然后，就开始写信给安娜贝拉，"我觉得以你现在所处的情况，无论如何都要见一见拉瑟顿博士。他的能力十分地强，逻辑清晰，我相信他可以非常完美地解决你的婚姻问题。并且他和其他人一样，希望你的父亲写一封建议书，这样就可以对你以后的生活进行调整……我相信拜伦勋爵是不会反对的，不过就算他反对也毫无用处，因为拉瑟顿博士认为，教会法庭会以拜伦的残忍和坏脾气为理由允许你们分居。"

拉瑟顿博士给拜伦写了信，信的内容是让他和安娜贝拉分居。但是这封信被奥古斯塔给退了回去，她觉得这样做可以避免拜伦婚姻的破裂。后来，拉瑟顿博士亲自来到了伦敦，将信送到了拜伦本人的手中。告诉他安娜贝拉的父母不再想让自己的女儿回到那个让她委屈的家，如果拜伦对此项建议有什么不满的话也去请一位律师来裁决。读完信之后，拜伦始终不敢相信，惶惶不安，一筹莫展。他都还保存着安娜贝拉旅途中寄来的信，信里是他妻子对他满满的情谊，到底在柯尔比发生了什么，使他的安娜贝拉变得如此决绝，以至于到了分居的地步。拜伦承认他的某些行为让安娜贝拉感到不幸，可是她都原谅自己了啊。还是他的一些天真又难以让她理解的想法惹怒了她，就算是这样也不足以成为导致他们分居的证据啊。难道是奥古斯塔？是她们两人联合起来一起对付他。拜伦始终不愿意相信，安娜贝拉竟然要和他一刀两断，从他的身边逃走。虽然以前她让拜伦感到恼火，但是现在拜伦感到不安，他害怕安娜贝拉真的和他分开。往日幸福美好的生活一幕幕地浮现在拜伦的眼前，就在前一天的晚上，他还亲切地和墨尔本夫人聊天，谈论着自己妻子某些惹人怜爱的品行。而摆在面前的事实让拜伦觉得不可理喻，甚至是残酷无情。于是他给安娜贝拉写信，企图挽回这段婚姻，"我想现在我所说的和我做的已经挽回不了你的心，但是我还是要告诉你，我真的无法放手。难道你可以轻易地割舍我吗？难道你已经无法回忆起我们美好的过去吗？是我们之间炽热的感情化成了灰烬，让你对我已经失去了往日的爱恋，还是我们之间从未存在过真正的感情？"

是的，现在拜伦说什么也挽回不了这段婚姻了。安娜贝拉对他写的信根本就无动于衷。弗莱查的妻子现在和她在一起，尽管目睹了安娜贝拉的伤心难过，但也感受到了她绝不会为拜伦妥协的决心。以拜伦对安娜贝拉的了解，他认为安娜贝拉就算再赌气也不会将自己视作仇人。但是他忘记了安娜贝拉坚定的宗教信仰，她觉得提出分居是上帝的安排，她必须遵从上帝的决定。这些都是安娜贝拉写信告诉奥古斯塔的。直到现在，拜伦都还企图挽回安娜贝拉的心。他使出浑身解数，甚至像一个小孩子一般同他的妻子要赖，"最最亲爱的小苹果，原谅我好不好。你的这些举动真的把我吓得不轻。快平息这一切吧，让我们重回过去甜蜜的时刻。"后来拜伦发现安娜贝拉根本不愿意妥协，于是他不祈求她的原谅，自己也摆出咄咄逼人的姿态。把一封有关婚约的信回寄给她，信上安娜贝拉写着，"离开你我的生活会步入正轨，并且会变得幸福。所以我绝对不会改变主意。"拜伦也毫不示弱，在信的下面添加了注释，"是嘛，既然这样，那我就让你如愿以偿，1816年2月。"自此拜伦和安娜贝拉分居的消息在伦敦传得沸沸扬扬。就连墨尔本夫人也写信来向他求证，"亲爱的拜伦勋爵，关于你的小道消息早已传得满城风雨，所有人都说你和安娜贝拉已经分居了……我想这些消息恐怕都是他们捏造的吧。尽管我竭力否认，也无法阻止这些谣言。"

分居早已成为不可改变的事实，剩下的一切交给律师就可以了。汉森理所当然地成为拜伦的辩护律师。他极力为拜伦在皮卡迪里坪的恶劣行为进行辩护，他认为那封以"最最亲爱的母鸭子"为开头的信足以说明拜伦的行为是可以宽恕的。而拉瑟顿博士告诉汉森说拜伦夫人告诉他的事实十分的严重，没有言归于好的可能。可是汉森不理解，他反驳说，"既然这样你们得有证据啊。"拉瑟顿回答说，"我手里有安娜贝拉草拟的备忘录，不过因为这件事要交于法院，所以这些证据都要加以保留。"拜伦夫人就是这样一个井井有条的女人，即使处在她悲惨的婚姻生活当中，她也会将婚姻中的点点滴滴加以编号整理在草案里。拜伦的好友霍布豪斯对安娜贝拉此次的行为感到深恶痛绝，他习惯了拜伦疯狂的行为，他认为是婚姻的枷锁让拜伦产生了极大的变化，以至于有些行为显得不得体。但是那又怎么样，婚姻难免会产生一些小摩擦，但不至于做到如此决绝的地步啊。拜伦的疯狂本来就不加掩饰，况且他本来就喜欢异想天开，只是常常会伴有易怒和胡思乱想的情绪而已。安娜贝拉却庸人自扰，认为自己是让丈夫变得暴怒的原因，这种想法一产生，就在她的脑海里萦绕不去，因此她对生活的抱怨变本加厉。霍布豪斯在一封信中义正词严地说，"拜伦勋爵有什么可以指责的？他只是一个人用餐，只是一个人发脾气而已。"在1816年3月6日，一些关于拜伦乱伦的消息传到了他的耳朵，他勃然大怒，并且草拟了一份驳斥谣言的文书，要求安娜贝拉署名一起来对抗这些骇人的传闻。"拜伦夫人郑重声明，她请求和丈夫分居的唯一理由就是他们之间的生活习惯和见解不同而已，并没有什么其他的原因。因此进一步的婚姻生活并不能使他们两个感到幸福。她希望群众可以拒绝相信这些有辱拜伦人格的传闻。"可是草案拟好后，安娜贝拉拒绝签字。迫于无奈，拜伦和他的朋友又重新写了一封不是那么精确的文书，不再要求安娜贝拉署名，只是希望她可以声明这些谣言不是她宣布的，并且在审理案件时不会利用这个谣言说事。文书已经写好，虽然不尽如人意但是还能凑合使用。目前有待解决的就只是钱的问题了。可是现在的拜伦非常拮据，身无分文，最终他不得不接受约翰·墨瑞给的支票，但是以写作为代价。尽管拜伦十分厌恶以写作为生，但是现在的他已经别无选择。经过激烈的辩护以后，最后律师们达成了一致：拜伦和安娜贝拉平分安娜贝拉年收入为一千英镑的嫁妆；另外，一旦诺埃尔夫人去世，仲裁人会监督平分继承温特沃斯所得的收入。这样拜伦不仅保留他个人的收入，还增加了五百英镑的年收入和一大笔遗产。

接受了支票以后，拜伦的书就被收购，等待出售，直到8月6日，所有的交易才达成。墨瑞不仅买下了大批的书籍，还买走了贴着杰克逊和安格鲁画像的大屏风以及职业拳击赛的版画。现在皮卡迪里坪的房子彻底显得荒凉了，一切的一切都不再和从前有任何联系。

拜伦走进自己的卧室，到处都飘散着回忆的灰尘。那些防止肝病复发的药丸和药水都不禁让他想到安娜贝拉。忧伤的气氛笼罩于整个房间，他沉默着，渐渐地归于平静。有什么值得难过的呢？拜伦本来就无法忍受幸福阳光的照射，他只配享受死亡和冥府的神秘魅力。安娜贝拉的离开不正是他希望的吗？可是为什么会有那么多的不舍填满内心？夜幕降临，拜伦孤单地在这座深宅大院的各个房间漫步，坐在写字台前回忆过去种种的美好。怀念那个富有思想的，常常在他肩上寻找安全感的小女孩。是啊，只有失去的时候才知道珍惜，现在拜伦终于发现自己真的很喜欢安娜贝拉。他的感情像一股洪流般从心里漫出，随即决定拿起笔写一点什么，以此来纪念这段感情。悲伤和不舍化成几行简单唯美的诗句：

> 如果真的要永别，那珍重吧，
>
> 真诚地祝你会幸福！
>
> 倘若我的心真的不能够再被你宽恕，
>
> 那么也请你相信，它生生世世也不会背叛你……

　　没有安娜贝拉的日子，拜伦变得像一头困兽，心中的怒火常常不自觉地燃起。他开始怀疑起一些人来，特别是克莱蒙夫人。拜伦觉得和妻子的分居就是她撺掇的，他恨她，甚至将克莱蒙夫人骂得狗血淋头。和安娜贝拉的分居，对拜伦带来了很多负面的影响，仿佛一夜之间所有的人都在后面追赶他，讨伐他。曾经因为拜伦发表的《海盗》而攻击他的政治集团，此时又在对他口诛笔伐。拜伦面对这些攻击已经忍无可忍，又冒失地发表了一些诗去反驳。他把它们乔装成法译本，诗中将他自己称为拜伦之子。接着他又发表了另一首颂诗《荣誉军团之星》，"有着最可爱色彩的三色旗啊……"

　　在这场运动中，他成了公众眼中的叛徒，而他天真、可爱的妻子俨然成了英国一切美德的象征。中产阶级对他进行舆论的攻击，在他们眼中，拜伦就是一个跛子，一个流浪者，根本就不具备一个英国人的形象，他们以发现拜伦的罪过而开心。就连他去上议院的路上，都有人过去侮辱他，除了荷兰德勋爵没有人愿意理睬他。拜伦以前支持的辉格党现在也保护不了他了，更糟糕的是托利党趁此机会对他进行严厉地批评，将拜伦比作尼禄、希利伽巴拉，又比作亨利八世，甚至比作魔鬼。拜伦曾经的荣耀生活已经一去不复返了。他的朋友墨尔本夫人企图拯救他现在的形象，想方设法地告诉他要谨防愤世嫉俗的思想，现在也无济于事了。另外乔治夫人也算得上是一位两肋插刀的朋友，为了拯救拜伦而举行了一场舞会。可是让人尴尬的是，当拜伦和奥古斯塔一走进舞会的时候，室内的人们纷纷当着他们的面退席了。哦，可怜的乔治夫人，就算是她竭尽全力地阻止，也挡不住这些人对拜伦和他姐姐的仇恨和厌恶。男人们对拜伦怒目而视，仿佛和他有不共戴天之仇。他们绕开拜伦走，也不愿意和他讲话。在舞会中唯一一位愿意同拜伦和他姐姐讲话的就只有善解人意的埃芬斯顿小姐了。拜伦默默地站在角落，轻蔑地注视着在他身边穿梭的人，仔细地观察着每一个人的态度。从那天晚上起，拜伦的斗志又燃烧了起来，这些嘲讽与不屑都唤起了他内心蛰伏的勇气。就算是堕落到如此地步又能怎样呢？拜伦注定是不平凡的，他必须扮演一个伟大的角色，哪怕这个角色是一个恶魔。拜伦就是拜伦，是颜色不一样的烟花，要在英国的天空绽放一种不一样的华丽色彩，是社会中存在的特殊的美。拜伦发现自己遭到了社会的排斥，英国粗暴地将他逐出国家，他彻底地沦为了一名流放者。随它的便吧，拜伦再不畏惧，就当作是自己将要踏上一个新的神圣的征程。

拜伦快走了，意味着要和所有活在英国的人告别，这些对他来说都无所谓了。但是最令他感到心痛和不舍的是他要失去自己最最亲爱的奥古斯塔了。奥古斯塔在复活节那一天前来向拜伦告别，她心情抑郁，不舍的表情溢于言表。那是唯一一次他在姐姐的面前泪如雨下，诉说着自己的后悔之情。最后拜伦还是决定写信给安娜贝拉，拜托她照顾自己的姐姐，"我想同你说的话只有几句。如你所见我马上就要离开英国，最放心不下的就是奥古斯塔和她的孩子。我不在的时候希望你看在往日的情面上，帮我照顾她们。我昨晚已经同姐姐告别，现在需要告别的也只有你了，我想今后无论我走到哪里，今生来世都不会再见了。"

就在拜伦动身的前一个星期，有一段时间他总是不断收到一名匿名女子的来信，这些信件开始的署名是假的，两次被拜伦的仆人拒之门外之后，她写上了自己的真名克莱尔·蒙特。她请求拜伦将自己引荐给德鲁里昂剧院，于是他就遂了她的愿，介绍给了金奈尔德。不久，这个女子的胆子越来越大，开始疯狂向拜伦表白，"我曾经以为自己对你的爱只存在于幻想之中，可是每当夜深人静时，我对你的思念就涌上心头。现在当真的与你有所交谈，我发现对你的爱并不仅仅存在于幻想之中。我不期望你爱我，因为我明白自己不值得你的爱。但是我仍旧想要与你共度美好的夜晚，亲爱的先生，如果你不反对的话星期四晚上我们就可以坐马车到距城市十一二英里的郊外。在那里只有属于我们二人的天堂。并且第二天清晨我们就可以回来……"几天以后，克莱尔·蒙特又写了一封信："如果你要动身去意大利，意大利？天知道那是一个什么鬼地方。那我该怎么办，我怎么抑制想要和你相遇的心。亲爱的先生，为了你，现在我什么都可以付出；倘若你觉得无聊，我会向你提供娱乐，你爱怎么样都可以，我一点也不会反对。你愿意和我待一个晚上吗？我现在就急着想要你的答复。"拜伦读完信之后，想了一想便答应了。是啊，为什么不答应呢？那姑娘正值妙龄，又有一副婉转动听的嗓子。她的嗓子也许可以缓解拜伦因安娜贝拉而受的伤害吧，他现在需要这种激情疗伤，那天晚上后这件事就匆匆匆了结了。拜伦的行李也准备得差不多了，坐上他那辆仿造拿破仑皇帝的富丽堂皇的马车上路了。新的旅途也不会孤单的，随他而行的还有他的小伙伴弗莱查和曾经在爱丁堡学医的年轻医生约翰·威廉·波里托里。波里托里总把自己看作一个出彩的作家，当得知墨瑞夫人愿意出五百英镑买他的旅行日记手稿时，他就迫不及待地准备了一个厚厚的笔记本。最后的几天，波里托里几乎都待在拜伦在皮卡迪利坪的房子。住在那里的还有音乐家艾萨克·内森，他是犹太人，拜伦曾经为他写过《希伯来歌曲》。亨特和拜伦的好友霍布豪斯也常常来，善解人意的金奈尔德还给拜伦带来了一块蛋糕和两瓶香槟酒，供他路上享用。几位好友在皮卡迪利坪同拜伦一起非常开心。有趣的是他们都喜欢在波里托里说话的时候插上两句，因为波里托里实在是太爱吹牛了，令人难以忍受。他不停地谈着自己将要写的日记和已经创作的三部曲。霍布豪斯非常不赞成拜伦带着"波里洋娃娃"出行，他告诉拜伦他不相信波里托里这个外国医生。

在拜伦动身之前，他的朋友都来为他送别，馈赠礼物，欢乐愉快的气氛掩盖了即将离别的忧伤。出发前两天，拜伦签署了同安娜贝拉分居的协议，还在契约的空白处留下了四行诗：

> 一年前的你柔情似水，信誓旦旦！
> 爱你，敬你这些词，
> 是你许下的承诺；
> 看，现在就是这些誓言、这些承诺的真正价值。

4月24日清晨，天刚蒙蒙亮，拜伦一行人离开了那座房子。就在一年前他还以为这座房子宣布着他漫游生活的结束，而现在他又将踏上新的旅途。一群游手好闲的人在拜伦的门前观察着这辆四轮马车，拜伦和斯克鲁普·戴维斯一起乘上马车，波里托里和霍布豪斯随即乘上另一辆。本来想从法国走过，但是当地的政府不准他们通行，因为觉得拜伦的政治见解十分危险。无奈，他们一行人不得不绕道多佛、奥斯坦、比利时到瑞士去。刚一离开伦敦，波里托里就开始疯狂地写着旅行笔记，"一望无垠的平原上，长着色彩迥异的谷物，真是美极了……泰晤士河波涛汹涌，浪花载着无数的船只驶向彼岸，河岸上有许许多多美不胜收的景色……"霍布豪斯则一个人默默地蜷缩在自己的角落。等到了多佛，弗莱查加入了他们的队伍。一上车，他就激动地告诉拜伦，他们走之后，地产经纪人就闯进来，抢走了所有的东西，就连那个被驯服的可爱小松鼠都不放过。

船要到第二天才起航，为了打发时光，拜伦向他的伙伴们提议去凭吊查尔斯·丘吉尔，那个人曾是独步一时的彗星。一位年老的教堂牧师将他们领到了墓前。坟上有一块石头，周围长满了杂草。牧师坦率地告诉他们他根本就不知道埋在那儿的是谁，说他在担任教堂司事之前，这个人就死了。至于墓地为什么会变成这样，他自己也不清楚。老牧师的回答带有《哈姆雷特》中掘墓人的口气，他的声音令拜伦着迷，使他陷入了美妙回忆当中。拜伦情不自禁地开始思考名誉，思考一切事物的末日。接下来他做的一切让周围的人目瞪口呆，拜伦居然四肢伸直地躺在墓前的草坪上，没人知道他为什么这样做。那天晚上，是他们在英国的最后一个晚上，一行人聆听着波里托里朗读着他自己创作的一部悲剧。而霍布豪斯和戴维斯却听得捧腹大笑，不清楚的人还以为他们在讲笑话。波里托里对这些举动感到有些生气，为了安慰他，拜伦重新庄重亲切地朗读其中最精彩的段落。

多佛的人对拜伦存在着极大的好奇心，许多人为了看他一眼居然乔装成侍女在他投宿的旅社走廊上观望。第二天拜伦正在自己的房间给托马·穆尔写一首告别诗，信还没写好船长就已经等得不耐烦了，甚至连一贯沉着冷静的戴维斯也变得有些焦躁不安。拜伦只好作罢，挽着霍布豪斯的手一瘸一拐地沿着码头走了过去。临行之前拜伦将一个小的包裹递给了霍布豪斯让他转交给埃芬斯顿小姐，里面装着一本漂亮的维吉尔的诗——这本书是拜伦曾经在哈罗公学读书时获得的奖品。他请霍布豪斯告诉埃芬斯顿，假如拜伦娶她做妻子现在也就不会落得流落异国的结局了。出发的喧闹和慌乱支撑着拜伦上了船，到船上，拜伦就显得有些忧伤与不舍。九点已过，舷梯收了进去，船就要起航了。这时的霍布豪斯跑到栈桥的尽头，顶着海上吹的大风，向拜伦挥手告别，拜伦也站在甲板上向他挥舞着自己的帽子。霍布豪斯默默地祈祷："上帝啊，请赐福于拜伦。这个善良勇敢的男人。"这一分别不知道多久才能相见。

第二十五章　一颗流血的心

现在的拜伦和他写的恰尔德·哈罗德是一样的，流亡成了他们共同的特征。和安娜贝拉的分居让拜伦无法释怀，他的脑海里缠绕的全是失败和耻辱。现在的拜伦已经是英国的敌人，心中的仇恨让他备受煎熬，种种纠结像地狱的烈火一般折磨着他。拜伦恨不得找一个地方躲起来，远离世间的喧闹。他需要安静，需要寂寞，这样他才能好好地给自己疗伤。1816 年 4 月的拜伦是狼狈的，几乎失去了一切，什么也算不上，徒留一颗痴情、悲伤的心。

可他的灵魂并非世人所见的那样，他有能力再次成为自己，再次变成哈罗德。表面上拜伦是个英国绅士，轻松地和"波里洋娃娃"医生一起享受着旅行中所发生的事情，但他的内心不止于此，他的思想在翻滚着，等待新的时期去爆发。旅途第一站就是奥斯坦德，在那里他的春心又一次荡漾，他爱上了旅馆的侍女，就像他的父亲那样。那个侍女能够让拜伦想起往事，往事让他更容易感动，比眼前更容易打动他的心。而波里托里心里装着的就只有墨瑞夫人的五百英镑，孜孜不倦地在笔记本上记着旅途中所经历的一切，"有人喝着咖啡，一些人则读着《泰晤士报》，一直到了 23 日……在泉水区的太太们个个都风姿绰约，妖娆不已。见不到滑铁卢拜伦是不会甘心的，他倒要看一看拿破仑是怎么在这里战败的。"

他们雇了一辆马车去滑铁卢，不幸的是由于车轮固执地不愿意打转，他们的马车抛锚了。拜伦只好下车来，倚靠在医生的手臂上，一瘸一拐地走到昔日的战场，寻找为战争牺牲的残骸。正好，一位庄稼人卖给了他们一匹马，拜伦一跃而上，骑着马儿在战场中浏览。已经到了花儿盛开的季节，农民也开始辛勤劳作，田野一片生机盎然的样子。拜伦在马背上沉思着，就是这样一个普通的场地竟然摧毁了一个伟大的事业，所有的荣誉仿佛一声叹息很快就消失了。得到的和失去的不过是一个毫无价值的世界罢了，但是智慧却不会轻易地消失，尽管它可能存在于沉默和蔑视当中。不过对于一颗跳动的心脏来讲，寂静就是地狱。在拿破仑征服大陆以后，拜伦为了歌颂他的战功，便写了《恰尔德·哈罗德》。人们的行动从未停止过，就为满足心中的狂热，他们征战了每一条路，却还是填不满心中的空虚，既然这样，行动还有什么意义呢？

他们绕道默兹和莱茵河流域前往瑞士的路上，拜伦富丽堂皇的马车吸引了一路的乞丐。他们称呼拜伦为将军或是国王，就是想让他给他们一个便士。听着他们这样称呼自己，拜伦满心欢喜，同时也满足了他同伴的虚荣心。波里托里仍旧仔仔细细地写着沿途的笔记，拜伦对他的照顾让他感到十分惬意，因为波里托里深深地觉得他们之间是平等的。接着这个"波里洋娃娃"对拜伦说他到底有哪些是不如他的。拜伦告诉他，"我有三件事可以做到，但是你不能。"波里让他说出是哪三件事。"第一，我能够横渡那条河；第二，还能够在距二十步的地方吹熄蜡烛；第三，我写了一首诗，一天就卖出了一万四千本。"

在接下来的旅途中，无论走到哪里他们都可以看见与拿破仑有关的东西。比如，一条河，一座纪念碑，甚至一条公路。拜伦还发现了一件令他高兴的事，虽然只是一个巧合，就是大建筑上面都刻着"N.B"，他就会解读成诺埃尔·拜伦。

莱茵河沿途的风景真的让人目不暇接，岩石上矗立着威严的城堡，葱郁的山坡上挂着一串串紫盈盈的葡萄。这些美景固然好，可是一人欣赏实在是可惜，拜伦心中默默地想起了奥古斯塔的名字，要是可以和姐姐共游莱茵河是多么幸福的事情啊。想到这，拜伦展开信纸，含情脉脉地开始给他亲爱的奥古斯塔写信，还捎带了一首诗，"亲爱的姐姐要是你能够同我一起欣赏这美妙的景色该是多么的好啊，你不知道我一定会欣喜若狂的……"为了给信封增添一些浪漫的色彩，拜伦还找了一些晒干的花放在信封中。可是他心中明白纵使这样他和奥古斯塔已经回不去从前了，他们之间的距离越来越远了。

瑞士人曾经在默拉特战场上击败了查尔斯·布甘迪公爵。拜伦和他的伙伴们乘着马车穿过了这个场地。战场上仍旧有很多的残骸。于是拜伦为墨瑞夫人买了一些，就当作是旅途中的小礼物吧。到了1816年5月25日，他们一行人终于到了日内瓦湖，下榻于赛切龙的戴让旅馆。入住旅馆前游客们必须登记自己的年龄，拜伦写了100岁。

　　就在几天以前，拜伦在英国最后一位情妇克莱尔·蒙特入住了这个旅馆。随她而行的还有她的姐姐玛丽·葛德汶和一个年轻的小伙子波西·比希·雪莱。他就是一直备受瞩目的《麦布女王》的作者，他漂亮、腼腆，刚刚21岁，早就和自己的妻子分居，抚养着玛丽的两个女儿。

　　拜伦和雪莱很快就打得火热。他们有很多相同的思想和兴趣。比如，他们都赞成对方的政治观点，认为滑铁卢战役开启了充满仇恨的反动时代。雪莱租了一条船，每天傍晚波里托里和那两位年轻的女士就泛舟于湖上。虽然拜伦的心里仍然充斥着一些哀伤，但是一到了湖面上就被宁静和安谧所感化了。朦胧的山峦和天上的繁星把拜伦的忧愁带走了。有一天因为水流湍急，浪涛逼人，激起了拜伦的热情，于是他兴致勃勃地对大家说："我给你们唱一首阿尔巴尼亚歌曲吧，你们一定得全神贯注地听啊。"于是拜伦惟妙惟肖地模仿了阿尔巴尼亚山里人的样子。

　　那天晚上，克莱尔和玛丽给拜伦起了个绰号"阿尔巴"，从此，这个绰号就一直留在那个小团体中。可是，拜伦却不愿意和他们起哄，只是更喜欢倚在船舷的一侧，看着湖水发呆，一言不发。有的时候他们会上岸去，健步如飞的雪莱不会放慢脚步，很快就同两个女人一起跑到前面去了，而拜伦拖着跛脚，远远地落在后面，无奈的他只能倚在自己的手杖上，自己默默地朗读着诗文。

　　两个星期以后雪莱夫妇在湖的对岸租了一间农舍，而拜伦挨着他们，在上面租了一套狄沃达蒂别墅。别墅已经有些年头，坐落于半山腰，能够俯瞰下面的草坪和葡萄园，环境十分优美。

　　在狄沃达蒂别墅的生活拜伦很快就适应了，一天的生活也十分有规律：很晚才吃早餐——拜访雪莱夫妇——到湖边去——五点钟吃晚餐——接着，如果气候允许的话，他会再到下面的船上去。如果天公不作美的话，雪莱夫妇就会到拜伦的房间和他一起共度黄昏，甚至还会一起过夜。这样的日子都使得玛丽能够记住拜伦和雪莱的声音，一个浑厚得像音乐，一个急躁而尖锐。根本不会有片刻安静的时候，一个声音的消失就会伴随另一种声音的响起。

　　在拜伦和雪莱认识的开始，他有点小瞧雪莱。因为雪莱是克莱尔的朋友，而拜伦对克莱尔有些不屑更不爱她。相处了一段时间以后，拜伦就打心底里对雪莱的智慧钦佩不已，他认为就连霍布豪斯和马修斯的智慧都不及雪莱。拜伦喜欢和雪莱一起探讨有关宇宙的问题，而雪莱往往可以用别具一格且令人满意的方法来回答这些问题。拜伦告诉雪莱，他想知道到底是谁创造了世界，是魔鬼还是上帝呢？雪莱认为世界并不是上帝或者是魔鬼创造的，人们这样说只是迫于某种趋势而已，从这一点上，拜伦就发现雪莱是一个无神论者。纯洁的人看待任何事物都是纯洁的。邪恶的确存在，但邪恶本不是自然界的产物，它只是产生于人类的心中，是人类心中丑恶的反应，他们贯穿于整个社会的始终。在雪莱的眼中，美是自然界的唯一和谐的产物，它常常隐藏于每个事物的当中；夜晚浩瀚的繁星，以及女人眼中荧光闪闪的秋波。

拜伦绝不是玄学家，但是听雪莱用那尖锐的声音描述对爱情的观点时，他觉得有点好笑。轮到拜伦讲的时候，他提出了更加黑暗的理论。在拜伦心里，邪恶的确是存在的，并且邪恶就是一种罪过。在拜伦的灵魂深处，仿佛纠结于一些因果循环，他钟情和尊重一些女人，但是却常常给她们带去痛苦和灾难。男人的思想可能在某些方面比女人还要复杂，可是雪莱不明白这一点，他的思想过于纯洁。可能和他的经历也有关，因为他还太年轻，他不懂男人，更不懂女人。拜伦经历的这些已经让他的思想成型了，即使感情带来五彩缤纷的雾霭也遮不住他那双眼睛。拜伦知道在这个世界上，人性本恶。并不像是雪莱所说的那样，处处都存在着美丽。但是在政治上他和雪莱的某些看法还是相同的，比如，他们都希望人民可以得到解放和自由，但是解放人民并不是一蹴而就的事情，一些花言巧语不可能真正给人民带来自由。真正的解放伴随着英雄英勇和果断的战略。雪莱和拜伦对社会的看法是不同的。雪莱不了解现实社会，他的理想和现实已经脱节了，他是一个彻底的理想主义者，甚至还有一点点的愤世嫉俗。而拜伦则是一个现实主义者，因为他刚刚从被自己征服过的国家逃出来，并且对现实有着深刻的感悟。所以拜伦常常写道，"我从来不爱这个世界，而这个世界也从来不爱我。"从生活方面来说，生活是每天都必须面对的问题。对于雪莱而言，善的力量一直支配着他的内心，赋予他强大的力量，使他可以远离世间的一切斗争。拜伦的斗争又是什么呢？是他同自己做斗争。他的灵魂中常常被很多个自己支配，各自都有不同的理论，各自都持有对现实不同的看法，斗争经常让拜伦的内心感到震动。严酷的命运曾让拜伦采取各种行动去应对，他始终相信，命运是存在的，并不是人捏造的，所以宇宙根本不可能由人类创造出来。神和恶魔的力量笼罩在世界上空，没人可以完全挣脱。然而雪莱却相信人类可以创造世界，所以他在旅馆登记簿上，在自己名字的后面加上了无神论者。拜伦看到了就觉得好笑，在他眼中造物主的确存在，但是创造的世界简直是糟糕透顶。他们每天就这样讨论着自己的问题。拜伦欣赏雪莱高尚的品德，但是却因为他误解自己真正的问题而感到有些烦恼。雪莱也对拜伦有所抱怨，常常对玛丽说拜伦的思想还残余了上流社会的色彩。可是尽管出现了分歧，拜伦和雪莱还是难分难舍，以至于波里洋娃娃都十分嫉妒他们之间的关系。这位身材矮小的医生终于无法忍受自己的好朋友叫他人勾走，开始向拜伦发起牢骚。而拜伦异乎寻常地忍受着他的小脾气，亲切地称他为"小孩子"，甚至觉得自己大部分时间都花在哄这位医生上面了。

　　六月初的一天，由于波里托里的脚受伤了，拜伦和雪莱就有了单独相处的时光，这让他们觉得倍感幸运。虽然两人的生活习惯不同，但还是可以在某个下午愉快地进行交谈。雪莱的作息时间很健康，每天早上他都起得很早，然后沿着山间的小径疾走；而拜伦则要到中午才会起床，也不喜欢散步。但是，他俩总会在《埃卢瓦斯报》所描绘的景色中一起默契地朗读这份报纸，两个人都对锡雍古堡有着浓烈的兴趣。雪莱写道："这个遗迹充斥着恐怖和残暴。让人觉得不寒而栗，但是人们却不反对这种暴政。"拜伦像小孩子一样在曾经囚禁过庞尼瓦的地狱里刻上了自己的名字。在那里，他们认真地听了关于暴君的暴行以及受到暴君摧残的百姓的故事后，有感而发，于是分别写出了不同的诗句。拜伦写了一首名叫《锡雍的囚徒》，而雪莱则赋了《思想美的赞美诗》。由于这段时间的所见所闻十分丰富，拜伦给自己的书《恰尔德·哈罗德》增写了许多诗节。一些诗节是关于卢梭和克莱伦斯的，另一些是关于吉本的洛桑和伏尔泰的费尼的。拜伦在写完最后一行字后，便站在吉本花园的一棵阿拉伯树下，凝视着布朗峰，顺手拉下了一根枝条，静静地思索着。

　　雪莱和拜伦漫游的这段时间里，雪莱对拜伦的影响很大。曾经的拜伦是不愿意听华兹华斯的诗歌的，但是在雪莱的推荐下拜伦对此产生了一点兴趣，也许和当时湖面上波光粼粼的水也有关系吧，它慰藉着拜伦的心。拜伦能在诗中辨认出和雪莱一样的泛神论的爱。也许是诗歌的影响，他的创作有了变化和创新，一个新的主题诞生了。空虚曾是拜伦诗歌的主旋律，不过现在终于穿插了几缕温柔的曲调。在这片静谧的湖水当中，拜伦仿佛看见了巍峨的山峦，周围的一切都让拜伦的心情归于平静。曾经的他认为幸福是不可能的，现在看来，也许在孤寂和自然这两者之中，就存在着幸福的秘密。

　　　　孤独一人，为了大地而爱大地，

这样是不是更好些?

我们欣赏笔直的罗纳河上蔚蓝色的波浪,

或那哺育它的清澈的湖面,

湖水喂养着罗纳河, 宛如一位母亲

照料着美丽而倔强的孩子,

吻着它醒来后的喧哗声, ——

我们的生命如此消逝, 而不去加入

注定给人以痛苦或煎熬的众生……

　　诗的形式仍如以往, 轮廓鲜明, 句子严谨, 但是没有华兹华斯缓慢而流畅的形式。那个刺耳、迫切的声音已在拜伦的头脑中勾画出了属于雪莱的痕迹。在傍晚的时候, 世间万物都沉沉地睡去。拜伦喜欢独自欣赏黑夜的美景。他遥望着天空, 看着满天闪烁的繁星, 就像是晶莹的钻石点亮黑夜的双眼, 湖水倒映层层叠叠的山峦, 包容了一切强大的力量。拜伦的心被这一切美丽所感动了, 甚至会扑通扑通地跳得很厉害。难道他真的沉溺于美景当中? 不, 他可是一个伟大的自我主义者。不过这次旅途中如画一般的美景, 使拜伦暂时获得了一些安逸的情绪, 能够让他幻觉中的人物再次复活。

　　其实生活就是那么的简单, 即兴的享受大自然带来的美就是生活。此时的拜伦却突然想起了皮卡迪里坪, 不在跟前的人像幽灵一样萦绕着他。玛丽·安思莱、奥古斯塔、安娜贝拉就像一尺白绫将拜伦勒住, 使他不能呼吸。拜伦回忆起了厄运中的一系列事情, 于是写了一首关于自己童年爱情的长诗《梦》和《献给奥古斯塔的诗章》。遥远的海的那一边, 奥古斯塔的情况又怎样呢? 拜伦对此一无所知。窗口下面银色的水面使他想起了纽斯台德的湖。在那芦苇环绕的湖岸上, 他曾幸福地同她在一起。拜伦给她写着感情真挚的信, "奥古斯塔, 请你不要不安, 不要怪罪自己。如果你确实感到悔恨的话, 就恨我吧, 就讨厌我吧。但是如果我知道你跟自己过不去的话, 我真的会感到痛不欲生。亲爱的姐姐, 我们两个是这个世界上最不应该憎恨对方的人啊。"在另一封信上拜伦又写道, "我做过的最愚蠢的事情就是结婚。如果我不结婚的话, 或许我们两个就可以长相厮守了。我俩本来会像老处女和单身汉一样热恋着, 那么专一和幸福。芸芸众生我再也找不到像你一样的人, 你或许也遇不到我这样的人了。我们出现在这个世界上就是为了找到彼此，然后一起生活。但是残酷的现实却将你我分离，让我痛苦地离开我爱的人和唯一爱我的人。此刻的我多么希望你是一位修女，我是一位修士，那该有多好！我们也许会隔着门窗的格栅交谈，而不会隔着重洋。无论怎样你都要相信我的心和身都全部属于你。"

可是奥古斯塔对信几乎没有什么反应，只是回了一封令人烦闷的信给拜伦。信上说她常常见到安娜贝拉，并且安娜贝拉待她十分地客气。拜伦觉得难以置信，这怎么可能。安娜贝拉在他象征性的美术画廊中只是一个无情的配偶。拜伦这么说并不是没有道理，因为曾经在他去拜访斯丹尔夫人的时候就明白了。斯丹尔力图使他们和好，并且让拜伦写信给他的妻子，但是这些都无济于事，安娜贝拉的冷酷彻底地击碎了拜伦的心，那颗曾经犹如苏格兰高地连队的士兵脚后跟一样坚硬的心。拜伦感到自己浑身乏力，仿佛是遭到了大象的碾压。是的，她是拜伦的妻子，并且有权责备他所做的一切。但是他的妻子不应该抛弃他啊，正所谓一日夫妻百日恩，好歹也要把拜伦当作自己的丈夫，而不是说抛弃就抛弃。尽管拜伦现在没有力量去报仇，但是不代表以后没有，他始终相信命运女神是站在他身边的，肯定会为他复仇。拜伦预言，"总有一天安娜贝拉会遭到复仇女神的报复的，因为她实在是不把婚姻当作一回事。"

拜伦十分喜欢拜访斯丹尔夫人家，那是他同外界生活的唯一联系。对于斯丹尔夫人的城堡，拜伦十分羡慕，沉溺于城堡周围的一草一木。城堡两边各有一座小塔楼，塔楼的前面就是充满浪漫气息的花园。拜伦常常在里边浏览，发现城堡里还有瀑布和深谷。唯一煞风景的是，有时他会遇到英国客人，这些客人看他就仿佛是看到魔鬼一般。甚至是斯丹尔夫人也批评过拜伦，"你这么做真的是没有脑子，你不该向社会宣战，你想打倒社会凭你一己之力根本就是痴心妄想。我年轻的时候就尝试过，结果也是失败。"拜伦的落魄结果证明了她说的话是对的。拜伦还从斯丹尔夫人那儿获悉，卡洛琳·兰姆在5月10日发表了一部以他为主角的小说，题为《格尔那封》。小说的第二版写入了引自《海盗》的墓志铭：

他留下一个名字，一个能留给后代的名字，

它与一种美德和无数的罪行联在一起。

卡洛琳夫人的书主要讲述了她自己的生活，甚至把拜伦和他妻子关系破裂时给她写的信都公之于众，小说的结尾是格尔纳葬身鱼腹之中。但是这部作品在拜伦的眼中看来真的是冗长乏味，他耐着性子才将书读完。但是卡洛琳不一样，她十分想要得到拜伦的认可，因此不断地问拜伦对自己作品的看法。对此，拜伦写了几行诙谐的小诗，来发表他的意见："我也拜读了卡洛琳·兰姆的著作《格尔那封》——该死！"他接着说，"至于相像与否，画像不可能是好的——我坐得不够长久。"

每天他都和情妇克莱尔相约在达沃帝别墅，第二天天亮才会离开，她穿过葡萄园，回到雪莱的宅邸。克莱尔十分爱拜伦，还为他工作。帮他抄写《锡雍的囚徒》及《恰尔德·哈罗德》新的诗章。可是在拜伦眼中她就是一个出身低贱、寡廉鲜耻的女人。这段时间的相处让克莱尔郁郁寡欢，因为她怀上了拜伦的孩子。也许是这样，她有时情绪会反复无常，甚至会扑到拜伦的身上嘤嘤哭泣，这种举动使拜伦感到十分厌恶。有孩子又怎样，他会负责的，会把孩子养大但是他不想再见到孩子的母亲。

每次拜伦用轻蔑鄙视的口吻向雪莱谈起克莱尔时，雪莱都觉得难以忍受，因为他对待克莱尔就像是自己的亲妹妹一样。尽管这样，拜伦仍旧十分钦佩这位诗人，因为雪莱有着令他钦佩的才华，拜伦为他机敏的天赋而感到震惊。可是雪莱还是经常让拜伦感到不安，有时还令人恼怒。虽然从理论上来说，拜伦是一个思想开通的人，但是他十分看重门第，之所以雪莱和拜伦可以成为朋友，是因为雪莱的出身还是不错的，是男爵的后裔。并且雪莱的举止也非常有男爵的气度。可是雪莱和拜伦对待女人的态度不一样。雪莱对待女人总是温柔可亲，而拜伦正好相反，他对待女人则是持着一种超然态度。所以这就是拜伦厌烦雪莱的原因之一，使拜伦不得不怀疑雪莱到底是怎样一个人，心地是否真的善良纯洁。

霍布豪斯和克鲁普·戴维斯捎信来说，他们即将到来。拜伦想到马上可以见到好友就兴奋不已。他可以听戴维斯结结巴巴地说话，可以和他们畅聊在金奈尔德家的夜晚，可以忘掉华兹华斯的爱情泛神论，他整个人都快要沸腾起来。在8月29日的时候，雪莱带着克莱尔走了。对于此事拜伦觉得自己也没有办法，他写信给奥古斯塔说，"亲爱的姐姐，请你不要责备我，我又有什么办法呢？对她我真的什么都做了，可是她就是打死也要跟着我。后来我可谓是想尽了办法才将她说服离开。我真的是不想这种事发生的啊，不过还好现在终于结束了。你也知道，我从来就没有特别痴狂地爱过谁，现在也不会对任何人产生爱慕。但是面对她的诱惑我又不能完全地扮演禁欲主义者啊。不过现在好了，事情结束了。"

第二十六章　友谊的使者

　　霍布豪斯和戴维斯在 8 月底到达了。好朋友们果然还是想念拜伦的，为他带来了好多英国的小礼物，比如氧化镁啊，内藏刀剑的手杖以及韦特先生的红色牙粉，这些都是拜伦写信让他们带的。这段时间，拜伦的生活也过得十分的惬意，所以在离开英国时，那泛黄的脸色已经消失了，现在的脸色还是挺健康的。心情也随着日子渐渐变得安静，他的行为举动也安静得出奇。这只是拜伦的掩饰，其实他的内心还是燃烧着愤怒的火焰，只是他学会了控制。霍布豪斯和戴维斯看到现在的拜伦十分满意，因为他们的好朋友现在的生活看起来还是不错的，没有受到什么委屈。霍布豪斯告诉拜伦，现在伦敦还有他的谣传，说他诱奸了鲁巴斯的一位女员工，并且还和自己的姐姐有染，让奥古斯塔扮成女仆和他一起同居。不过霍布豪斯笑着对拜伦说，"通过我的观察，现在你的生活已经达到了贞洁的顶峰啊。"并且后来霍布豪斯还给奥古斯塔写了一封平安信，"尊敬的利夫人，你的弟弟生活现在还算稳定，并且比较健康。生活也比在英国时守规矩多了，不冒犯上帝，也不再得罪男人和女人了。特别是他的健康，他不再很晚睡觉，也不再滥饮白兰地，只是喝很多的氧化镁，但是对苏打水的狂热倒是少了许多。你不要再为他担心啦。"霍布豪斯希望可以游览当地的名胜古迹。波里托里计划着去夏蒙尼和勃朗峰，但是因为脚的问题拜伦攀越冰山非常有困难，于是就在蒙大凡尔的旅馆下榻，在写登记表的时候，拜伦无意间发现了雪莱的名字，在他的名字后面还写着"无神论者和哲学家。"拜伦觉得有些好笑，于是就擦掉了后面的字。归去的途中，拜伦带着自己的朋友们去了科佩，把他们介绍给了斯丹尔夫人、邦斯特顿和施莱格尔。霍布豪斯非常高兴可以见到斯丹尔夫人，因为他最近在读一本名叫《阿多尔夫》的书籍，在书里边他发现了几句斯丹尔夫人所写的话，"这些句子的光，宛如在干枯树叶中的萤火虫，只衬托出它们周围的枯燥。"是的，斯丹尔夫人的句子让霍布豪斯非常着迷。

而后拜伦将《恰尔德·哈罗德》第三章的手稿交给了他的朋友们。并不是很了解雪莱的霍布豪斯大吃一惊，说道：真的很不错啊，不过在这一章里边我读到了一些玄学的味道，跟第一和第二章不是很相同，我不知道自己会不会喜欢这一章胜过前两章。拜伦本来为他的外甥女和女儿准备了一些镶有宝石和玛瑙的水晶项链，但是这些都被第一个离开的人戴维斯带走了，拜伦想托戴维斯把这些东西给艾达。在拜伦的一生中有无数美好的创造品，但是他的女儿艾达可以说是他最完美的创造品，这位小姑娘虽然弱小但是有极度的想象力。可是拜伦也只见过艾达两次而已，所以他希望通过一些物质上的东西去弥补她。没有多久波里托里也被打发走了，霍布豪斯对此还是感到十分高兴的，他势必要和拜伦一同住在狄达沃蒂，并且要领略完这边所有的风景名胜。

牧场里草木茂盛，牛儿摇着自己的尾巴，那脆生生的铃铛声让整个世界都变得欢快起来。放牧人站在高高的山头上，嘴里哼着小曲儿。拜伦欣赏着这一幅美景，就像是回到了童年在苏格兰度过的假日一般，简直就像是一场美妙的梦。情不自禁地对霍布豪斯说："你不觉得现在的一切就像是梦幻中的仙境吗？辉煌和荒凉交织在一起，完全超脱了现实，这实在是太美了。"远处的冰山闪着盈盈的寒光，瀑布一泻千里，熠熠闪光。拜伦一边欣赏着这些奇观，一边想着自己的姐姐，并且不停歇地给她写着日记。他决定要为奥古斯塔记下每天的旅程，"昨天是 1816 年 9 月 17 日，我和霍布豪斯出发去旅游了。我们一同去了牧场，去感受那里的美景，那些美景非常让我们震撼。这里的牧场远远地高过了英国的任何一座山峰。牧羊人吹着芦笛，悠扬的曲声响遍了天涯。牧场的周围是悬崖绝壁，仿佛是与世隔绝的美景，牧人高声地呼喊我们的名字，带我们走进仙境当中。这次的旅游让我领会到了一直向往的田园风光，干净，没有一点污垢和瑕疵。最近我的生活真的有了很大的变化，慢慢地越来越靠近自然了。后来牧人与我们告别，我就和霍布豪斯下榻了当地的旅馆。搞笑的是霍布豪斯进门时把头撞在了门栏上，不开心地抱怨着门做得不好。随后我们就各自休息了，临睡前我还看了一本书，席勒作品的法译本。最最亲爱的奥古斯塔，晚安吧，我想你。"

接着拜伦的日记本上又写出了另外一篇纪事，"9 月 29 日，这次旅途的天气十分的好，亲爱的奥古斯塔你不知道，霍布豪斯可谓是一个无微不至的朋友，他对我总是十分的体贴。和他旅行真是令人高兴的事情。可是你不明白，无论是牧人的音乐，还是雪山的风光，或是山川、树林、激流都没能缓解我心中的压力，仅仅让我觉得它们是美景而已。我的忧愁和负担到底从何而来，又怎样才能消除，我真的无从所知啊。什么都挽救不了我失去荣誉的那颗潦倒的心。"

后来，马修斯到拜伦的旅馆中去拜访他。还给拜伦翻译了歌德的《浮士德》中的一些片段。这部书的内容深深地打动了拜伦的心，讲的是关于宇宙的一些古老问题。比如说和魔鬼签订了契约，代价是失去了玛格丽特。这些故事让拜伦联想到了自己的经历，好比和安娜贝拉结婚，最后却失去了奥古斯塔。但是拜伦觉得这本书并不能堪称完美，因为他觉得悲剧的成分太少了。假如是他创造浮士德的话，他要把故事描绘得更加悲惨。因为拜伦从不害怕魔鬼，他能做到的就是藐视幽灵，藐视死神。想要创作出好的艺术品，那么就必须有一块肥沃的土地。拜伦身上不缺少孕育诗歌作品的土壤。他的内心交织了太多的感情，恐怖、爱恋、憎恨仿佛是炙热的焰火把拜伦一次又一次地逼上了绝路，他的灵感需要一根导火索去引爆，恰恰浮士德和阿尔卑斯山震动了拜伦，拜伦开始创作属于自己的作品《曼弗瑞德》。拜伦在旅途中完成这部作品的前两幕。他将为奥古斯塔记的日记中某些描写景色的部分进行了改编，用来作为话剧的片段。里面蕴含了拜伦的所见所闻。旅途中美丽的风景，同猎人相会，以及牧人悠扬的笛声都插入了话剧当中，并且还有很多令人心碎的海誓山盟。故事的内容大概是这样的：曼弗瑞德是阿尔卑斯山上一座封建城镇的领主。喜欢练习魔术，是一个聪明博学的人。可是后来他犯下了一个滔天大罪以至于失去了自己最心爱的人阿丝塔特，他感到十分的后悔，以及惋惜，心灵备受折磨。于是他不顾一切地召唤来了地灵、海灵、空气之灵、夜灵、山灵和风灵。这些神灵问曼弗瑞德，"你这个平凡的人，你到底想要得到什么啊。""忘却我心中的一切……"曼弗瑞德这样回答。是的他想要忘却所有，因为由于自己的所作所为使他失去了心爱的人。但是他诅咒另一个女人，那个让他生不如死，让他丢掉过去快乐生活的女人，她该遭天打雷劈，不得好死。其实这本书主人公的原型就是拜伦自己，而那个阿丝塔特就是奥古斯塔，要诅咒的女人当然是安娜贝拉。拜伦想要读者明白他内心燃烧的熊熊烈火，想从作品中去抒发自己压抑已久的感情。

这就是拜伦心中的秘密，通过写这部话剧他呐喊出了心中隐藏的痛苦。每一天每一刻他都强颜欢笑，不着痕迹地掩饰着自己心中的伤痛。现在的拜伦是多么的无奈啊，就像曼弗瑞德最后怎样都再也唤不醒亲爱的阿丝塔特，拜伦也再也无法回到奥古斯塔的身边了。随着时间的推移，姐姐在他心目中的印象变得越来越模糊，只是静静地伫立在他的回忆当中，一言不发，冷冷地看着他，曼弗瑞德和拜伦都绝望了。心中的怒火与不快终于像奔涌的河水，一泻而出。拜伦并没有着急写第三幕，他同霍布豪斯一起回到了狄沃达蒂。对拜伦来说周遭的环境已经失去了它的魅力，现在他的脑海里，全部都是自己创作的话剧中的情景。

拜伦无法知道，在他走了以后，奥古斯塔和安娜贝拉之间到底发生了什么事情。曾经的安娜贝拉深爱着拜伦，可是现在却对他恨之入骨，她想马上就可以和律师联系以便处理他们之间的关系。婚姻生活对于安娜贝拉来说已经结束，所以她回到乡下，陪伴小艾达。奥古斯塔在拜伦动身之前去找过安娜贝拉，那次之后拜伦的姐姐就变得非常沉默，就像一个将死之人似的，令拜伦感到不寒而栗。此时的安娜贝拉还在犹豫到底怎样处理他们之间的关系才算合理，她是一个十分有良心的女人，并且心中的道德观念十分强烈。该怎样对待奥古斯塔呢？所有的问题都使她十分烦恼。假如在安娜贝拉抚养女儿的期间起诉拜伦的话，她控告拜伦的最严重的理由就会站不住脚。还是应该遵从律师的愿望，将拜伦看作自己的仇人？但是这样做的话，无疑是让外面疯传的谣言显得更加的真实，并且以后奥古斯塔很难在英国待下去。安娜贝拉并不想折磨他的姐姐，作为一个虔诚的基督教徒，她觉得自己有责任去拯救奥古斯塔，将她从地狱中引领出来。唯一可以使拜伦和他的姐姐减轻罪行的办法就是将他们分开，只有不再见面，才会让那罪恶的感情被时间慢慢消散，这样他们两个的罪孽就会逐渐消失，灵魂才会得到应有的救赎。虽然安娜贝拉是嫉妒奥古斯塔的，嫉妒她和拜伦那种炽热的爱。在她和拜伦结婚的那一天起，安娜贝拉就觉得自己一直是孤单的，因为她时常会嗅到乱伦的气息。她不停地阻止自己，不要产生这种想法，可是好奇心不断增加。越是这样安娜贝拉就越是想要去揭开这神秘的面纱，纵使这一切都让她心痛不已。可是，她必须抑制，因为她觉得自己肩负重任，必须要将奥古斯塔安排妥当。

后来她终于找到了一位知己乔治·维利埃斯夫人。安娜贝拉将所发生的事情都告诉了这位夫人，她讲的一切使维利埃斯夫人目瞪口呆，但是却十分感兴趣。安娜贝拉请求她支持奥古斯塔来对付外边的流言蜚语。现在所有的人和舆论都朝着安娜贝拉伸出来援助之手，因为在别人眼里她就是一个落难者，一个需要同情的女人，所有人都愿意助她一臂之力。就这样，这两位有着共同道德观念的女人达成了一致，准备拯救奥古斯塔的灵魂。他们觉得要帮助奥古斯塔，首先得让她放下高傲的态度，进行忏悔。奥古斯塔也同意了，因为现在的局势对她来说十分不利，她必须要和自己的姑姑搞好关系，让上流社会看一看，她还是有人支持的。后来安娜贝拉写信给奥古斯塔："亲爱的奥古斯塔，我必须得告诉你，为什么现在的事情会发展成这样，我们都有不可推卸的责任。特别是你的有些行为加速了事态的发展，虽然我想尽力帮你隐瞒，可是这些都无济于事。可是对我来说，我必须要为你负起责任，所以有的时候我不得不限制和你的来往。"这两位自以为善良贞洁的女人，觉得自己做了很了不起的事情，现在她们就等着拜伦姐姐的答复。当然奥古斯塔的回信会显得有些低声下气，因为确实她的行为对社会来说是有违道德的，而且她不想被上流社会的人看不起，"是的，我明白当前的时局对我和弟弟十分不利。现在的我十分需要你们，倘若连你们都对我冷淡的话，我真的不知道该怎么办了。不过只要你们还愿意同我来往，我还是感到很庆幸，即使来往会有所限制。为了我的孩子，我不得不接受你们的怜悯，谢谢你们。——一个再也不值得你们尊重和爱戴的人。"

要彻底完成对奥古斯塔在道德上的缺失的弥补，首先一点就是让她承认自己的错误，坦白自己的过失。进而再让她明白不能够再和拜伦有什么来往。因此她们之间的书信来往十分频繁，不管奥古斯塔是不是愿意，她都开始在信中阐述过去拜伦与她之间的事情。一开始奥古斯塔供认不讳，在拜伦结婚之前，是和弟弟有着非法的关系。不过在拜伦结婚之后，这种关系就被她抑制了，奥古斯塔激动地发誓说这些全部都是事实。接下来，安娜贝拉对奥古斯塔的盘问变得更加仔细，好似在不停地折磨着奥古斯塔。安娜贝拉告诉拜伦的姐姐，说她其实在六哩底做客的第一天，一切事物似乎就都已引起了她的怀疑。而奥古斯塔还以为她一直被蒙在鼓里。

在这件事之后，奥古斯塔的精神就变得不是很正常。1816年7月18日那天，维利埃斯夫人对安娜贝拉说："昨晚我看见了奥古斯塔，觉得她还挺好的，我们谈论着什么绸缎比较好，她的语气也令人舒服，平静温和。看起来她已经完全从这件事中挣脱出来了。可是不一会儿，她就变得愁容满面，心里像是塞满了杂乱的思绪，垂头丧气的。"为什么会这样，可能就是她还深深地爱着拜伦，从没有忘记过他。拜伦还是能轻而易举打破她内心的防线，只要他的弟弟说自己不好，要奥古斯塔去意大利或瑞士陪他的话，也许她还是会答应的。安娜贝拉告诉奥古斯塔，让她不要再想拜伦，因为对拜伦来说，这会让他更痛苦。为了让奥古斯塔相信，安娜贝拉还绘声绘色地描绘了拜伦痛苦的样子。但是这些都没用，奥古斯塔还是想着拜伦，"你真的见过他痛苦的样子？哦！我可怜的弟弟，我从不知道他痛苦的样子。要是我对他有所帮助就好了，可是这是不可能的了……"

为了平复奥古斯塔的心情，安娜贝拉在1816年8月途经伦敦时去看了看她。这次安娜贝拉和以前一样草拟了一系列的问题作为备忘录。并且有一次盘问了奥古斯塔："你觉得自己的所作所为可以被上帝原谅吗？难道你不觉得自己的行为伤害了你的弟弟吗？你是否觉得自己所做的一切都是罪行？"安娜贝拉和奥古斯塔一直在一起度过了9月的上半月，在这一段时间拜伦的姐姐终于做出了让步，让安娜贝拉操纵自己的心灵，任由他人摆布。最后，奥古斯塔给安娜贝拉看了拜伦写的信，并且承诺会用冷漠的口吻来答复这些信。安娜贝拉看完信之后对奥古斯塔说："其实你没有必要断绝和拜伦的书信往来。你要做的是通过这些信来改变你弟弟的感情和某些性格，而不是一味迁就他对你的感情。并且要注意不要再用一些让他会觉得误会的符号了。你也知道拜伦的性格是如此的反复无常，你需要小心点才是，所以不要轻易地断绝你们的联系。"安娜贝拉这个狡猾的女人正在用自己精明的手段，来消磨本来属于奥古斯塔的魅力。

日内瓦的气候正在逐渐转冷，拜伦想尽快离开瑞士。他所居住的房子对面就是塞切隆的湖。那里的英国游客们有着闲情雅致，举着望远镜观察着湖的周围。而拜伦也静静地看着湖面，此刻的他多希望在湖边会有一位穿着裙子的少女来抚慰他心中的忧愁。拜伦觉得自己一直都没有轻松过，心里就像是压了一块大石头。这块石头就是他在英国所产生的仇恨。

10月初，拜伦与霍布豪斯一起离开狄沃达蒂，途经辛普朗到达米兰。令人感动的是弗莱查一直在路上陪着他们。他们乘着六匹马拉的车，一路经过了茂密的松树林和寸草不生的岩石地，最后终于抵达普朗山关之巅。在终年积雪的山峰，他们感到了彻骨的寒意，但是却很快乐。拜伦和霍布豪斯想把自己的名字刻在这里。于是他们就开始找合适的石头刻名字。不过遗憾的是这些岩壁实在是太陡峭了，根本不好刻。所以他们就将自己的名字写在纸条上，然后压在了一块岩石下面。随即他们就慢慢地下山了，最后经过了荒凉的岩石和茂密的松树林，白色的教堂尖塔在山坡上闪着自己纯洁的光芒，拜伦他们已经进入了索拉山谷。

拜伦听说这个地方是危险地带，拿破仑的失败使这个地盘遭到了外国的统治。所以弗莱查接受了拜伦的命令去准备一些枪支和弹药。在这里自由主义者和爱国志士结成了秘密团体。拜伦很喜欢意大利的自由主义者，于是在米兰他很快就和这些人联系上了，并且认识了德·布雷姆侯爵，他曾在尤金·德·博哈纳执政时担任过内政部长。接下来，他又和意大利最著名的诗人西尔维奥·波立柯见了面。拜伦十分喜欢意大利，这个带给他许多惊喜的国家，就连这里的农村妇女都显得很可爱，勇气和爱情使每一张脸看上去都容光焕发。

拜伦和霍布豪斯去了斯卡拉剧院看戏，坐的是布雷姆的包厢。在他的包厢里拜伦还新认识了一位朋友德·别尔先生。这位过去在帝国军需部任职的官员给他们讲了一些令人吃惊的故事。他告诉拜伦和霍布豪斯，"我曾经担任过拿破仑的私人秘书，在皇帝从莫斯科撤退的时候，已经完全丧失了理智。并且过去还常常用'庞培'这一名字签署法令。我告诉他说：'陛下，你这里可能有笔误。'拿破仑面部扭曲，看着自己签署文字的地方，又瞧了瞧我说：'哦，是的……'"

这个德·别尔先生可真是一个了不起的人物，这些著名的场合他无不在场。霍布豪斯听得非常认真，还做着笔记。后来还写信说："是的，我十分相信这位先生说的话，感觉很真实。不过从他的言行举止来看，他一定是一个好色之徒。"

拜伦本以为还能和霍布豪斯过开心的二人世界，可是天公不作美，在米兰他们同波里托里邂逅了。拜伦又一次帮助了这个波里洋娃娃，因为他和一位将军闹翻了。此时这位矮小的医生想为自己谋一个职位，就是担任威尔斯公主的医生。霍布豪斯调侃地认为他真是疯了。不过卢基·德·布雷姆倒是挺赏识波里托里的，觉得很难再找到像他一样单纯、忠厚的人了，于是比较公正地给他写了一封推荐信，交给了德·斯丹尔夫人。后来还评价了拜伦，"我认为在这世界上有一些人不善于结交，但是却是无比善良的，拜伦勋爵就是这样的人。他很可爱，总是尽自己最大力量来照顾波里托里。尽管拜伦勋爵的国家不相信他是有着很好品质的人，但我却深信不疑，因为他周身都散发着一股难以抵挡的魅力。我们对他的评价已经超出世俗，特别是他的作品，我们都读得津津有味。是的，我们虽然没有表现出来，但暗地里我们实在是很敬佩拜伦的。后来我们和他相处得十分愉快，他本身也开心，而他身上那种迷人的品质则伴随他的心情散发得淋漓尽致。"

拜伦和霍布豪斯终于在 9 月 4 日动身去了威尼斯。有一天晚上他们在一条狭长的平底船上睡着，醒来的时候已经沐浴在威尼斯的灯光中。

第二十七章　钟情的乐土

　　到了威尼斯之后拜伦就迫不及待地给自己的好友墨瑞写信："威尼斯给了我所期望的欢乐，我真的是钟情于这座城市。我喜欢躺在狭长的平底船享受忧郁和欢乐，喜欢大运河的寂静无声。我想威尼斯是继东方之后最能够带给我欢愉的城市了。虽然它已经有些衰败，但是并不能减少我的兴趣，因为所保留下来的古迹还是十分的多。只可惜以前那具一格的服饰消失了，不然会更令我欣喜。还好狂欢节就要到来了，我一定要好好再次游历这座城市。"而后拜伦又接着写了第二封信给托马·穆尔，信上说："嗨，伙计。我打算整个冬天都待在威尼斯了。虽然说你会感觉它有些荒芜，可是管它的呢，只要我开心不就好了吗？天知道，我有多喜欢这个城市啊。"

　　圣·马可广场有长着翅膀威风的雄狮，可是威风也没有用，因为威尼斯共和国早就不复存在了，这些狮子除了供游人欣赏早已失去了它本身的意义。因为它既不能守护共和国总统，也无法守护十人议会，白森多官邸早就被法国人付之一炬了。现在这座城市有一位奥地利总督代表梅涅特统治，什么都和过去不一样了，唯独欢愉还停留在这座城市，这依旧是一个大家纵情歌舞的地方。这里边最出名的就是奥尔布利兹侯爵夫人的茶话会，威尼斯的人把她叫作"意大利的斯丹尔夫人"，这位有名气的女士恨不得马上和拜伦结识，并且当上他的好朋友。拜伦倒是也很喜欢这位女士的，但是霍布豪斯认为这边的茶话会简直就是对柯佩沙龙的拙劣模仿，但这位夫人还是令人愉快的。

　　到了12月4日，霍布豪斯要和拜伦道别了，因为他要动身去罗马，而拜伦却要继续待在威尼斯。送走了霍布豪斯以后，拜伦开始了他在威尼斯的新生活。

他确实是一个有魅力的男人，因为送走好朋友之后就找到了一位情妇，这个女人是拜伦住在得西格蒂先生的寓所里时好上的。邻近圣·马可广场就是这个女人老公开的铺子，名字叫"牛角"，她老公是一位布商。这个女人简直是一个尤物，年轻漂亮，身材婀娜多姿，她的歌声还十分婉转动听，牢牢地抓住了拜伦的心。这个女人想占有拜伦，并且想让他明白她才可以算得上拜伦的第一位情妇。而拜伦为了让这次感情更加有趣，于是自己扮演成了一个浪子，写信告诉那个女人他浓浓的爱意，"哦，亲爱的小宝贝，打从我第一个星期住在那里，我就无可救药地爱上你。有什么办法呢，你生得那么美丽，就像雅典娜一样彻底把我的魂都勾走了。你就像绽放的花朵，那双有着东方人特有的美丽大眼睛让我忍不住想要亲吻。"拜伦从她威尼斯的方言里得到娱乐，她天真烂漫，拜伦可以随时和她见面，和她亲吻。

拜伦觉得自己是深切地爱着这个情妇的，但是这种爱并不纯粹，里边掺杂着多情和蔑视。他仿佛从来都不相信女人，所以他把这位年轻的姑娘当作一只可爱的被驯服的宠物狗，仅仅用来填补内心的空虚而已。这个女人会在拜伦需要她的时候给他带去快乐，在拜伦悲伤的时候，她也静静地陪着他，分担他内心的不安。不容否认的是，在她的陪伴下，拜伦的心得到了抚慰。在狄沃达蒂，拜伦几乎不敢仔细正视一下内心的沸腾，而现在他通过阿尔卑斯山的雄伟，《曼弗瑞德》的创作、意大利的新奇平息了自己心中沸腾不已的怒火。是的，就算拜伦痛苦着，他也不愿意痛苦变成一种习惯去折磨他。而这个女人恰恰可以缓解这一点，她还是有办法的，她用那滑稽的拉丁语喋喋不休，去麻醉拜伦的身心。这样他的病痛就可以得到解脱，就可以有片刻的松懈。即使这样，拜伦也在提醒自己要适当地控制情欲，于是他天天在利多岛上骑马奔驰。

拜伦把他那艘狭长的平底船停在亚美尼亚的修道院外面，就去教堂玩耍，还和那里的神父交上了朋友。拜伦热情地帮神父翻译了一本英语"法书"，他比较喜欢亚美尼亚语的，尽管这种语言人感觉有些僵硬，正是这点深深地吸引了拜伦。因为困难的学习会让拜伦的头脑清醒，使他专心致志地不去想其他的事情。

神父们问拜伦打算在威尼斯待多久，拜伦用亚美尼亚语回答他们，"我打算在这里度过整个冬季。"拜伦从心里羡慕神父们的生活，他们内心平静且与世无争。而拜伦却做不到，他的心中有一头沉睡的困兽，随时都可能醒来。奥琴神父告诉拜伦，《圣经》中的权威都认为亚美尼亚曾经是人间的乐园。是吗？拜伦自嘲地笑了笑，原来他还生活在传说中的乐园。不过拜伦还是喜欢这样的生活，清晨可以骑马奔驰，晚上可以乘着心爱的平底船去湖上遨游，还可以学习亚美尼亚语。这一切都把无聊赶出了千里之外。

现在的生活让拜伦想起了几年前在希腊旅游的日子，他可以做一只自由的小鸟，摆脱英国的繁文缛节，摆脱英国人火辣辣的目光，甚至在外面还可以暂时抛弃心中的法律。

意大利的狂欢节是值得期待的，受到很多人的关注，特别是年轻貌美的姑娘，她们可以在这个神秘的节日做出疯狂的事情。在这里生活久了，拜伦对这边的夫人也有所了解了，她们每个人几乎都有一位情夫，倘如只有一位情夫的女人则被称为贞洁的。在狂欢节的时候还可以疯狂地调换自己的情人，图个新鲜。可是现在唯有一个人不愿意，那就是玛丽安娜·西格蒂，因为她深深地爱着拜伦这个英国人，千方百计地考虑如何可以留住自己的情人。拜伦的平底船里有着很多色彩鲜艳的服装，有土耳其的，犹太人的，希腊的，罗马的。拜伦喜欢这些色彩斑斓的东西，每次看到它们总能顿时让他的心情大好，加上狂欢节的到来，整个威尼斯都是载歌载舞的，陶醉在歌声中的他就连在打开托马·穆尔的韵文信中都感觉到了威尼斯吉他的弦声。这个夜晚的威尼斯充斥在了浪漫中，漆黑的街道上弥漫着动人的音乐，所有的情人都肆无忌惮地深情相拥，接吻。玛丽安娜和拜伦通宵达旦地游历了整个威尼斯城，而她的丈夫则在"英国牛角"下酣睡不醒。

就这样持续了好些日子，拜伦生病了，且卧床不起。连续几天的熬夜把他的身子给搞垮了，使得拜伦筋疲力尽。为什么现在的他如此轻易地就得病了呢？是因为静止不动的河水散发的热气让他患上了痢疾吗？还是因为自己的年纪太大了？想着前几天拜伦刚过29岁，还对玛丽安娜唱着："所以我们不再游荡……不过剑磨损了鞘。"

躺在病床上沉思着，无事可做。恼人的心绪又飘荡在拜伦的心中，他开始想奥古斯塔了。他回信给奥古斯塔，"亲爱的姐姐，我已经收到了所有你的来信，不过在你的来信中我有好多无法理解的地方。因为文字之间充斥着太多古怪的念头和奇怪的事情。亲爱的姐姐，对你现在的境遇我都不知道是不是该同情你了，我知道我们之间的事情让你在英国很难生活下去，可是你得相信我，我一定会让你感到幸福的。但是你说你的心破碎了。是真的吗？我倒是想那是你自己的耳朵疼。所以不要再这么神秘了，真的有些莫名其妙，有什么话你还不能对我明说嘛？我们曾经是那么的要好。你的意思是什么？有什么需要了解？或能够被了解？你知道我的性格，我从未退缩过，但是为了你我不得不向安娜贝拉那样的魔鬼屈服。不过我诅咒她，她将一生得不到安宁。"很快这封信就被交给了拜伦的前妻，奥古斯塔还给信做了批注，"哦，可怜的弟弟，简直是被怒火冲昏了头脑。现在他真变得十分忧郁啊。"

拜伦在生病的时候完成了《曼弗瑞德》的第三幕，但是这一幕的内容并不是很精彩，只有几段。因为拜伦比不上歌德，缺乏处理大自然题材的才能。但是第三幕有些地方还是很有趣的，拜伦结合了自己同奥琴神父对话的情景，把它写进了话剧中。

或许和雪莱待得太久了，拜伦的思想也充斥着形而上学。于是拜伦根据这一思想，调整了自己的观念。将自己不可战胜的罪恶感和摒弃地狱和惩罚的正统观念的怀疑论哲学混为一体。把自己当作宇宙的中心，自己可以诱惑自己，自己可以惩罚自己，只有拜伦自己才可以摧毁自己。地狱确实是存在的，但是存在于拜伦自己的心中，只有他自己有能力将自己投入无尽的地狱当中去。

"长老！死并非如此困难。"——这就是曼弗瑞德对修道院院长的最后的话，正如拜伦想要告诉奥古斯塔的一样，其实这一幕的精华也在这句话中。在这个世界上，有的人是热爱现实所以才怕死，有的人则是因为害怕来世才怕死。但是有一种人认为人类生存在这个世界上就是一场严峻的斗争，而这些人就不害怕死亡，死亡反而被认为是一场受欢迎的安息。拜伦就是这样一个人，他不害怕死亡，因为他觉得与其在世上挣扎，不如迎接一场盛大的安息。因此拜伦总是会想到死亡，死亡的画面也总是出现在他的眼前。

这部剧本终于在 1817 年的英国出版，但是拜伦忘记考虑在英国的奥古斯塔的处境了，这本书必然会引起轩然大波的。英国有谁还读不出来剧本中隐藏的猫腻呢？他们之间的爱情本来已经快要被英国人民淡忘了，但是现在又被提到了公众的眼前。就连维利埃斯夫人都写道，"拜伦这样做真的是太冒险了。这部剧实在太赤裸裸了，就连我的朋友们都看清楚了其中的关系。"这部剧也让奥古斯塔感到手足无措，现在的她唯一只能求助于安娜贝拉，"哦，亲爱的，要是有人问起这部剧我到底该怎么回答呢？"安娜贝拉回答说，"只要你不赞成他所写的一切就可以啦。"

到了春天，拜伦身体逐渐好转，医生们告诉他现在需要换一下空气，因为这样更有助于他的身体健康。这个时候霍布豪斯也正在邀请拜伦去罗马，因为霍布豪斯在罗马考古，正好可以照顾拜伦。可是面对霍布豪斯的邀请，拜伦显得有点犹豫不决，因为现在他也已经无法割舍他的情妇玛丽安娜了。其实拜伦并不忠诚于她，只是不舍得和她的温柔缠绵，玛丽安娜·西格蒂正幻化成一个美丽的女神，牢牢地羁绊着拜伦的行动。深思熟虑之后，拜伦还是选择去罗马，因为那样他就有时间完成《恰尔德·哈罗德》的第四章。很快拜伦就打点好行李出发了，在经过斐拉拉时写下了《塔索的哀歌》一诗，还去阿里欧斯多的陵墓凭吊。整个旅途拜伦看见了很多奇妙的事物，特别是途经佛罗伦萨，看到一幅《无辜者的屠杀》，画中的一位女人酷似庞森比夫人，让拜伦觉得有些好笑。

在罗马，拜伦只有两件事可以做，一件事就是旅游；另一件事就是续写《恰尔德·哈罗德》。要不然偶尔也会修改《曼弗瑞德》那混乱的第三幕，因为墨瑞夫人的圈子并不是很赞同第三幕。后来拜伦又写信给穆尔说："在罗马我其实没有什么收获的，因为这些地方没有什么。这里的英国人寥寥无几，我整天除了骑马，就几乎不干什么事。不过昨天和兰斯顿勋爵一起进餐。在我眼里的罗马就像君士坦丁堡的姐姐一样美好。不过你要让我说说其他的地方，我也没有什么可讲的，比如圣·彼得广场，梵蒂冈宫，巴勒登丘等，就请参阅导游书吧。但是只有亲自来这里旅游过，你才能体会当中的奥妙。"

拜伦的到来让雕刻家索瓦尔德森有了福气，因为在奥尔布利兹伯爵夫人的推荐下，拜伦做了雕刻家的模特，这次的雕刻可以体现拜伦到恰尔德·哈罗德的变化。在艺术工作室里，拜伦的表情和往日不同，十分怪异。"哦，亲爱的先生，你的表情可以自然点儿吗？不要显得那么奇怪。"索瓦尔德森说。可是拜伦不以为然，"那就是我真实的表情啊。""哦，真的吗？"雕刻家问道，不过他还是按照自己的思想塑造着拜伦的形象。完成以后的塑像令拜伦不是很满意，因为他觉得这尊雕像根本就不像他，他的表情本来是很悲伤的。

罗马的景色是十分完美的，有着两种不同的美，富丽堂皇和颓废衰落，残垣断壁和雄伟的城堡，撞击出前所未有的美感。拜伦静静地在莉亚梅特拉的墓旁沉思着：

> 可她又是谁，这位已故的夫人，
>
> 安葬在宫殿中？她贞洁而美丽？

> 她配得上国王——或不止——罗马人的爱情？
> 她生育了什么样的首领和英雄？

拜伦很喜欢美丽的死亡，而这个人给他带来了美的感觉，他的心被这位隐姓埋名的死者融化了。随后，拜伦又对巴勒登丘浮想联翩。夜鸟在长满常青藤的、曾是帝王的宫殿废墟中间相互叫唤着：

> 从人类的全部历史得出了一条教义——
> 一切都不过是旧事的往返循环，
> 先是自由，然后是光荣——当光荣消逝，
> 便是财富、邪恶、腐败——最终归于野蛮……

在罗马逗留的日子，拜伦收集了很多素材，这样就可以把《恰尔德·哈罗德》的第四章写完了。是时候去别的地方了，拜伦原先打算跟随着霍布豪斯一起去那不勒斯逗留，可是一想到要离开玛丽安娜，他心中很不是滋味，于是拜伦写信给玛丽安娜，叫她来相会，最后和她一起去了威尼斯。

此时的威尼斯正是炎热的季节，往往容易让人害上热病。于是，拜伦到威尼斯郊外沿布伦河的小县拉·米拉租了一幢别墅避暑。玛丽安娜也在征得自己丈夫的同意以后，和拜伦同居了。为了感谢她丈夫的慷慨，拜伦给了他一笔丰厚的报酬。新住房周围的邻居们还是很容易相处的，对面住了一位九十高龄的墨西哥侯爵，另一边住着一位认识伏尔泰的法国人。布伦河静静地流淌着，波光粼粼的河面上荡漾着城市的倒影，夕阳正在缓缓地下沉，那一抹残存的光依旧十分撩人。

霍布豪斯从那不勒斯回来了，拜伦欣喜地去迎接，此后他们两个又可以在一起愉快地玩耍了。不过这一次他们不再像以前那样放纵地玩耍，而是要勤奋地创作各自的作品。拜伦正在写《恰尔德·哈罗德》的第四章，而霍布豪斯在编纂他的注释，他在日记中说道："这一次我和拜伦十分收敛，让这日子过得很平静，不再像以前那样活色生香，不过这种安逸的生活也使我们满足。看到拜伦身体很健康，我也就放心了。昨晚我们居然还拉起了家常。"他们就这样快乐地度过了充实的五个月。

拜伦十分重视的一天就是1月2日，那是他曾经的结婚纪念日。可是今天不

一样了，因为他已经是一个流亡的人，身边没有亲人，只有他的好友霍布豪斯。是的，自从被逐出英国，陪伴他最多的也就是霍布豪斯，这一点让他十分感动。拜伦生病时，有他无微不至的照顾；拜伦难过时，有他一起分担痛苦；拜伦高兴时，有他陪着欢呼雀跃。无论拜伦做什么，都有他的大力支持，并且毫无怨言，这难道不比婚姻更珍贵？霍布豪斯在拜伦的心中有着非比寻常的位置。所以拜伦决定就在这一天，在他曾经最重视的结婚纪念日把《恰尔德·哈罗德》第四章献给"皇家学会会员、文学硕士约翰·霍布豪斯先生"。虽然这一章并不是在他的启迪下完成的。最后一章很大部分都受了雪莱的影响，所以文章内容犹如诗一般的美，将威尼斯的美丽风景都融进了故事当中，还有作者淡淡的忧愁，以及对英国真挚的思念之情。

> 啊，爱情！你不是尘世的居民——
> 你是一位看不见的六翼天使，我们信仰你——
> 一种信仰，它的殉难者便是破碎的心，
> 但是从没有人看见你，永远看不见你，
> 肉眼是你的灵魂，正如它应该如此
> ……
> 我生活过，而且也不是白白活了一场：
> 我的思维也许会失去力量，血液会失去温热，
> 我的躯体甚至会在压倒一切的痛苦中消亡，
> 但是我内心中有一种东西，它会使得
> 痛苦和时间疲劳，在我死后它继续生存，
> 那不是一种尘世之物！人们对此漫不经心，
> 宛如铭记在心中的无声的七弦琴，
> 它将渗透入人们的铁石心肠中，
> 使他们回忆起往日对爱情的悔恨。

这首诗满含着拜伦的心血，有着普罗米修斯般忧郁的感觉，自豪、骄傲深深地与文章重叠在一起。怎样才能解救人类的无知？唯独书籍有力量，它可以唤起人类残存的理智去支配他们的平庸，在宇宙洪荒中去寻找社会中难以实现的梦想

和幸福。自然中的水有着巨大的能量，可以包含一切，哪怕是平庸、无知。所以拜伦用大海作为最后一章，完成了《恰尔德·哈罗德》。拜伦在拉·米拉居住的五个月里着实是勤奋的，并不是只完成了《恰尔德·哈罗德》，还创作了一部作品《贝波》。

当时恰逢道格拉斯的哥哥金奈尔德勋爵来到威尼斯，给拜伦带来了一首约翰·胡克海姆·弗雷尔新作的诗。拜伦很是喜欢这首诗，因为这部作品很是新颖，模仿了意大利诗人，特别是蒲尔契轻松的讽刺诗。所以为了同样达到那种效果，拜伦也开始用相同的手法去编撰一个属于威尼斯的故事，所以《贝波》就问世了。《贝波》的内容和氛围还是很别致的，情绪恰到好处，又能够反映出对社会的愤怒。最开始的抒情为后面的悲伤和激情做了很好的铺垫，让人意想不到。

> 英国哟，尽管你缺点多，我仍然爱你，
>
> 我在加来这样说过，至今还不曾忘记；
>
> 我爱讲话，而且不厌其烦；
>
> 我爱政府（但不是这个政府）；
>
> 我爱言论自由，下笔可以无所顾忌；
>
> 我爱人身保护法（如果能够得到它）……

拜伦对玛丽安娜的新鲜感几乎要消失殆尽了。这完全得归咎于玛丽安娜，因为她十分好强，想把拜伦完全占有，这根本不可能，拜伦可是不易被驯服的野马啊。在拉·米拉逗留了很久，拜伦和霍布豪斯又发现新的好玩的事情。那天他们在布伦河骑马散步的时候，拜伦注意到了一群乡下人中有一个长得倾国倾城的姑娘，他的心又一次被这美貌打动了，也正好可以趁这次机会甩掉他的旧情妇玛丽安娜。那个姑娘叫玛格丽特·科格尼，她非常原始，读书写字都不会，这就勾起了拜伦想要探究的欲望，随即就向她提出了约会，这可把她高兴坏了。可是令人烦恼的是，玛格丽特·科格尼的丈夫是一个非常狠毒的面包师傅，要做拜伦的情人，她心里还有点怕丈夫的责问。不过在拜伦的一袋金钱诱惑下，她终究还是屈服了。

天下没有不散的宴席，霍布豪斯回英国的期限快要到了。拜伦给他举行了一场欢送盛宴。两个人又一次重游了多利岛，他们非常有情调，雇了两名歌手，一个坐在船首，一位坐在船尾，为他们的旅途增添动人的音乐。回到卧室以后，霍布豪斯闷闷不乐，他不喜欢离别的气氛，特别是离开拜伦这个对他来说古怪又贴心的朋友。他在日记中写道："这是拜伦同我度过的最后一个晚上，我们给《恰尔德·哈罗德》做了最后的润色。午夜十二点的钟声敲响了，我不得不离开我亲爱的朋友。临走前拜伦告诉我说，他其实是一个感情很丰富的人，可是他自己的所作所为渐渐地用光了所有的情感，以至于现在他心灵的土地也干涸了。我有什么理由不相信他呢，愿主保佑我这位可爱的好友。"霍布豪斯的离开又让拜伦过上了以往那种堕落和放纵不羁的日子，他的意志又开始被消磨，心中的困兽又要渐渐被唤醒，拜伦的道德底线再一次消失了。异国社会约束力的软弱加之好友的离开，让拜伦简直可以无法无天，从来就不考虑自己的行为是否得体，在这片道德缺失的土地上，拜伦回到了最原始的状态，除了满足自己的欲望以外，他别无所求。

和玛丽安娜的恋情已经告吹，现在他的心是属于西格蒂夫人的，而且已经搬进了她在弗里兹里阿街的寓所里同居了。拜伦对这位姑娘的喜爱可谓是有增无减。甚至还写信给穆尔描绘讲述玛格丽特·科格尼，"哦，亲爱的老朋友，你不知道这个威尼斯姑娘有多迷人。双眸就像是夏日那黑又亮的葡萄，乌黑的头发随风飘拂，她那俊俏的小脸蛋像极了福斯娣娜的脸，身材和朱诺也不相上下，犹如阿波罗女神一样迷人可爱。而且她十分有激情，假如我给她一把匕首，她就会毫不犹豫地向我刺来。"拜伦在意大利算得上是一个有钱的富豪。他从英国获得的收入在意大利有着很强的购买能力，光是他的诗歌就能把自己养活。再加上与安娜贝拉离婚以后，每年还会有五百英镑的补贴。况且现在拜伦又将纽斯台德卖给了哈罗公学时代的老朋友威尔特曼少校。这样他就又得到了价值一万四千五百英镑的巨款。所以他在金奈德的账户上有了存款。

有了钱之后拜伦却变得有些吝啬，但这并不是我们想象的那种不愿意帮助人的吝啬，他仍然乐善好施，但是对自己的生活却十分苛刻。每天都恨不得只花五个先令吃饭，特别希望缩减自己的家庭费用。甚至每天去和弗莱查对账，如果有节省下来的钱，拜伦就非常高兴。这大概是遗传了她母亲的性格吧，可以毫无保留地将一切留给自己的丈夫和儿子，却舍不得为自己多花一分钱。

不过拜伦从来不和爱情讨价还价，现在的他已经对威尼斯所有的娱乐活动都了如指掌，特别是喜欢奥尔布利兹伯爵夫人的文学沙龙。因为这个沙龙喜欢接受思想自由的人，这里有很多不一样的女人，不再是只有那些娇柔妖媚的贵妇人，还有头戴手巾或头巾的下层女人。拜伦对她们有着敬佩之情，觉得她们就是充满斗志的战士。他给罗杰斯描述这个沙龙的女性时写道："这里啊，有好多不一样的女人，她们都有各自的风韵，我喜欢她们为人处世的态度和说话的方式。在这里你会发现有好多风流韵事，极其美妙动人，特别是那些戴头巾的下层女人。"拜伦常常流连忘返于这种烟花场地，甚至威尼斯都在传他的缪斯女神达到九位，但是这当然不是真的了。不过拜伦的这些情史从来都不会告诉给玛格丽特·科格尼，要不然这个女人会找他所有的情人去决斗的。

墨尔本夫人去世的噩耗在1818年4月传进了拜伦的耳朵，她是他同英国联系的桥梁。这让拜伦感到非常难过，墨尔本夫人曾经给了他很大的帮助，可以说是他的挚友。不过没多久又一个人的去世，让拜伦感到十分愉快，使他相信复仇女神为他报了仇。这个人就是促使拜伦和安娜贝拉离婚，同样又是安娜贝拉的离婚律师顾问的塞缪尔·罗米利爵士。拜伦还特意因为这件事致信给安娜贝拉，"哦，你知道吗，塞缪尔·罗米利爵士也去世了，这个曾经多管闲事，极力促成我们离婚的人，居然因为失去自己的妻子而自尽了。我们离婚也将近三年了，这三年来的每个子夜我都会召唤复仇女神诅咒他，现在看来终于有作用了，我的努力没有白费。"

拜伦离开英国的最后一位情妇克莱尔在狄沃达蒂离开他时已经有了身孕，并且这个孩子在1817年1月12日出生。后来克莱尔也找人结婚了，玛丽将孩子出生的消息通知了拜伦。不久雪莱就写信告诉拜伦关于孩子的情况，"恭喜你，拜伦，得到了一位小公主。头发就像乌木一般又黑又亮，眼睛犹如浩瀚星空的繁星，闪着蓝色的光芒，而且这个小姑娘还十分的聪明。你都不知道她到底有多完美。除了身体较弱外其他的一切都十分的健康。本来想要给孩子起一个名字，可是也没有征得你的同意，于是克莱尔和玛丽就暂时称她为阿尔巴。为了克莱尔好，在这里我们暂时说她是伦敦朋友的孩子，而且医生说为了她的健康最好送到乡下去，我们就照医生的意思做了。"

雪莱很想拜伦履行自己的义务，来抚养这个孩子，拜伦也同意了，本来他就对自己的亲骨肉感到好奇，所以十分愿意兑现自己的诺言。于是拜伦写信给金奈尔德说："雪莱给我写信告诉我又得到了一个小公主。我的小女儿似乎长得十分美丽。所以现在我想请你帮忙，想想如何可以将这个小家伙送到我的身边，或者把她先寄放在英国？我十分愿意抚养她，并打算给她起名叫'阿列格拉'。"

　　不久一位名叫伊丽斯的瑞士保姆把小阿列格拉带给了拜伦。拜伦看到这个小生命后十分地开心。她真的十分漂亮聪明，使得她一下子就成了威尼斯的夫人们的宠儿。拜伦还写信将此事告诉了奥古斯塔，"亲爱的姐姐，你不知道，我的小阿列格拉长得可美丽了。但是奇怪的是，她居然长得十分像安娜贝拉。就连博学的弗莱查看到她都目瞪口呆。"即使是他的私生子，拜伦看到孩子也很开心。

第二十八章　莫哲尼哥公馆的富翁

　　因为和玛丽安娜·西格蒂断绝了关系，拜伦离开了坐落在弗里兹里亚街上的那幢房子，重新找了一幢房子，在位于大运河边上的莫哲尼哥公馆，一年的租金大概是四千八百法郎。有了自己的房子，拜伦觉得他就像土生土长的威尼斯人。不过话说回来，莫哲尼哥公馆周围的景色很美，环境宜人。犹如翡翠手镯的河水轻轻地拍打着河岸，雪白的云朵时常会倒映在湖水中，就像是一幅精致的帛画。拜伦将喜爱的平底船系在房屋中有着螺旋样式的蓝白颜色的柱子上。船夫名字叫作铁泰·福尔西里，客人们通常会坐他的船。由于长年划船的缘故，铁泰·福尔西里满脸蓬松的大胡子，身材很魁梧，就像是一头熊。他不仅船划得好，还有一手勾引意志薄弱女人的好本事。这时从船的出气孔里传来了狗吠声、猴啼声、鸟鸣声，不过很快就被玛格丽特·科格尼优美而富有穿透力的嗓音和阿列格拉的充满孩子气的童声给盖住了，她们两个人可真是管理动物的好帮手。玛格丽特·科格尼开始不过是只候鸟，由于长期和拜伦在一起的缘故，突然就想要在那儿定居了。有天晚上拜伦和她坐在莫哲尼哥公馆的台阶上，她告诉拜伦说自己不想回到丈夫身边去了。这句话把拜伦惊呆了，这怎么可以呢。拜伦本来不情愿的，甚至要否决她的想法，但是后来在玛格丽特·科格尼的软磨硬泡下，他心软了。玛格丽特·科格尼在家里就会让铁泰和弗莱查不自在，甚至是惊恐。而且这个女人还殴打其他钟情于拜伦的女人，并且不经拜伦同意就拆他的信件，企图想把他牢牢地拴在自己身边。不过拜伦还是原谅了她所做的一切，因为玛格丽特·科格尼还是有用处的，她爱着拜伦，替他记账，为他削减了一半费用。纵使她的性格是有一点像母老虎，但是拜伦不怕，也不反感。

自从长期流亡以来，拜伦的哲学观发生了巨大的变化。特别是对《曼弗瑞德》的创作，那是他心里的愤世嫉俗的呐喊，也是为人们征得自由的呐喊。而另外一部著作《恰尔德·哈罗德》则深深地表现了拜伦身上散发的由内到外的忧郁气息。现在的拜伦对自己以前的作品开始怀疑，尤其是对《海盗》和《莱拉》，他不明白书中如此夸张的人物，怎么会有那么多人倾心。为了充实自己的写作观点，拜伦又迷上了伏尔泰的作品。在他的书中，拜伦可以很容易地找到悲观主义的色彩，只不过它们是从喜剧的角度来看待这种悲观主义的。拜伦是一个有双重性格的人，主要表现在他在写信和创作诗歌中的差别。他写信的时候会尽量地让别人感觉自己是一个十分幽默的人，但是他创作诗歌的时候对自己要求就会十分的严格，尽自己最大的努力去控制心中的喜怒哀乐。拜伦创作《唐璜》已经有一年时间了，这段时间的拜伦在思想上得到了极大的自由发挥，使用了《贝波》的调子，是一首自嘲诗，在轻松愉快、稀奇古怪的韵脚下面，掩藏着一种强烈痛苦的哲学。这一次的作品有着从前没有的灵活和生动。完全地遵从了拜伦心底想要说的话，遵从了拜伦的灵魂。诗歌创作的结束也伴随着拜伦呐喊、宣泄接近尾声。慢慢地，他恢复了往日的冷静，恢复了准确的判断力。

光明必须要有黑暗的衬托才算是光明，而拜伦就是身在黑暗去证明光明的人。他理解罪恶感，因为这种感觉是他与生俱来的。有了罪恶才会有神秘，但是神秘不仅仅是属于拜伦的，而是存在于人类不朽的命运当中。这首诗以安娜贝拉为原型人物——唐璜的母亲，唐纳·伊内兹，诗的一开始就把她推上了舞台，不过从第一章开始，就已经没有早期的尖刻了。

　　一些女人用舌头——她却用眉目作出一篇演讲，
　　每只眼睛是一次讲道，她的额角是一篇说教……

这首诗在后面瞬息之间就变得汹涌澎湃，激情四射。现在的拜伦在某些方面已经有了与莎士比亚相像的智慧气息，他们都从生活中得到真理，在这个世界上没有什么是真实的。芸芸众生在这红尘中想要得到的不过只是一片幻影，即使得到也会失去。不过拜伦和普罗斯帕罗也很相像，知道人生不过黄粱一梦，但是对爱情仍旧怀揣着最美丽的期待。这也是唐璜为什么和坎狄德不同，较后者来说，前者更加悲观、感伤。新的拜伦已经摆脱了浪漫主义，但是又沉溺于另一种形式了。

　　八月里，雪莱拜访了拜伦，不过他先将克莱尔带到领事的宅邸，让克莱尔同她女儿待在一起。拜伦邀请雪莱坐上了平底船前往多利岛去玩玩。在那里又和雪莱讨论文学上的东西和神学方面的事。他们从诗词歌赋谈到人生哲学，又讲到自由意志和命运。雪莱当然站在无神论这一边，不过拜伦还是有神论者，但是这次他居然认同了事在人为的道理，但他仍认为，无论人们有多么的努力，最后也会被现实撞得粉碎。就这样他们之间的谈话就这样没完没了地进行着。

　　雪莱非常不赞同拜伦对待爱情的观点，他认为爱情是不可以沦为对肉体的欲望的。早在日内瓦的时候，玛丽就非常看不惯拜伦的作风，拜伦对待女人的态度让他们都感到恐惧不已。可能是因为话不投机，雪莱夫妇决定离开了，他们走的时候用非常轻蔑的眼神看了看拜伦的公馆，仿佛是在为自己的道德和良知而感到骄傲，并且希望拜伦能够从他们的对话之间悟出什么道理，因为他实在是太叛逆了。不久之后拜伦突然明白，也许雪莱夫妇的话还是有道理的，因为享乐主义永远都不受人意志的控制，所以才可以在精神上得到片刻放松，但是一旦习惯享乐主义，很多事情就变得十分糟糕，况且拜伦的自制能力很差。秋天来临了，万物开始进入了凋零的季节，拜伦的身体也是如此。没有遵循雪莱夫妇的话，他的身体很快就被没有规律的生活给打败了，患上了病。现在是由医生来告诉他，他需要有节制的生活，最好可以离情欲远一点。于是从自己的健康着想，拜伦将情妇赶出了家门。那个女人很是吃惊，她完全不想离开，甚至极端到捅自己一刀后跳河自杀，不过没能死成，最后被船夫们捞上来了。

　　汉森在12月的时候带着他的儿子到了威尼斯，要他的委托人为出售纽斯台德签名。两位律师从遥远的岛屿坐着平底船带来拜伦需要的生活用品，比如，羊皮纸、牙刷和红牙粉，当然船上还有着关于出售纽斯台德的文件。他们的船穿梭在玫瑰色的宫殿之间，眼前美丽的景色让他们惊呆了。汉森本以为拜伦会过得很凄惨，还有点同情他，现在看来是他多虑了。到了莫哲尼哥公馆，他们发现公馆的周围还有狗和鸟甚至还有狐狸和狼。汉森走上大理石的阶梯来到了拜伦的公寓。"啊！汉森，"拜伦惊讶地喊了出来，"真是难以置信，哦，汉森，真的是你吗？我都不敢相信你会到我这里来。"拜伦有些哽咽了，泪水在他的眼眶里打转。拜伦邀请他们进了屋，就迫不及待地向他们问起了伦敦那边的事，特别是他的朋友们过得怎么样。一边问着，一边还咬着手指甲，这是拜伦多年来的习惯。

现在，拜伦金钱上的问题可以说是解决了，纽斯台德卖了九万镑，不过其中的一万二千镑要用来还债，另外六万六千镑是给安娜贝拉的安家费，为了使拜伦更清楚自己的开销，汉森还亲自带来了票据供他核对。值得高兴的事，拜伦每年还要从安娜贝拉那里获得三千三百镑的利息。除此之外，他还有写诗的稿酬，这样拜伦可算得上是意大利首屈一指的富翁了。对此，拜伦感到十分的满意，他写信给金奈尔德说，"哦，亲爱的朋友，我的好日子就要来了，现在我是一个大富翁。钱就代表权力和享乐，我非常地爱钱。"

时间就是一个雕刻家，拜伦逐渐变老了。几缕银丝已经悄悄爬上他的发梢，脸色也变得蜡黄，时常还会泛白。他的手也因为发胖而变得臃肿起来。

第二十九章　骑士的选择

　　春天总是令人着迷的，它的到来赶走了威尼斯的热病。拜伦有幸被邀请去参加本佐尼的学术茶话会，在那里和一位名叫归齐奥利的伯爵夫人认识了。她看起来十分年轻，有着一头耀眼的金色大卷发，牙齿洁白又整齐；除了腿有些短，身材还是挺丰满的。这么美丽的人儿在一年前却已经和一个几乎白发苍苍的老头结婚了。拜伦总觉得以前见过她，就是在她结婚后的第三天。那天她没有注意到他。不过她在见到拜伦的第二次，就彻彻底底地被他迷住了。"那个美好的晚上，你看起来却比平常更疲乏，"她写道，"极不情愿地参加了宴会，只是不想违背归齐奥利伯爵的旨意罢了。可是你俊秀的脸庞和优雅高贵的气质，就连你说话的语气、声调和动作都有着让人不可抗拒的魅力。你是我迄今为止见过最与众不同的男人，你深深地住进了我的脑海里。"

　　拜伦把一张纸条悄悄地塞到了特瑞萨·归齐奥利手中，随即就离开了本佐尼伯爵夫人的客厅。这是一张邀请她幽会的纸条，她当作了宝贝一般，从此以后，他们便开始了刺激又美好的相会。

　　归齐奥利是不同的女人，她向往和渴望自由。她这美丽的女孩在 16 岁之前就只是在修道院内静静地度过，等她到了 16 岁，就有人开始为她寻找有钱的丈夫，而且越老越好。为了自由，这个年轻美丽的女孩在修道院内将自己的幸福交了出去，委身于他人，在客厅订了婚。

　　她并不感到悲伤，甚至还有一点欣喜，虽然双方并没有爱情，但是她得到了自己想要得到的东西。和归齐奥利伯爵结婚时，她只有 16 岁。尽管关于归齐奥利伯爵的评价有些吓人，传说他毒死了原配妻子，接着又谋杀了曼佐尼，不过在特瑞萨眼里，伯爵其实风度翩翩，举止优雅，也算是一个迷人的男子。只是再怎么迷人的男人也经不起时间的打磨，归齐奥利伯爵终究是老了，无法满足这位青春貌美的年轻女子。"是的，女人是恋爱动物。这里的爱情是充满情调的，带有自由的气息，并不像是北国的爱情，总是沉闷、压抑，钩心斗角得让人喘不过气。爱情如同呼吸一般，是我们在世间奔波行走离不开的必需品。"这是拜伦过去写下的关于爱情的评论。在获得归齐奥利伯爵的信任以后，特瑞萨明白找一个情人、开始新恋情的时机已经非常成熟了。

她不喜欢冒险，同时也明白自己想要找的是什么。特瑞萨需要的是一位骑士，她的爱情准则是这么告诉她的。总之，找一位丈夫可以轻而易举，但是要找一位好的情人来做骑士就不同了，必须得好好斟酌。归齐奥利伯爵在拉文纳和博洛尼亚有几处地产，于是要带特瑞萨过去玩几日。拜伦会和她一起去吗？作为她的骑士他必然得去。可是唐璜心中还是进退两难的，于是他决定写信给霍布豪斯："老朋友，你明白吗，我对她是真的怀着种种期待与渴望。是的，在她的要求下我会跟着她去拉文纳和博洛尼亚。但是我心里还是有种种顾忌，倘若她要抛弃我，我该怎么办呢？让我尝尝失败的滋味，到时候我又有什么脸去见人呢？况且她的伯爵丈夫还是一位极其有钱的人，在美国都可称得上是富有……"是的，她美得不可方物，但是不够聪明。在本佐尼的茶会上，她可以和年轻的女人谈论自己的年纪。在一片寂静的时候，她可以大声地叫着拜伦的名字，让在场的人都为之惊讶、骇然。她的意图就是不愿意让他离开意大利。

她和拜伦在一起了，就在他们去拉文纳的前几天。在所有的学术茶话会上宣布，使当时参加茶话会的人都震惊了，她的伯爵丈夫也觉得十分尴尬，对此她还显得非常得意。值得庆幸的是这一整个夏季伯爵都会带着她的夫人离开威尼斯。不知道为什么，这次让拜伦感到自己是爱着这位美丽、温柔、俏皮、喜欢玩乐的女人的。是的，他非常喜欢这样的恋爱。

在特瑞萨去威尼斯的旅途中，她常常给拜伦写信，渴望他能过去陪她。因为一到拉文纳她就流产了，现在她又病倒在床上……对于孩子，拜伦可以肯定不是他的，但又会是谁的呢？难道是伯爵的吗？可能吧。她告诉我，如果他去，她就在房间里接见他。这种放纵大胆的举动使拜伦感到非常震惊，尽管明白女人在恋爱中智商为零。面对特瑞萨的恳求，他还是过去了。

拉文纳是一座极其神秘的小城，坐落在重叠又凉爽的狭窄街巷中。拜伦的到来引起了城里的轰动。刚到没多久，伯爵就到他的旅馆拜访，告诉拜伦希望他能够去陪陪他的妻子，也许可以缓解她的苦闷。伯爵的亲自来访让拜伦明白了问题的严重性。和旅馆相距数百米的那幢宏大的灰色大屋子就是归齐奥利公馆。刚进屋子看见特瑞萨静静地躺着，那娇弱而憔悴的脸庞彻底将拜伦俘获了。他见不得女人的柔弱，一看见便就心软了。于是拜伦成了最殷勤周到的护士，对她无微不至。但是又碍于对伯爵的恐惧，害怕他的警卫员用他手中的刀刺死自己。可是现在想想那又怎样，人到头来终会一死，为美人而死，也是死得其所啊。现在的拜伦可是幸福至极的。

目前唯一让他担心的就是害怕特瑞萨会死去。"是的，我承认我真的非常焦虑归齐奥利夫人生痨病……我讨厌这种感觉，就是死亡、战争、争吵包围着我爱和我倾心的人和一切事物。我害怕这些会伤害到他们，以至于让一切都从我的生命中消失。"他又默默地写道："要是她有个什么危险的话，我的感情就真的完了。我不喜欢放荡，我渴望和自己倾心的人名副其实地去爱。如果她真有什么不测，那么这就是我最后的冒险。"

为了治好伯爵夫人的病，拜伦从威尼斯请来了自己的朋友阿格利迪教授检查她的肺部。教授说，只要继续治疗就好了，并让拜伦一直作陪。成为拜伦的情妇，这种无法用语言形容的欢乐，对她病情的好转有了大大的帮助。公馆的仆人尽力帮着他们作掩护，这真的是一件大胆又危险的事情。伯爵也发现拜伦和特瑞萨之间微妙的感情，大为吃惊，但是还是装模作样地每天来拜伦的旅馆拜访，礼数周全。

拜伦每天骑着马在树林里逛游。在身体好转的时候，归齐奥利夫人就让人给她的小马驹备鞍，她身穿天蓝色的女士骑装，头戴庞齐先生的那种帽子，和他一起骑马散步。他喜欢有特瑞萨这样的情妇，她是一位天主教徒，又是笃信者，每当古老的教堂敲响祈祷的钟声时，她就会停下做祈祷。是的，特瑞萨一听到祈祷的钟声便肃然起敬，一动不动地站着，这一切的一切都显示了她的天真和虔诚。

她的一切都逐渐让拜伦沉迷在这段感情中，并且越来越深。拜伦是被她深深迷恋着的英俊潇洒的诗人，她痴心且又爱幻想，她从不承认他的玩世不恭。她爱英雄，因此在她的世界里，常常把拜伦塑造成一个英雄的形象、豪侠的姿态。为了使特瑞萨高兴，满足他的小情人，拜伦就顺着她的意思去做，有时难免显得有一点搞笑。但是，他喜欢这样做，发自内心地喜欢。因为在她的心中，拜伦找到了曾经的自己，就是在公学时代和纽斯台德的自己，那个他深深爱上的自己。他愿意将这份爱延续得长久，尽管这样显得荒唐，但是他已经为此做好了充分的准备。而美好的时光往往是短暂的，伯爵必须去巡视他的领地，特瑞萨又无法抛弃自己的丈夫，必须跟着伯爵一起，于是归齐奥利夫妇最终还是回到博洛尼亚去了。为了不放弃这段感情，拜伦不动声色地跟了过去，在波罗尼亚继续重温他们的美梦。他把阿列格拉从威尼斯接了过来，并且在公馆里租了一套房子和自己的女儿一起住。女儿的皮肤白皙，声音柔柔的，总是说着滑稽的意大利语，噘起嘴巴来就像是拜伦的姐姐，酒窝常常出现在她的脸颊。她对音乐十分好奇，并且令他感到欣慰的是，她对每件事都有坚定的意志。她才是真正的拜伦，是拜伦生命的延续，看着她在自己身边茁壮地成长，着实令拜伦着迷。他的女儿确实在这段时间给自己带来了许多乐趣。他们一起玩耍嬉戏，坐在泉水边讲故事或者是漫步在花园当中，还一起去和坎坡·圣多的掘墓人瞎扯。

　　忧郁的思想开始让拜伦厌倦了自己当骑士的职业。慢慢地拜伦发现自己的生活变得越来越空虚寂寞，甚至是没有意义，这并不应该怪罪于特瑞萨，因为她年轻，亲切且忠诚地爱着自己。可是拜伦的思想却不停歇，非得让自己明白他的一生是不应该仅仅满足于和一个女人卿卿我我地度过。是的，拜伦已经不小了，而立之年的他到底该做些什么？再和倾心的女人谈一次恋爱或者是接着写《唐璜》的第三十章吗？现在的拜伦就像是迷失在大海的古船，没有明灯为他指明方向，仿佛自己已经垂垂老矣，没有抓住本该属于他的时间去行动。可是抓住了时间又能怎么样呢？拜伦该回到英国为宗教改革出一份力吗？可是他明白在那个将他驱逐出境的国家，自己的存在是无足轻重的。好吧，既然这样不如在春天到哪里做最后一次旅行，随后就去南美洲定居。于是拜伦找到了关于到南美洲定居的报纸，委内瑞拉政府向外国人去定居提出了很多的建议，并且他很喜欢那里的解放者玻利瓦尔，玻利瓦尔可以说是他心目中的一位英雄。拜伦写信告诉霍布豪斯："我没有开玩笑，我是非常认真地看待这次计划……我宁愿做一位不成熟的种植主或者是笨拙的移民，都不愿意一辈子做提琴家的追捧者，或者是帮女人拿扇子的人。"霍布豪斯从墨瑞夫人那里得知拜伦的计划以后，他并没有当真。对于拜伦的计划霍布豪斯只想告诉他，"亲爱的拜伦绝不会大材小用的，去做种植园主，天哪，这种想法实在是太疯狂太不成熟了。在那里没有牙刷，没有《季刊》评论。总之在南美洲的一切都不是拜伦喜欢的东西。"拜伦明白霍布豪斯这样说是为他好。可是他非常恼火霍布豪斯总是把自己当作小孩子一般对待。

拜伦在博洛尼亚的出现，引起了当地政府的注意。博洛尼亚的监察局局长将拜伦和归齐奥利伯爵之间非同寻常的友谊做成了报告递交给了罗马的首席警长。这些报告让博洛尼亚的人们明白了拜伦其实是一个地地道道的英国人。他是一个有名气的名人，并且以杰出的诗人自居，深居简出，感觉常常像在写一些什么东西。这位绅士十分的危险，因为他有着极强的能力和财富，能够将最有教养的人吸引到他的国家。这些都是报告上的内容，还有一位暗探对拜伦作出了评价和报告，报告中这样写道，"他不仅给归齐奥利伯爵戴了绿帽子，并且他本性好色，放荡不羁。同时他对政治上的见解总是无常的、变化的。"

快到8月时，归齐奥利夫妇离开了拜伦，拜伦和他的女儿独自住在公馆中。特瑞萨的离开，唤起了拜伦心中的孤寂，他不知道自己应该做些什么，只觉得每天都漫长无比。拜伦没有事做，所以就常常在花园里踱步。偶然发现了花园小桌子上的一本书，那是拜伦的朋友斯丹尔夫人写的《科琳》。于是拜伦拿起书，翻到了书的末页写下了几句情话，"我亲爱的特瑞萨啊，我最需要爱的时候你不在。百无聊赖的我在你花园里读到了这本书。原来这一本书一直是你心爱的那本，你不知道吧，书的作者可是我的好朋友呢。但是我的小可爱，你不懂英国话，又怎么能阅读这本书呢？所以啊，不要去管那些恼人的英文了，看看我用意大利语写下的对你浓浓的思念吧。你会发现我对你的爱在你不在的这段时间里有增无减，亲爱的，因为有了你，我才感觉自己是存在的，是一个有血有肉的人。你不知道我多么想与你同生死共命运。不知道为什么，我特别希望你仍旧是待在修道院的那个17岁小姑娘，这样我们也许就可以在对的时间相遇，造就一段佳话。不幸的是，你已经嫁人了。但是你却告诉我你也深深爱着我，并且你的行动也告诉我你所说的是真的。这让我多么地感动。山无棱，天地合，乃敢与你分开，除非有一天你再不愿意和我在一起。"特瑞萨仅仅离开了三天，拜伦就如此魂不守舍。

归齐奥利夫妇已经到了博洛尼亚，在这时拜伦也收到了伯爵的来信，伯爵希望拜伦可以再一次去拉文纳陪伴特瑞萨。因为特瑞萨告诉她的丈夫，她的病不见好转，健康状况要求她必须呼吸威尼斯的新鲜空气。如果拜伦待在拉文纳的话，不仅可以让特瑞萨安心地呼吸威尼斯的空气，还方便拜伦对她的照料。于是拜伦体贴地答应了伯爵的请求，对他来说这将是一场幸福的旅途。

恰好正在这个时候拜伦的老朋友托马·穆尔来拜访了，当时穆尔正和约翰·罗索勋爵一起旅游，想到拜伦也在这，随即就决定去拜访他了。穆尔看见拜伦后略显得有些惊讶，因为拜伦比以前老多了，也不再如往昔一般神采奕奕。和特瑞萨在一起的时候，她告诉拜伦，觉得他有一股子音乐家的气息，于是便让他留起了络腮胡，后脑还蓄着长发，把自己搞得像一个地地道道的外国人。但是这些都掩盖不了拜伦与生俱来的英俊潇洒。现在拜伦的脸看起来完完全全像一个诗人的脸，幽默风趣。拜伦在莫哲尼哥公馆盛情款待了穆尔，然后立即将他带到威尼斯，介绍给了归齐奥利伯爵夫人。穆尔告诉拜伦，他觉得特瑞萨看起来殷勤聪明，惹人喜爱。拜伦因为见到了他的老朋友而感动，想起了昔日美好的日子。他们一起在金奈尔德的家里，对酒当歌，寻欢作乐。拜伦高兴得像小孩得到了糖果一样，为穆尔安排了房间。穆尔的到来对拜伦来说无疑就是一次解放，就好像是小学生放暑假一般喜庆，拜伦告诉伯爵夫人，"允许我痛快地玩一个晚上吧。"拜伦和穆尔不但去看了歌剧还去吃了晚饭，歌剧结束以后他们两个还去圣·马可广场喝着白兰地掺杂的混合甜酒的饮料，整整待到大钟都敲了两下，不知不觉时间就已经到了午夜。夜晚的威尼斯是极美的，河水静谧，在路边灯光的照射下波光粼粼。周边的城市都笼罩在这神秘的夜色中，静静地沉睡在河上。拜伦和穆尔慢慢地走着，欣赏着万籁俱寂的美。穆尔被眼前的一切深深地打动了，而拜伦也逐渐被这夜色所感染，变得平静、温和、伤感。

第二天，穆尔前往拉文纳向拜伦的朋友告辞。拜伦向穆尔走过去，手里拿着一只白色的小皮袋。"瞧，"他说，"这个东西对墨瑞来说是值钱的，不过你可能不愿意花一个子吧？""这是什么东西？"穆尔好奇地问。"我最宝贵的生活和经历"，拜伦说。"不过这东西在我活着的时候是不能出版的。但是我希望你会喜欢它，如果你喜欢的话你就拿去吧，爱怎么处理就怎么处理。"穆尔听了喜出望外，表示了谢意："你给的东西实在是太珍贵了，我将会把这一切都珍藏起来，作为一大笔遗产留给我亲爱的小托马。我想这东西会震惊19世纪末的……"

送走了穆尔之后，拜伦就开始考虑自己的私人事务，特别是和特瑞萨的关系，就目前来看他和伯爵夫人的关系并非称心如意。以前归齐奥利并不是很清楚拜伦和他夫人的关系。但是在1819年就不一样了，伯爵无意间截取了特瑞萨父亲的来信，信上父亲劝他的女儿行事要谨慎，不要让别人发现她和拜伦的事。知道实情的伯爵十分生气，他急忙赶到了威尼斯去证实信上的内容。到威尼斯后，伯爵发现自己妻子身体已经恢复了健康，他真的是恨透了拜伦，让他戴了这么久的绿帽子，很快伯爵就和他闹得撕破了脸。于是拜伦让特瑞萨自己选择，要丈夫还是要情人，伯爵夫人选择了和他在一起，并恳求拜伦和她私奔。虽然拜伦很高兴但他还是劝特瑞萨回到自己丈夫的身边，因为这才是长远之计。毕竟伯爵已经答应，只要她愿意放弃拜伦就不计前嫌。

为了让特瑞萨回到伯爵的身边，拜伦给她写了一封信，"亲爱的特瑞萨，不要再为我伤心难过了。为了你和伯爵的幸福，为了拯救你的名誉，我不得不这么做，不得不离开你。你要相信更要明白我绝不会不爱你，并且我的爱将伴随我的生命直到尽头。"拜伦已经下定决心，他要带着阿列格拉先去英国，接着就是法国，还要去更多的地方，美洲，美国，委内瑞拉。在途经英国的时候拜伦希望再看一眼奥古斯塔，他急切地想要知道她亲爱的姐姐怎么样了。拜伦曾经给她写过信，"我最最亲爱的姐姐啊，请你原谅我最近有些忙都没有来得及给你写信。但是真正当我拿起笔的时候我又不知道该写什么内容了。时间不知不觉过了三年，俗话说时过境迁，物是人非。我们两个现在除了流着相同的血液，竟然已经没有什么共同之处了。但是我心底十分地清楚，对你的爱我从来没有变过，一直把它们存放在心底的最深处。正是这样的感情让过去的我们紧紧地相连，让我的灵魂完完全全地忠于你。让我根本无法再爱上任何一个人，和你相比，其他的女人不值一提。但是自从那次该死的劫难之后，你就拒绝再爱我了，也许你觉得曾经我们的相爱是错误的，你想改过自新。就算是这样也没关系，因为我从不后悔爱过你，但是也无法轻易地宽恕你，因为你放弃了我们的爱。"

在特瑞萨离开的两个星期内，拜伦已经非常明确地决定要离开意大利了。可是接下来拜伦居然开始发起了热病，并且把他身边所有的人都传染上了。一切的一切都仿佛是上天安排好的，似乎不愿意拜伦去实施这场旅行。发生的所有事情都让拜伦感到郁闷，只能看护着孩子，要不然就在公馆里无聊地散步。本来他想将这次计划推迟到春天，可是英国的迹象让他打消了这个念头。关于他的舆论在英国还没有消失殆尽，人们对他的回来并不会表现得那么友好。另一个让他取消计划的原因是，奥古斯塔似乎也不是很赞成他的回去，他的姐姐现在瞻前顾后，左右为难，早已没有了昨日对他的热情。她身边的朋友都劝阻她不要再与拜伦见面。就算拜伦回去了，奥古斯塔也会让他吃闭门羹的，因为她不敢再见到他，怕又会惹出什么风波。

特瑞萨已经在拉文纳召唤拜伦了，并且把那边的一切都准备得非常妥当。天知道为什么伯爵又同意拜伦和她见面了，好像是特瑞萨的父亲同伯爵谈了什么，于是伯爵就应允了。但是拜伦对去英国的计划还是念念不忘，也将去英国的所有行李都打点好了，转瞬间就到了去英国的时间。到底去不去呢？拜伦也不是很确定，于是他把一切都交给了上天决定。他宣布假如到一点钟他的剑和手枪还没有送到船上的话，他就不走了。老天还是选择让拜伦留下来，因为到了规定的时间，他的剑和手枪还是没有送到船上。他写信给特瑞萨，"亲爱的，还是你最让我舍不得。我没有足够的勇气离开有你的城市，至少我希望能够再见到你一面。从我们初次见面，我对你的思念就从未停止过。"

第三十章　云淡风轻的生活

　　终于又回到了积雪覆盖着的宁静的拉文纳，窄窄的街道，透着神秘的殿宇，长方形的教堂顶砖瓦错落，参天的古树枝叶繁茂，一片生机盎然。欣喜若狂的特瑞萨迎接着拜伦，就像久病的孩子终于得到家长的同意，让她日夜思念的伙伴来病床边看她，以助她康复。尽管私情是甘巴一家难以接受的，但他们对待拜伦还是像一家人一样，尤其是特瑞萨热情开朗的弟弟，皮特罗·甘巴伯爵，这个无忧无虑的年轻人对他格外友好，简直把他姐姐的这位情人当作姐夫一样看待。

　　拜伦在帝国旅馆租了一间房，这实则是个简单、朴素的小房间，并不像旅馆的名号使人联想起的富丽堂皇。他不知道会在这里住多久，几天或者几年都有可能，像一个丢掉船舵的船长一般，任凭自己漂荡于归齐奥利夫人慵倦的柔情之海中。

　　拜伦同阿格列拉住在一起，虽说有一个专门负责照顾小女孩的保姆，但是，同她和她的那堆霍普纳夫妇带来的玩具一起住在旅馆里实在是让他厌烦。为了避免长期和这个小姑娘同处一室，拜伦开始打算着找一间更大的套间来代替现在的小房间，而正当他要着手去找的时候，特瑞萨的丈夫，归齐奥利伯爵却主动提出要将他公馆中搁置无用的一层租给他。这出人意料，却是个不可多得的好主意。于是拜伦便请人将他在威尼斯的旧家具运了过来，住进了伯爵的公馆。拜伦摸不透这位丈夫的想法，但是他还是非常感激。

　　刚住下的第一个星期，急于想要向别人炫耀这位英俊的英国情人的伯爵夫人就拖着他走进她伯父卡瓦利侯爵的舞会。她给他披上绣花制服，让他在腰间佩上宝剑，还想挽着诗人的手臂……似乎她所有的骄傲都来自拜伦。想到乔治夫人的舞会，拜伦担心会引起诸多舆论。随即他便发现这样的担心是多余的：不论是这位担任罗马教皇副使节的侯爵还是所有其他的副使节都对他报以真挚而友善的微笑，大家彬彬有礼。更让他惊叹的是拉文纳淑女们的美丽与智慧甚至是她们佩戴的闪亮的钻石。所有的一切都是如此的疯狂与美妙，英国和那些所谓的道德被统统抛之脑后。

拜伦现在已经是一位被烧炭党公认的烧炭党拉文纳美洲人小组领袖。这要归功于几个月来他对意大利政治的大致研究和作为一个外国人身份，当然还有他英国贵族的声誉，而这些都使他免受警察的干涉。

1820年，欧洲开始复苏了。西班牙经历了革命，赢得了他们的宪法。这次革命对于教皇的臣民、那不勒斯国王的臣民和梅特涅的臣民们来说是一个鼓舞人心的榜样。在那不勒斯，数十名士兵高呼"国王和宪法万岁。"使得国王在7月6号那天签署了一份批准立宪政府的声明。那一天，拜伦骑马来到松林园，见到了一帮美洲朋友，他们一边训练，一边高唱着："我们是自由的战士……"他们朝眼前经过的拜伦欢呼着，他也在马背上向他们回礼。拜伦在记载中把这描述为是当时意大利精神面貌的体现。在这之后他写信给所有的能联系到的朋友，请他们给他运来尽可能多的剑和火药。他用搜集的150支枪在归齐奥利公馆建立一个军火库。做这一切需要有足够的勇气，在这期间有人寄来一封匿名信，信中提醒他尽量避免骑马外出，要小心提防政府的警察。

归齐奥利伯爵的财富使他成了一个软弱的人，他十分小心地尊重政府的权力而不去过问他所尊重的是一个怎样的政府。他开始厌恶妻子的这个"忘恩负义"的情人，后悔自己竟然将公馆中的一层租给他，眼见自己的妻子进进出出。他的寓所彻底成为密谋者会面的场所。密谋者无时不在，每一个抽屉里都塞满了他们震耳欲聋的宣言。政府已经得到了《恰尔德·哈罗德》的译本，而人们正引用拜伦论但丁的诗作为革命的赞歌。在罗马总督给奥地利警察的秘密报告中，可怜的归齐奥利伯爵被说成是"一位众人皆知的、最厉害的社会危险分子，并且和一位拜伦勋爵密切勾结。"

于是，在这种境遇下，伯爵再一次命令他的妻子，在他与拜伦之间做出选择。她恼羞成怒，她认为没有谁有权力让一个女人做出选择；她执拗倔强，"即便他决定让你同我在一起，"她回答她的丈夫说："我也要跟他同居。在拉文纳做一个唯一没有情人的女人，这对我太不公平了……"甘巴一家站在这对情人这边，因为他们向来痛恨归齐奥利；男人们、女人们甚至整个拉文纳站在这边，正如拜伦所说，这是因为自己得到了城里穷苦百姓的崇拜，还因为他们总会站在有错的人这边。他所赞成的一个自由的意大利的思想也在这个案件中为自己赢得了非常有利的公众舆论。

分居最终由甘巴一家以造成极大侮辱为由提了出来，而不是伯爵。伯爵因为不愿归还嫁妆而反对分居的提议，整件事变得颇有戏剧性。这件诉讼案被交给了教皇法庭，引起了人们的纷纷议论。据说，这是两百年来拉文纳法院首次审理这样的案件。律师们认为伯爵非傻即恶，七八个月之后才对这样不加遮掩的私情有所觉察，或者即便早早发现也睁一只眼闭一只眼，因而拒绝为他开脱，结果，教皇在7月宣判分居。伯爵夫人住回到父亲甘巴伯爵的家里，和拜伦的见面也是有极其严格的限制。曾经谴责并当众侮辱了那些雾霭缭绕的女神和英国的风俗习惯的拜伦，现在却因为教皇法院的判决成为意大利姐妹们的牺牲品。伯爵夫人出身名门，但由于他的错误，她失去了丈夫。如果有可能的话，他认为自己有责任同她结婚，就和他以前认为自己也应该出于道义同卡洛琳·兰姆结婚一样。

1820年7月16日，根据分居令的规定，伯爵夫人住到她父亲的宅邸里——毗邻拉文纳的甘巴伯爵别墅，在那些主教们看来，这样就能拆散这一对情人。但是，甘巴伯爵父子俩喜欢拜伦，他们赞同他的政治观点，甚至为他的这段私情打掩护。秋天，当特瑞萨回到拉文纳的时候，拜伦自然就能够天天晚上在甘巴家里看见她了。

拜访甘巴家的神秘和困难，密谋和私情相互交织，使拜伦始终对这种私情怀有新鲜感。1821年，整个漫长而寒冷的冬天拜伦都独自待在归齐奥利公馆。厚厚的积雪覆盖着大路，马厩里马儿冻得直跺蹄子，拜伦在家看看书或是望着火炉发呆，可是书里能读到什么呢，"除了所罗门早有的先见之言之外，人们又有什么可说的呢？"烦闷无趣的生活使他又开始写日记，在这一时期写下的日记要比1813年时写的更值得关注，他的思想能够更好地付诸事物本身，使它们更加饱满也更加无情地显示出来。他如实地描写所见所想，尽可能地对自己或他人忠实。他用自然现象来隐喻所看到的人和事，他认为一切都是自然一致的，他就是以这样厌世的眼光来看待一切的。在那段时间里，拜伦养成了一种奇怪的习惯，那就是坚持记录那些有助于塑造自己形象的事情，还记录着自己的生活细节，比如："六点钟吃饭。忘了还有一个干果布丁……不知不觉地吃完饭了。喝了半瓶烈酒……作为饭后水果的两个苹果还搁在那没吃。喂了两只小猫，还喂了鹰和家养的（不是驯服的）乌鸦。读了米特福德（英国历史学家）的《希腊历史》，克瑟诺芬（希腊作家）的《万里撤退》。先写到这，现在是法国时间七点四十五分——不是意大利时间。"

拜伦的日记有种莎士比亚戏剧中荒唐的韵味。他一会儿写双行体诗，一会儿打趣逗乐，一会儿谈论共和政体，一会儿叙述那只宠物乌鸦的健康，这些内容被他精心地布置，虽然杂多却不显得突兀，前后自然流畅。"整个上午都待在家里——看着炉火——不知道邮差什么时候来。邮差在黄昏祈祷的时刻到达——本来应该在一点半就来。加利内尼的《信使报》，一共有六份，一封从法恩扎寄来的信，没有从英国寄来的东西。因此我绷着脸，心情低落……""大约用半个小时写了五封简短而凌乱的信，寄给我所有的卑鄙的通信者……""听到马车声——同往常一样吩咐仆人备手枪和大衣，以及必需的东西。天气寒冷——马车门敞开着；居民们有点粗野——政治使他们变得诡计多端，充满怒气。但他们都是些优秀的人——构成一个民族的好元素……钟声响了——出去谈情说爱吧。危险但并不令人生厌。备忘录——新的屏风今天立起来了。古香古色，稍加修葺就行了。冰雪继续在消融——希望明天可以骑马……"

"一只跛了脚的乌鸦，奇怪怎么会这样，我想大概哪个笨蛋踩到了它的脚趾上。矫健的猎鹰，猫儿挺安静，自天气转冷以来我一直没大留意猴子，因为被圈养而感到痛苦。马儿肯定很快活，等天气好转，就带它去溜达溜达。天气又闷又热，真该死——意大利的冬天令人沮丧，但是其他季节却令人着迷……"

上一次用类似这种调子写日记还是身在伦敦写《海盗》的那些日子了。非常接近，但不完全一样。比起那时候，现在的拜伦已经抛却了大半的激情与冲动，流动的熔岩已经冷却，内心的挣扎不再激烈。生活中种种无聊和荒唐显得理所当然。到了如今，他变得更加平静，同时也越来越敏感。他还是一个十分英国化的人，无法真正认真地对待意大利生活，虽说现在英国对于他来说不过是一个遥远的梦，然而有的时候一种声音，一种气味，甚至是书中的一页都会唤起他对英国往事的回忆。"听！一架风琴在街上演奏——那是华尔兹舞曲！我必须停下一切静心聆听。这支华尔兹舞曲我在 1818 年到 1821 年之间的伦敦舞会上不知听了多少遍。音乐是一种奇妙的东西。"眼前仿佛卡洛琳·兰姆跳着华尔兹舞，如幽灵般摇曳摆动……拜伦听说了她今年曾在奥尔马克的舞会上跳舞，她那天穿的就像唐璜一样，身后还跟着一个魔鬼。卡洛琳的戏剧正以化装舞会而告终。至于他的妻子，听说她正资助着一个慈善舞会，就在自己丈夫流亡期间她竟资助着一个慈善舞会！拜伦怒不可遏，他不能理解当自己为了另外一个民族冒着危险的时刻，远在故乡的妻子竟过着这样的生活。为此他内心痛苦了好几个小时。

但是，他要是能够读一读妻子这阵子的日记就会知道事实情况：安娜贝拉每个清晨都会回到皮卡迪里坪去瞻仰他们的故居，她常常那样仰望着那个两人一同居住过的房间。她觉得那里仿佛是自己和一位去世很久的朋友曾经一起住过的地方，没有曾经强烈的痛苦，只有一丝浅浅的悲伤。这种感觉拜伦也常常会有，他们之间往来的书信好像是与一个离世已久的故人的对话。即便如此，他仍然让她照管奥古斯塔，在他看来无论现在或是过去发生了什么，拜伦夫人没有任何可以埋怨奥古斯塔的理由，相反，安娜贝拉也不可能知道自己对奥古斯塔欠下了什么。他和奥古斯塔在一起的生活，与她安娜贝拉的生活互不牵扯，一种生活的结束代表另一种生活的开始，而现在对于拜伦来说，这两种生活都结束了……

朋友们都远在外国。弗莱查在一份意大利单张报纸上发现了霍布豪斯曾作为极其进步的激进主义者当选为议员后又入狱的消息。听到这则消息拜伦哈哈大笑。

1821年年初冬末，1月22号，拜伦满33岁。"明天就是我的生日，也就是说，再有二十分钟到了午夜十二点钟，我就走过了人生的三十三年！我爬上床，情绪低落。活了这么久却几乎是毫无成就。现在是十二点过三分了。城堡的钟指示着已经是子夜了。已经33岁了！我不会为所做过的一切感到后悔，而对于那些想做而没有做到的事情我深感悔恨。"

数月来，拜伦在拉文纳潜心于《唐璜》的写作，而写到第五章时，归齐奥利伯爵夫人打断了他的工作。她坚信爱情至上，并坚决捍卫着传统的浪漫，不能容忍任何异端邪说对爱情的冲击和诋毁。有一次拜伦对她说爱情并不是真正悲剧最崇高的主题时，她被深深激怒并且为此同他展开了激烈的辩论，并最终将他说得哑口无言。拜伦一向不擅辩论，尤其是当对手是个女人。他缴械投降，中止了《唐璜》的写作，将桑达那帕拉塑造为情人，开始了悲剧的创作。他的一些悲剧作品受到了威尼斯历史的启发，比如，《马里诺·法利诺》和《两位福斯卡利》；而另外一些则受到古典作品和《圣经》的启发。由于不久前通读过阿尔菲里的作品，所以他也尝试着采用韵文体来写悲剧。此外他还试图重新用古典戏剧中的三一律来挽救英国悲剧，但这其实都体现了他反浪漫主义的理想。

在拜伦的悲剧作品，甚至具有历史题材的古典悲剧中，他都试图凸现一种自我解放意识。假设他试图写一部《泰比里厄斯》的话，那么他一定会在其中充分表达个人情感。他曾经设想说："我考虑要创作四部悲剧的主题……其中，《桑达那帕拉》我已经着手；而《该隐》具有形而上学的主题，同《曼弗瑞德》的风格相似，有五幕，也许还有一组合唱；还有《里密尼的弗朗西斯克》，也包括五幕；很难说我不会真的尝试《泰比里厄斯》。我想我会从自己的悲剧中提炼出一种东西；我会把细节以一种更为柔和的方式描绘出来，从而表现出一种必然导致罪恶和放纵的、无奈的绝望，可以从暴君年迈时感伤忧郁的选择隐退之中提炼这种东西，甚至从他在卡普里逗留这一阶段中也可以体现出这种东西。因为，只有一种曾经强大的又遭遇废弃的、无尽忧郁的思想，才会依附着一种孤寂的恐惧——这也因为他年事渐高而且同时又是世界的主宰者。"

但是，《该隐》是他所有的戏剧中最具揭示性的。自小拜伦就固执地认为"他"在犯罪之前，就被上帝罚入地狱。他正义凛然地抗议罪恶，潜伏在神圣的造物主中：在《该隐》中，他试图将这种抗议以戏剧的形式表现出来：第一场景塑造了堕落之后的亚当和他的子嗣们；面对其他人对耶和华的崇拜，该隐沉默不语，因为他没有宽恕上帝。他质问上帝："亚当错在哪里？"

> 种下了树，为什么不是为他而种？
> 假若不为他而种，为什么置于他附近？
> 树在那儿生长，
> 成为宇宙中心的仙境。他们对此，
> 只有一个答案，"这是上帝的意志，
> 上帝是善良的。"

接着那个自称是上帝对手的卢西弗出现了，他建议该隐让他看到表象掩盖之下的真正的世界。该隐不愿离开阿达，他的妹妹，也是他的妻子——亚伯死后，天使给该隐打上了罪恶的烙印。该隐甘愿受罚，但他拒不认罪。

啊！上帝！

> 他们是不该相爱的，不该在自己的爱中
> 产生出爱的事情吗？
>
> 堕落人间不久，我就降生了，
> 母亲的头脑还没有摆脱那条蛇，
> 我父亲仍在哀悼伊甸园。
> 那就是我，就是我，
> 我并没寻求生命，
> 我也没有创造我自己……

这几乎就是拜伦内心的呐喊，他感受到该隐额上的烙印也烙在自己的额头上，自己会像该隐一样注定在世间漂泊。他亲手杀死了自己的弟弟——那个早期的拜伦，可是，他要为此承担所有的责任，背负所有的骂名吗？那就是他，就是他。像该隐一样，他也从未创造过自己，他不可能不如此行事。面对上帝的不公，他振臂高呼："你为什么这样对待我？"

拜伦将《该隐》定义为异教徒的作品而非无神论者的作品。它的出现引来那些来自宗教正统观点的潮水般的抨击，从肯城到比萨，牧师们纷纷表示反对这位加尔文主义的欧罗米修斯。这些悲剧在英国也遭到了同样的待遇。这结果让拜伦感到悲哀，"这就是所谓明珠暗投，真正的作品得不到欣赏，信口雌黄、天马行空的作品已经毁了公众的品位，只要我随波逐流，大家就对我大加赞赏。而现在，我在这三四年间创作了一些'不该被世俗湮没'的作品，却被嗤之以鼻，这些人抱怨了一通，便回到自己的泥潭里打滚去了。"在自己被大众膜拜的巅峰时期，拜伦是最有节制的作家，而现在，他开始为舆论显出的趣味迥然不同的现象担心了。

当英国抛弃他的作品时拜伦决心做一个行动主义者。霍布豪斯因为进入议会，曾遭受牢狱之灾，因为曾书写（匿名的）反对造罐头的小册子而深感骄傲。啊，要是拜伦能让他瞧瞧自己并不满足于仅仅创作出这些勇气的替代物，那该多理想！于是他将当下的，自己也许会起重要作用的意大利革命看作最大的希望。

整个冬天，拜伦都全身心投入到与皮埃特诺·甘巴，以及他的美洲同胞们一起密谋策划之中。他们需要密会，他就将公馆贡献出来；他们需要资金，他就将所有的积蓄都捐出来；拜伦甚至不惜牺牲自己的生命，因为他认为这与一个自由的意大利相比实在不算什么。"只要想一想——一个自由的意大利！！！自奥古斯特斯的时代以来，为什么不曾再有过这种情形？"

这就是拜伦的独特性格，他热情并且身体力行，勇敢并且谨慎周全，他将这些与自己用之不竭的常识结合起来，一股脑儿的倾注到革命的事业中去。在这件事上，拜伦最担心的是意大利人民自己不能团结，所以经常劝他们要有计划地行动。可是，最不幸的是，他的担心竟成了事实。3月初，那不勒斯人被奥地利军队逐走，君主批准的宪法也由他自己废除了。拜伦和拉文纳的人民不得不放弃自己的计划；被扼杀在摇篮中的起义遭到了最残酷的镇压，历来如此。教皇的警察起草了一份嫌疑犯名单，碍于拜伦的名声，他们还不敢碰他，可是为了让他受到打击，他们于1821年7月放逐了甘巴一家。

特瑞萨愿意流放却不愿意放弃她的情人。他们一起又能去哪里呢？如她所建议的那样去瑞士吗，但在那里有太多的英国人，他们一定会翘首以待，等着瞧瞧这位勋爵……正在拜伦举棋不定的时候，雪莱的信悄然而至。雪莱在为阿列格拉担心，希望能同拜伦见面谈一谈。其实在忙于密谋策划期间，拜伦也觉得把自己的小女儿放在这已经成为军火库的寓所中不够稳妥。这地方危机四伏，在屋子前面，大白天也会发生谋杀案。他早就决意要让阿列格拉成为天主教徒，同意大利人结婚。最终，在特瑞萨的劝告下，拜伦将阿列格拉托付给了拉文纳附近的巴尼亚卡瓦洛的修女。

克莱尔为拜伦的决定着急上火。她给拜伦写了一封信，苦苦哀求说如果他无意抚养阿列格拉的话，就将她还给雪莱夫妇。但是就像安娜贝拉一样，克莱尔的话不仅没有引起他的同情心反而激起了他的残忍之心。在拜伦眼中，克莱尔兼具卡洛琳·兰姆的无耻和拜伦夫人般的"说教和情感"，于是同对待她们一样，拜伦放纵着自己对她的残忍，厌弃于她，拒绝把幼小的拜伦委托给她。他告诉霍普纳说："关于阿列格拉，克莱尔给我写了封胆大妄为的信。看，这就是一个男人照料自己的亲生子女的好处……如果克莱尔认为她可以插手我女儿的伦理道德和教育的话，她妄想！如果可能的话，那女孩将成为一个基督教徒，而且将成为一个通过明媒正娶结婚的女人……"这番话恰恰反映出长期以来沉潜在拜伦内心深处的，严肃刻板的道德家的本色。

8月6号，雪莱到达拉文纳。自从两人威尼斯一别，就没任何联系。再见面时，雪莱惊异于拜伦精神和身体上的好转。雪莱在给玛丽的信中写道："事实上，他显然已经康复，现在的拜伦正过着和他在威尼斯的生活截然相反的生活。他与归齐奥利伯爵夫人有一种稳定而长久的私情。伯爵夫人现在住在佛罗伦萨。从她的来信中能感觉到她是位非常和蔼的女人……这种关系能给他带来巨大的好处……曾经害人匪浅的情欲似乎已经被他克服。他正在转变成理应成为的、有德行的人……听了他念的一段《唐璜》中没有发表的章节，我不禁拍案叫绝。这将使他远远超越当代诗人——每一个字都将成为永恒！"

显然雪莱真诚地希望通过这封信，能让玛丽对拜伦有一个比较好的看法。在日内瓦和威尼斯的那些日子里，雪莱夫妇的态度可是非常严厉的。这些日子以来，雪莱自己做出了理性的判断。对于拜伦而言，雪莱是自己所熟悉的最出色的人，最优秀的诗歌鉴赏家，最大度的灵魂。雪莱仿佛一团明亮照人的火焰，一旦失去这火焰的温暖，人们都会遗憾终生。同时，他又是一个具有巨大影响力的榜样，让别人感到羞愧自责。带着钦佩和敬仰，拜伦常常默默地观察他，渴望能发现他的一丝破绽。但是，无论拜伦怎样无情地分析，他还是那个是非分明、精力充沛、完美到无懈可击的雪莱。

在雪莱逗留期间，生活依旧有条不紊地进行——上午睡觉，下午享用"早餐"，在树林里骑马，黄昏时看看书，入夜后聊聊天。漫步穿行于偌大的公馆，在台阶上遇见孔雀、珍珠鸡、埃及鹤等各种动物……这样的日子让雪莱也感到心情愉快。一次在和拜伦的谈话之中，雪莱提起了他们的朋友利·亨特。雪莱说他在英国处境很窘迫。他本想带他一起来意大利，可是在这儿，也不见得有谁能雇佣他。拜伦想到一个主意：他曾考虑同托马·穆尔一起创办一份评论性刊物，这样就可以发表自己的作品，但是穆尔却迟迟没有答复。于是他提议由亨特、雪莱和自己三人共同创办一份自由评论刊物。两人一拍即合，雪莱迫不及待地写信给亨特，叫他快来。

受拜伦的委托，雪莱给自己并不相识的归齐奥利夫人写了一封信，信中请求她放弃去瑞士的打算，而选择定居比萨。特瑞萨在回信中答应了，而信的结尾是一段充满忧虑，情真意切的话，"先生，您的盛情也让我等不及想求助于您，您可以答应吗？请您不要离开拉文纳，除非我的勋爵和您在一起。"除非拜伦勋爵和您在一起……由此可以看出，她知道让拜伦一人独处该有多危险！其实那个最不放心拜伦的人正是他自己。他比任何人都更了解自己，畏惧于自己的弱点，如果没有雪莱或者特瑞萨在身边的话，他恐怕会旧病复发，重新变成那个放荡不羁的勋爵。于是拜伦坚持要求雪莱和他待在一起，但是雪莱此行是来看阿列格拉的，当他在修道院看了女孩之后，就和拜伦告别，去了比萨。

玛丽在比萨为拜伦租下了兰弗朗契公馆，特瑞萨和甘巴一家来到比萨后对这个公馆十分满意。拜伦却迟迟没有出现，直到三个月之后才到达比萨。他又恢复了订婚时那样"越来越烦躁"的状态。也许是命中注定如此：每当他开始喜欢一个国家，一座城市，甚至一所房屋时，总有一个女人将他带走。他终于爱上了拉文纳这座城市，因为在这里他受到百姓的尊敬，连牧师也袒护着他，因为他为了节日的游行奉献出自己的织锦毯；他在这里沉心写作，觉得自己活得健康而充满力量。此时他正积极创作的是那个以《圣经》中的传奇故事为依据的《天与地，一个神话》，描写爱着大地的女儿的堕落天使。家具大都被运到了比萨，留下的只有一张桌子和一个床垫。伴随着打包带起的灰尘和喧闹声，拜伦创作了幽灵的合唱曲和一首大天使之歌。10月29号，三个月后的这一天，他终于离开了拉文纳的归齐奥利公馆，回到特瑞萨身边。

在去比萨的途中，在博洛尼亚，拜伦和少年时的朋友莱尔勋爵不期而遇，这让拜伦一时间惊得目瞪口呆。直到后来他才将那次邂逅的心境说了出来："现在和哈罗公学的时代之间所相隔的年月瞬间被这次邂逅抹除。对我而言，这真是一种全新的、无可名状的感情，就像是从墓穴里升起来一样……我们一起在大路上待了五分钟，只有五分钟，但是，我似乎记不起生命中的哪一个小时可以同这五分钟相提并论。"人生如梦，那些在生命中出现的人物一一闪过，燃起心中的嫉妒、爱情或是愤怒。他们消失在我们生命中时，我们以为自己忘却了；当他们再次出现在这烈日之下通往异国的旅途中时，就又鲜活地回到我们生命之中。

拜伦动身之际，雪莱又一次写信给他，请求他把阿列格拉也一同带上，毕竟这个小女孩现在被留在巴尼亚卡瓦洛，举目无亲。但是拜伦还是选择了独自动身，不，确切地说是带着那马车下悬挂着的一笼鹅一起出发了。不管是怎么嘲笑英国，他就是丢舍不掉一些源于祖国的古老习惯。在米迦勒节，他习惯吃烤鹅。为此特地买了一只鹅，还亲自喂养了一个月，但是却喜欢上了这只鹅，过节的那天，他最终也不忍心杀它，便又买了一只鹅。这只在旅途中一直与他为伴的鹅感化了他，从那以后，拜伦就总是和四只鹅一起旅行。

第三十一章　海上事故

对于像拜伦这样带有《该隐》烙印的人来说，孤独是不幸中的大幸。在比萨的生活远不如在拉文纳那样快活自在，他又成为一群英国人评头论足的对象。而雪莱的存在从来没有让拜伦感到一丝不快，实际上，见到雪莱的次数越多，他的心中就越是充满对雪莱的敬仰。

他需要雪莱！当看着雪莱驾船在阿尔洛河乘风破浪时，他仿佛看见自己在生活中独自与整个世界搏斗的情形；雪莱遇事勇敢果断，愿意帮助犹豫不决的人下决心。而对于拜伦，雪莱也是青睐有加。他写道："人们惊讶于上帝，因为他造物如此迅速而出色；但让我更为惊讶的是，在这个曾经堕落的躯体里，最近产生了具有天使心灵一样的作品。"然而，雪莱的周遭尽是一群严苛的亚伯，他们自身才情不足，却又不肯承认拜伦作为诗人的成就，仅仅纠结和畏惧于拜伦的为人。是啊，按照对于一个普通人的要求来说，拜伦有太多让人指指点点的缺点，他的放荡不羁，他的华丽府邸，甚至他的仆人或是宴会，都是人们口诛笔伐的目标，玛丽·雪莱也常常惊诧于这种落魄不羁。在拜伦看来，既然无力改变，不如顺其自然，索性就在这种种传闻之中生活。从兰弗朗契公馆望去，阿诺河大得可以驻扎一支部队，阴森森的房子引得弗莱查多次嚷着要换房间。拜伦和特瑞萨这一对情人在清晨的阳光里漫步于院中的橘树下，午后特瑞萨同玛丽·雪莱一道驱车外出；拜伦则和雪莱一行人骑马出去走走。除了他俩之外，同行的还有威廉斯船长、约翰·塔弗（一个爱尔兰人，是但丁作品的译者），还有教玛丽·雪莱希腊文的玛弗洛克达托王子，以及雪莱的堂兄，龙骑兵中尉托马斯·梅德温。晚饭后的活动就和在拉文纳一样，拜伦会去拜访甘巴一家，然后回到房间一直工作到凌晨三点钟。有时甘巴家姐弟俩会趁着黄昏来到雪莱位于公馆顶层的小房间，静静地聆听雪莱深情地吟诵诗作。而雪莱的堂兄，那位梅德温中尉常常独自来到拜伦那里，和他交谈并细致地记录下谈话的内容。拜伦喜欢这位简单纯朴的聆听者，也乐得与这年轻人分享自己年轻时的故事和经历。就像刻着象形字的木乃伊的裹尸布被慢慢展开一样，对梅德温来说，故事情节也逐渐展开。玛丽·查沃思主观的爱情，安娜贝拉含蓄的祈祷词，还有拜伦勋爵的海阔天空。拜伦滔滔不绝，梅德温紧紧跟随。

12月10日，是艾达的生日，拜伦心情低落，说道："艾达生日的这一天，也算是我一生中最快乐的日子，但是现在，每逢节日我就心惊胆战，惴惴不安。因为总会有诸多不寻常的事在这一天发生，就像拿破仑常常遇到的那样。"这一切果真应验了！波里托里离开了人世！他大概是完全没有了生存下去的勇气才选择以这样鲁莽的方式离开。据说，他为自己开了一张药方，由于药性强烈，他毫无挣扎地就走了。1月28日，诺埃尔夫人的死讯传来，拜伦和拜伦夫人将依法平分温特沃斯家的遗产。这样一来，拜伦的收入一年将有七千多镑。对安娜贝拉来说，接到遗产后的第一件事就是寄给奥古斯塔一些野味。

除了梅德温以外，还有一个奇怪的人在记录拜伦的情况。1月中旬，这个曾经的水手、逃兵和海盗成为比萨的英国团体中的一员。他名为爱特华·约翰·特里劳尼，他的丰富的人生经历好像是一部小说描述的一样。雪莱夫妇很喜欢他，特里劳尼对雪莱夫妇也心生好感；但他和拜伦之间的关系显得有些紧张。面对这位航海经验丰富的老手，一个活生生的海盗，拜伦起初很想取悦于他，表现得毕恭毕敬，完全是一个门外汉向专家请教的态度，他还委托特里劳尼为雪莱和他自己建造船只。但是特里劳尼身上的"康拉德的一面"激怒了拜伦，因为他现在极度厌恶那些雷同于自己早期创作中的拜伦式英雄的人物。而对于特里劳尼而言，眼前这个身材矮小、忧郁而跛足的人让他深感失望。他啰唆着自己如何当过海员、拳击师以及如何在赫勒斯旁海峡艰难泅渡，这言谈举止似乎有失恰尔德·哈罗德的身份。此后，特里劳尼对他总是敷衍其词，谎话连篇。一次拜伦在低声自语地说如果这位新结识的人能够学会洗手和不说谎话，那才算有点绅士气质。无形中，这话传到特里劳尼耳朵里，自此他对拜伦心存怨恨。

在比萨这个相互议论、相互评析的社会圈子里，拜伦意识到了自己的弱点，也知道自己现在的生活并不是人们期望他所过的那种生活。诚然，同归齐奥利伯爵夫人在一起也经常会让他感到身心欢愉，但当两人情意绵绵地坐在兰弗朗契公馆干瘦的橘树底下时，他却心生疑虑，怀疑他们之间的这段私情是否正变得越来越荒诞。

1822年3月，在获悉希腊的起义有获胜的希望之后，玛弗洛克达托王子立即行动起来，启程赴任起义者的首领。拜伦听闻这个消息，内心充满羡慕之情。

比萨的那一群人带给拜伦的恶劣心境也直接导致了另一个悲剧性的后果：他没将女儿小阿列格拉带在身边，甚至没有去看过她。举目无亲的小阿列格拉写信恳求说，"亲爱的爸爸，博览会的那几天里，可以带我去玩玩吗？"但拜伦却把自己信奉的拉·罗彻福考特的理论用在这五岁孩子的身上，对于孩子的请求他给出了简单的评论，认为她想见父亲只是因为她想要父亲从集市带给她姜饼。克莱尔听人们说起巴尼亚卡瓦洛的气候是很危险的，于是当她独自坐着凝神看着冬日的佛罗伦萨火炉中的熊熊火焰时，惦记的是她可怜的孩子，想着她一定是在那里挨冻。她再一次央求拜伦，希望他能把阿列格拉寄养于某个受尊敬的人家里。只要当地的气候有利于健康，无论在哪里，她发誓自己决不会去看她。"千真万确，我内心有一种强烈的难以抵挡的预感，我时刻不能安心，仿佛感觉再也见不到她了。恳请你让我看看她，好让这不祥的预感消失。"克莱尔动情的哀求适得其反。在拜伦看来，她尽管是个无神论者，但依旧是英国人、是新教徒、是惧怕教皇的人。因此她的劝说只会让拜伦更痛苦、更绝情。的确，正如她所说，把幼小的阿列格拉送到一座修道院对一个母亲而言是沉重的苦难和深深的折磨，她试图说服拜伦："……我费了些心思研究了修道院的制度，我发现在那里的孩子们都是非常可怜的。几乎每个到意大利旅行和创作的人都异口同声地指责她们，这已经足够说明问题，更用不着再说那些意大利女人、那些修道院的门生是何等的愚昧和放荡。"

拜伦对此拒不作答。在拜伦看来，这样的评论显然已经将修道院的问题延伸到他个人和教义的问题上；而对在修道院里长大的妇女的攻击，被他视为对特瑞萨的攻击；针对宗教教育的抨击总是使他恼羞成怒。雪莱这次强烈支持克莱尔，对拜伦的态度非常不满。此时的他只有一个想法——尽早离开拜伦，离开拜伦居住的城市。他委托威廉斯夫妇和克莱尔到沿海去找一幢可以度夏的房子。刚离开比萨，雪莱夫妇就从拜伦那里获悉噩耗，阿列格拉死了。

面对周围所有人的目光，拜伦想通过对这个无礼女人的惩戒来显示自己的权威。但他无论如何也料想不到的是自己使女儿遭遇了这样的命运，他是用自己坚持的方式爱着阿列格拉；欣喜地看着自己一手带大的女儿透出自己的美貌和缺点。他也曾为女儿设想，考虑过以后带她到国外去。痛苦自不必说的，拜伦用自己的方式感知痛苦。归齐奥利伯爵夫人真实地描述了她将阿列格拉的死讯告知拜伦时的情景："在他的脸上有一种濒死的苍白掠过，他颓靡地坐下……没掉一点泪，脸上却透出无尽的绝望、沉重和哀伤。就在一瞬间，他仿佛成为一种超脱于人性之外的存在。他说'她比我们更幸运；她在这个世界里的地位似乎也不允许她获得幸福，这一切都是上帝的旨意——让这件事就这么过去吧。'"

巨大的悲恸使拜伦陷入沉思，这是他唯一能采取的方式，将自己抛入以往的情感之中，"我希望将她埋在哈罗教堂里。教堂的墓地中有一块离人行道很近的坟地，从山顶上可以俯瞰整个温莎。每一座坟都在一棵大树的庇佑之下，孩提时代的我常常在那里一坐就是几个小时，因为那里是我最喜欢的地方。我想竖一块碑来纪念她，将她埋在教堂里，门旁的入口处竖一块碑，碑上刻着这样的一段话：

> 当悲伤掠过美德的高尚尘土，
> 尽情悲伤吧，眼泪是我们自己的，
> 这便是她洒下的眼泪，
> 她心存感激地献上她爱情和赞颂的最后凄楚的敬意。

可是，把一个私生女安葬在教堂里在墓地管理人看来是不合情理的。于是他们仅仅在位于山顶的一块小墓地的草地上栽了一棵玫瑰树，以此标志出拜伦女儿的安息之处。

写作，只有写作可以对抗内心的疲惫和痛楚，以及缺少行动的遗憾。于是在比萨，拜伦奋笔疾书，创作出一部名为《变形的畸形儿》的《浮士德》式的戏剧。关于这部戏剧，雪莱觉得尽管写得劣俗却还是颇有趣味。首先是它的有趣的题材和拜伦的生活密切相关，剧中驼背阿诺尔德，为了治好自己的驼背以获得和其他人一样的爱情，决然把自己的灵魂出卖给魔鬼；其次戏剧的开场部分也颇为有趣，驼背阿诺尔德的母亲喊话道："出来，驼背。"阿诺尔德愤愤地回应道："我生来如此，母亲！"有趣的是拜伦和他母亲就曾经有过这样的一番争辩。此外，在拜伦尚未完成的第三幕中出现一个奇特的注解，大致是说阿诺尔德妒忌那个过去的自己，妒忌自己曾经拥有的理智的力量……这个注释可以很好地解释拜伦对自己个性的思考，他完全清楚先后存在的几个拜伦。

终于，他又继续《唐璜》的创作，他感慨说，得到他的"女独裁者"的认可他才得以继续创作，前提是《唐璜》必须比开始更加严谨和伤感。拜伦更加努力地在兰弗朗契公馆潜心创作，可周围免不了麻烦不断。甘巴一家再一次遭受驱逐，起因是拜伦的一个莽撞的搬运工人，铁泰，那个身穿金色镶边制服的青年，在一场纠纷中挥叉猛打一位军士长，结果对方肋骨骨折。这次冲突引起民众哗然，铁泰和另一些无辜的人被逮捕了，塔司科尼的法律不能惩治拜伦，转而打击了甘巴一家。在蒙泰耐罗，拜伦为他们租了一座别墅，距离莱克亨不远。拜伦每周都会去看特瑞萨，他觉得这个女人在经历迫害之后越发增添了几分魅力。也许正如他所说："女人不在身边的时候她们才更有魅力，那些时刻里我觉得她少了些妻子的味儿。"

7月的第一天，拜伦正和甘巴一家一起在蒙泰耐罗的公寓，有人通报说利·亨特前来拜访。前年亨特曾热情地接受雪莱提出的有关三个人共同创办刊物的建议，当然这绝对不是因为他把拜伦当成朋友。亨特是个平淡无奇的诗人，完全臣服于自己的妻子玛丽安娜。拜伦1815年去莱生园林拜访亨特，拜伦夫人坐在马车里没有进门，这让玛丽安娜大为恼火，自那之后她一直对拜伦心存芥蒂。

此行对亨特夫妇而言可谓一波三折，更别提身边还带着六个孩子，到来时玛丽安娜·亨特已经是一副病恹恹的样子。那个长着浓密胡子一脸忧郁的特里劳尼在莱克亨迎接他们，接着这个骑士带他们来到蒙泰耐罗。碰巧的是，在这一行人抵达时一场激烈的争吵刚刚爆发，甘巴家的仆人和拜伦的仆人之间起了争执。莫名其妙闯入这场闹剧的亨特觉得这一切是如此怪异、激烈和狂暴。试图从中调解的彼埃特罗·甘巴伯爵混乱中被匕首刺中；披头散发、面红耳赤的归齐奥利伯爵夫人声嘶力竭地喊叫着；浑身是血的甘巴伯爵呵斥着想要震慑刺伤他的凶徒；置身事外的拜伦在一旁懒洋洋地注视着眼前的一切。警察懒得搭理这一帮吵闹不休的人，并且威胁说，要把甘巴一家和所有与此事有关联的人都赶出塔司科尼。亨特的到来在这一片混乱中丝毫没有引起这场闹剧中的角色对他的注意。

当晚，雪莱驾驶着爱丽尔号从卡沙·麦格尼一路赶来。就像他驾着一叶轻舟在阿诺河上前行一样，他在人们意志的潮流中逆流而上，他的行动总是令人赞叹。面对拜伦的意志也是如此，雪莱一开始就采取积极的攻势将拜伦制服，不让他有时间喘息，因为拜伦必须留在意大利，必须对报纸守信，必须为首期刊物写诗。亨特一家急匆匆地跟着雪莱来到兰弗朗契公馆，接着他们开始喋喋不休地抱怨每件事；比如拜伦安排他们住在公馆潮湿的底层，而他自己独占了所有其他几层，雪莱用拜伦的钱为他们买的家具太简陋、粗糙……雪莱劝导他们住下，悉心安慰了一番。

因为雪莱得在莱克亨见公证人、立遗嘱，于是他和朋友威廉斯船长驾着爱丽尔号回卡沙·麦格尼去了。

三天后的凌晨，两点左右，兰弗朗契公馆传来了一阵急匆匆的敲门声。"是谁？"特瑞萨的女仆喊着问道，原来是玛丽·雪莱和简·威廉斯两位夫人。亨特已经躺在床上，两位夫人被引到了拜伦勋爵那里。她们费力地爬上楼梯，满面笑容的特瑞萨迎面走来。不等喘口气，雪莱夫人就气喘吁吁地说："他在哪里？有人知道雪莱怎么了吗？"拜伦和特瑞萨当然毫不知情。雪莱离开比萨那天是星期日，星期一他登上船只，傍晚时分，海上起了一场大风暴……

失去雪莱，比萨的团体就失去了灵魂。对可怜的利·亨特来说，他梦魇一般的经历因为雪莱的意外身亡而变得更加恐怖。离开伦敦四处弥漫的烟雾来到莱克亨灿烂的阳光中，他头晕目眩、惴惴不安，在这种感觉还未消散的时候，不远千里赶来与他相会的朋友，那个他像神一样崇敬的朋友竟消失了。亨特亲眼看到雪莱完美的身躯被鱼群吞噬得只剩下一半，拜伦被恐惧笼罩，赤裸着跃入冰冷的海水中——他以这种方式宣泄着，就像他母亲下葬时，狠狠地挥拳猛击那样。那天亨特和拜伦同坐一辆马车在树林中疾驰而过，一路像疯子一样唱歌……噩梦，一切都是噩梦。

接下来的几个星期，拜伦坚守着雪莱身后的荣誉。说他是在悼念雪莱似乎并不贴切，拜伦认为这是天意和自己长期对决的一个片段，所有他爱的人注定将走向毁灭，雪莱的死就是如此。离开了爱的人，他不得不重新开始凄楚的日子，拜伦在想，也许这无形的手终究会在某一天伸向自己。所以，他要为维护雪莱的声誉而战——为"我知道的最杰出和最无私的人"而战，这是挑战而不是悲伤。

拜伦坚信《自由主义者》会获得成功，霍布豪斯和穆尔一度嘲笑拜伦选择与亨特——《利密尼匹密尼》的作者联合。他要让他们看到无论是什么样的报纸，只要有拜伦的名字就能获得成功。失去了雪莱，拜伦也很乐意让亨特住在自己的宫殿里，这就是有一个作家兼批评家在身边的好处，他就可以在每天清早把自己前夜完成的章节拿给他看。可是这个特殊阶段的保护者已经让亨特心生不满。他把自己怪异的想法凌驾于众人之上，认为那是宇宙的法律，这使亨特十分恼火。亨特在兰弗朗契公馆的一个小房间工作，庭院里的橘子树正好对着他的窗口。清晨，他能听到拜伦一系列的动静，起床、梳洗、更衣、大声哼唱着小曲，当然几乎都是跑着调地唱着意大利作曲家罗西尼的小曲。再过一阵，亨特就会听到拜伦在窗下叫着"利思提斯"——这是雪莱独创的利·亨特的拉丁语叫法。亨特无奈地起床，和拜伦道了早安后，走入庭院。有时恰逢归齐奥利夫人也在比萨，她总是梳着一头小辫加入他俩的队伍。亨特常常不得不听着来自这对情人的抱怨：拜伦抱怨她的嫉妒，特瑞萨抱怨拜伦野蛮的语言。

这对情人过于了解对方了，在特瑞萨眼里，"她的诗人"再不会是彼特拉克浪漫史中没有血肉的英雄；对于拜伦而言，一旦一个女人愿意成为自己的情人，他就可以毫无保留地在世人面前谈起她，不容他人猜测他们之间的关系，事实毋庸置疑。归齐奥利伯爵夫人对这种现实主义深感不快。拜伦觉得这个忠诚、无私、可爱的女人不可避免地带有所有"荒唐的女性"的缺点——嫉妒和伤感。

亨特并不信任这对互怀不满的情人。归齐奥利伯爵夫人也和拜伦夫人一样没有什么想要结识亨利太太的愿望，两人甚至从不交流。玛丽安娜·亨特对待拜伦的态度更加肆无忌惮。她教育自己的孩子看见拜伦走近就要选择避开，生怕他的言行会危害年轻人。对此渐渐有所觉察的拜伦感到震惊和不解，一个寄居于自己篱下的女人不但没有感激之意反而对施恩者做出如此刺耳的评论，亨特一家大小都让拜伦感到厌恶。在给玛丽·雪莱的信中他说出了自己的感受："对于亨特一家我感到前所未有的厌恶，他们比《格列佛游记》中的人形野兽更肮脏、更没有规矩。"几周之后，甘巴一家第三次遭受驱逐，拜伦不得不和他们一起离开塔司科尼的领土。让他恼怒的是他不得不带着亨特一家大小，因为他不是一个铁石心肠的人，他不忍让他们在比萨流离失所。他在兰弗朗契公馆搬运工留下的最后一张桌子上面匆匆地涂写《唐璜》的章节，在心底发泄对他们的不满。

第三十二章　想念故乡的味道

"再一次漂泊在海上！再一次！"——恰尔德·哈罗德的第三次海上历程该有多滑稽可笑啊。拜伦感到孤独再一次催生了他身上某种复杂而讨厌的东西，但是他却没有勇气摆脱身边的牵绊。这是多么庞大的一个队伍啊，拜伦的非法家庭，受到他庇护的人，追随他的侍从，需要有一支舰队把他们从莱力西运送到热那亚。博利瓦号上载着拜伦、特瑞萨，还有甘巴一家。利·亨特、玛丽安娜·亨特还有那六个小亨特们坐在另外的一艘船里。第三只船里坐的是那位情绪激动的自大狂指挥官，特利劳尼；佣人和小动物们挤在一条二桅小帆船上。亨特对眼前这支飘荡的队伍没有什么责任可谈，他轻松愉快地欣赏着眼前的这幅迷人的风景画。但是对于拜伦而言，眼前的景象可没有那么大的吸引力。

玛丽·雪莱受委托负责安排住宿，这是雪莱夫妇的传统角色。在阿尔巴洛区她租下了坐落在山岭上的两栋房子，正位于海岬之上。她给她自己和亨特一家找的是有四十多个房间的一排房子，拜伦住的是一座有着贵族气派的玫瑰色别墅——卡沙·沙路佐别墅。但这座住所在拜伦看来和兰弗朗契公馆一样没能带给他好运。拜伦一早就下决心要游过热那亚海湾，在炎炎烈日之下游完海湾之后他就病倒了，皮肤严重地脱皮，一时很难恢复过来。

第一期《自由主义者》面世之后引起了轩然大波。得知拜伦是和亨特合作，霍布豪斯和金奈尔德都写信奉劝拜伦。拜伦恼怒地解释说自己这么做完全是出于自己的慈悲心肠，因为自从雪莱死后，这可怜的家伙就要完全依靠拜伦了，他的妻子和六个孩子还得靠他养活。一次墨瑞在替拜伦辩护时拿出了这封信，信中的内容传到了利·亨特的耳朵里，之后住了四十间房的亨特一家大小，一哄而上地扑向拜伦。亨特不会原谅拜伦，但他也不能和拜伦彻底决裂，因为他毕竟依附着拜伦。他们见面的次数寥寥可数，关系也越来越紧张了。

心事重重的亨特独自在小径踱来踱去，满脑子想的都是雪莱。他尽量避免和拜伦见面，宁可写信也不愿意到卡沙·沙路佐别墅拜访。他以一种近似仇恨、讥讽的语调在信中向拜伦要钱："我只好麻烦您再给我一百个冷冰冰的克朗，恐怕很快我还会问你再要一笔……"对拜伦的称呼也由"我亲爱的拜伦"变成"亲爱的拜伦勋爵"，拜伦回称"亲爱的亨特勋爵"。两人之间直接的联系就此结束，由拜伦的管家利盖·赞贝里每周汇钱给亨特，这又成为一件让亨特耿耿于怀的事。

在卡沙·沙路佐的生活显得格外单调和琐碎。拜伦是爱过特瑞萨·归齐奥利的，拉文纳的那些日子里尤其如此。那时的会面是有风险的，不只是精心策划还要冒着被警察秘密杀害的危险，拜伦骑着马去看望特瑞萨。之后，在蒙泰耐罗的流放中，拜伦觉得在那为了自由而战的事业中她有种烈士般的魅力。在从比萨到热那亚的几个月里，拜伦突然觉得她衰老了。那种曾经写在她脸上的激情和坦率的光芒不见了，就好像一种神秘的悲伤情绪压制着她。虽然特瑞萨依然对她的情人百依百顺，但拜伦似乎已经对这一切厌倦了。那种生存方式让他感到乏味，即便是年轻的时候，没什么名气，整天把自己困在纽斯台德，孤独地打呵欠，也没有这样沉闷得让人不堪忍受。拜伦的生活从孤独绕回孤独。

如果用他那种理性的目光来判断自己的航行方位的话，他会在他的航海日记里如何记录呢？1823年3月，11点10分，在这陌生城市里的一座玫瑰色的宫殿里，一个让拜伦爱了四年的情妇，还有她年迈的父亲、几只狗、弗莱查……还有——他身体里仿佛孕育着一种力量。转而他又想到英国，想着为什么不能回到英国呢？

曾几何时，拜伦对东方的风光感到过遗憾，而现在他对这北方的风景有了同样的感触。他在心里描绘着人们眼中的苏格兰，灰色天空中，美丽的云朵在风中狂奔……《唐璜》被寄去英国。文中，拜伦在描绘他的主人公第一眼看到的多佛悬崖的景象时，温暖而亲切的爱意渗透其中。

> 最后它们像一堵白色的墙一样升起，
> 沿着蔚蓝色海洋的边缘……
> 唐璜穿过一片芳草萋萋的草坪，沿着坎特伯雷一路驰骋，

巨大的一堆砖瓦、烟雾、船只，

又脏又黑，但却开阔如目之所及……

拜伦妒忌唐璜可以肆意地向伦敦驰去！有一天，自己也可以这样做吗？一切都取决于安娜贝拉，那不成文的法令使得她成为拜伦"流放"的理由。如果他可以作为父亲和丈夫的身份重返伦敦，一切便都可以忘怀。此时拜伦心中妻子的形象正在渐渐改变，她的真诚，她的过人之处，她信奉的真实以及她真正的美德越来越清晰。为什么自己不能得到她的宽恕呢？形单影只的拜伦对妻子的感情渐渐变得柔和起来，一次，蒙脱曼里上校，安娜贝拉的一个好友途经热那亚，拜伦向他要一幅她的肖像。事实上他没有妻子的任何东西可以作为纪念品，甚至没有一封信。每个夜晚，他却徜徉于往事的博物馆，并在那里流连……翻开那本小账本，如果那可以算作唯一的纪念物，里面仅有她两次亲手写的一个词——"家庭……"这就是他所拥有的一切。不，还有其他东西：在比萨停留的期间，拜伦收到他夫人寄来的一撮艾达的头发，秀发旁边标注着日期。谁能说这不是一种鼓励呢？拜伦立即提笔回复，但这封友好、感激的回信未曾被寄出，因为拜伦无法确定她将对待这封信的态度。他想着两人可以重修旧好，共同生活在一起。1823年来到热那亚的一个英国朋友，著名的布莱辛顿夫人和拜伦聊起，谈话还显示出拜伦性格的许多方面……

拜伦与布莱辛顿勋爵结识于1812年的伦敦。那时候的布莱辛顿夫人只是个普普通通、艰难度日的爱尔兰女子，拜伦离开英国后，她嫁给了布莱辛顿勋爵。之后拜伦就经常听人们说起布莱辛顿夫人。画家劳伦斯为她画过一幅肖像，这幅画像曾经在伦敦上流社会大受追捧；她还写过三本书，托马·穆尔对她赞不绝口。1823年4月1日是一个让拜伦既惶恐又欣喜的日子，因为正在阿尔巴洛别墅的他收到了布莱辛顿勋爵和艾尔弗雷·德奥赛伯爵的名片。拜伦用"相当年轻漂亮"几个字来描绘德奥赛伯爵，他是法国人，也是拜伦家的一个朋友。布莱辛顿夫人离不开她的巴黎武士，因为她"对勋爵腻透了"。

几天来她等不及地想要见见拜伦，但是却又担心自己会失望。结果看来她确实是失望了，她原本期望见到的是一个身材健硕，庄严并有权威的男子。结果她发现面前这个人虽然具备精致的容貌和富有神采的眼睛，但是身材瘦小、单薄，好像还是个孩子。自从上次中暑后，拜伦越发消瘦了，他的衣服大了很多，看上去就好像是买的现成的而非量身剪裁的，他的动作中有一种难以掩盖的残疾的笨拙。因此他们之间的友谊完全不会因为些许调情的味道而受到损害！此外，正如拜伦所描述的那样，勋爵夫人受到"她巴黎的附属物"的很好保护。在拜伦看来，男人和女人之间的友谊——只要爱情不来搅局就行。他发觉布莱辛顿夫人聪慧过人，于是他十分坦诚地和她谈着话，而勋爵夫人也用心记录着他们的对话；紧接着，一本有关拜伦的最真实、最生动的书就在几个星期后完成了。

令人惊讶是，无论拜伦的性格有多复杂，布莱辛顿夫人还是能够理解他。她所理解的拜伦最基本的特点就是有着一种慷慨却不正常的感情。这种感情本该促成他在青年时代形成一种美好的性格，但是他那寒冬一样冷酷怪异的脾气遏制了种子的萌发，幸运的是种子并没有被完全扼杀。拜伦的确像自己所描述的那样，是个堕落的安琪儿，因为他身上确实存在安琪儿所有的本质。当人性的残忍和虚伪呈现在他面前的时候，他就会畏惧于人们的道貌岸然。她像另一个更加无情的拉·罗彻福特，经常听他分析别人和自己的这种种感情。在对她谈起自己的时候，拜伦处处都看到了自私和虚伪。有时他取笑浪漫的情感，仿佛从嘲笑中获得极大的快乐，但过后不久他自己也会显示出同样的罗曼蒂克情感，甚至眼中满含着泪水。她意识到，对于这种情感的嘲笑其实是为了自我疗伤。就像他总会带着嘲讽的神情和滑稽的语调去朗读一些哀伤的诗句，实际是对他内心可能激起的情感的浪涛垒起一道堤坝。对于自己性格之中的伟大之处他从不承认，反而总是带着欢乐的情感仔细描述自己的失败之处。

除了内心的善良之外，她发现拜伦另外一个让人惊叹的特点是他的反浪漫主义、反个人主义。很少有人像他一样，在谈论婚姻时透出一种让人敬佩的传统的智慧。他对布莱辛顿夫人说道，"婚姻之外没有真正的幸福。如果相爱，就不能分开生活""抛却宗教和道德，婚姻就是唯一能保证幸福的纽带……，虽说在宗教和道德的影响下，苦难会增加十倍。那种不用婚姻固定的私情一定会悲剧收场。一个女人在这样的情形下所遭受到的耻辱和苦恼，必然会影响到她的脾气和精神，进而她就必将失去赢得爱情的魅力。"这不恰恰就是特瑞萨·归齐奥利的肖像。她的内心嫉妒的情绪滋生蔓延，甚至对布莱辛顿夫人也心生妒忌。

拜伦透彻的自我观察力和自我认识的能力主要是用在他自己身上。"我常常惊异于对自己童年岁月的回忆，回忆那时自己感情的热烈。最初的印象是不可磨灭的。我可怜的母亲，接着是我的同学，在他们的笑骂声中，我意识到自己最大的不幸就是跛脚。这种自卑一直伴随着我，要克服这种由自身畸形带来的内心的苦恼需要与生俱来的美好的素质，也是由于这种苦恼，我对于周围一切的感觉也变了味。"

对于拜伦这样的人而言，一旦青年时代的梦幻消逝，将永远无法得到安慰。他常说，激情不会随着青春的消逝而休止，它只会以另外的形式存在。贪婪让爱情屈服，疑虑使信任不在。"走过的岁月和获得的经验告诉我们，老年就是瘫痪，给我青春吧，这是一种理智的激情，而不是一种进入老年才有的激情。记得自己青春还在的年月里，对所有向我吐露真情的人，我的内心都荡漾着爱情。现在36岁了，诚然，并不算老的年纪，但在同一颗心中，爱情的余光几乎不能燃起一点转瞬即逝的火花来温暖我童年时代的感情。"

这个36岁的大学童、这个无可救药的悲情主义者此时在这位年轻的女人眼中是多么动人。他苦苦地追求愤世嫉俗主义，却终究一如所获。"可怜的拜伦！"这句在他孩子气大发时拜伦夫人说的话现在由布莱辛顿夫人说出了口。这个神经质的，内心柔弱的人，虽然富有并且天赋异禀，却遭人非议——可怜的拜伦。

也许是得益于拜伦内心的厌倦和道德上的孤独，《唐璜》才写得洋洋洒洒。从比萨到热那亚，十章的内容一挥而就，微妙的形式，多样化的格调，引人入胜。诗的领域得到充分扩展，主角唐璜的冒险只是用以引出主题。像《格列佛游记》和《老实人》一样，它是对欧洲统治阶级的嘲讽。拜伦不喜欢那个阶级，而且他是在与之对抗的清教徒的气氛中长大的。即使他进入上议院，也只是想名正言顺地严词斥责他的贵族同伴一番。在这个上流社会里，拜伦感到自己无法融入其中。暴风雨推着他一路向前，但同时也给他带来了伤害，他不曾为此而感到惊慌。

在创作《恰尔德·哈罗德》的日子里，由于宗教和制度本身的愚蠢，使得他开始怀疑人类的作用。在谈及被奴役的希腊时，他纯粹是为希腊的命运感到绝望。但是最近，由于他在意大利秘密活动的影响——或许仅仅是出于对行动的热切渴望，他把普遍性的怀疑和某种特定的政治信仰联系在一起了。他渐渐发现，应该像雪莱模仿歌德时所说的一样，相互帮助，在浩瀚的宇宙中搭建自己的小世界。伏尔泰为卡拉斯而战，拜伦急于为获取自由而战。

为了鼓舞那些当时挤满欧洲大陆的、只能领取半数薪水的士兵们，拜伦语调激昂。对于所有已经上过战场的人，还有所有成为他们领袖的恶魔般的利己主义的受害者而言,拜伦的这种"现代诗歌"感人肺腑。

　　大段颂扬堂·吉诃德的文字出现在《唐璜》中是有深刻原因的。拜伦具备桑乔的理智。与大多数人相反,年龄的增长好像剥夺了拜伦勋爵的怀疑和嘲讽,他现在对堂·吉诃德的失败感到痛苦而不是有趣。

> 在所有的故事中这是最凄惨的——
> 正是因为这使人微笑,英雄的行为没错,
> 更在追求正当的事业——抑制邪恶,
> 以此作为唯一的目标;他反对不公正,
> 而他的报酬:正使他的德行变得疯狂。

　　花园里的杉树行行排列,蓊蓊郁郁。拜伦,这个伤感主义的追随者,在精神上一成不变的孩子,在花园里踱着步,憧憬着一种自由的骑士制度、冒险和光荣。到底他想要成为谁呢?哈姆雷特或堂·吉诃德?充满激情的正义拥护者,敢于接受挑战,不会为失败感到遗憾;或者成为因为思想而破坏了行动的梦想家?他又怎么能知道呢?这个善变的人,最不抱幻想的理智和童年时代的幻想纠结在一起。有时他憧憬着改变整个宇宙,有时他又像孩子一样无望地注视着永恒的、失去理性的世间沧桑变幻。

第三十三章　潜意识的选择

生活中那些常常被我们忽略的琐事一件件集结汇聚成为重要的片段。我们自己的行为、语言，错综交织地使我们陷入一张越来越精细的网中。一条路，只有一条路是可以走出这张网，我们不得不在关键时刻，准备好为我们的准则献上生命。这个转折点几乎是所有的伟人都必须要面临的挑战；英雄主义决不让肉体摒弃心灵的胆魄。

两年以来，对于希腊起义的进展拜伦总是闷闷不乐、时断时续地给予关注。当年玛弗洛克达托离开比萨去加入起义者的行列时，拜伦羡慕地告诉身边的人，他真想高高兴兴地和王子同去。但对于他的任何计划，比萨团体中似乎没什么人会认真对待。一会儿从委内瑞拉转向美国，一会儿又从英国转向希腊，好像他的幻想在每一个梦境中都有着陆的企图，但紧接着会出现一位悲泣可怜的女人，一首让他割舍不下的诗，一个让他心惊胆战的兆头——于是，他还是留下来了。

和其他计划相比这次的希腊计划显得更持久。过去的日子里，拜伦一度为希腊受到的奴役而感到痛心，在他看来，奴役制度似乎腐朽不堪，无药可救。显然起义已经初见成效，土耳其人就像只建起了一顶临时的营帐一样，没能长久地统治这个国家，因为营帐最终会被暴风雨卷走，赶走土耳其人并不是什么难事。为什么在18世纪更早的时候希腊人没能争得自由呢？其中重要的原因在于精神力量。在人类所有力量中，真正具有效力的只有精神的力量。只有人们相信反抗的正义性，他们才会真的进行反抗。拜伦的诗章《恰尔德·哈罗德》促使欧洲人开始关注希腊人的命运，希腊人也终于认识到他们被奴役的状态绝对不是与生俱来的自然的命运。一旦有了这种意识，人们就不再是奴隶了。

　　1821 年，希腊多处烽火台冒起熊熊烈焰。战士传道士，佩特雷的大主教杰曼诺上山参加战斗，攻下了佩特雷；就在同一天，摩里亚岛的当地领袖科洛科特罗尼斯唤起了莫利拉人民的斗志，另一支叛军在奥德修斯的率领下占领了希腊东部的一部分地区。此时，那个身穿礼服大衣，戴着金丝边眼镜的欧洲人，年轻的玛弗洛克达托王子渐渐取得了在希腊西部的控制权，而他与在山岭中穿梭的强大的奥德修斯和科洛科特罗尼斯截然不同。希腊各起义军之间存在明显的分歧，也正是这困难重重的联盟，使土耳其人免遭灭顶之灾。但在希腊之外，起义胜利的消息像一把火炬，在各个民族的自由主义者胸中点燃战斗的热情。拿破仑昔日的部下，耶拿来的学生，来自瑞士的神秘人物，都纷纷加入为希腊而战的队伍中。

　　经过一段冗长而又恼人的沉寂之后，拜伦终于被选为希腊委员会的成员。志得意满的他在勃朗宁先生的来信中读到了自己深恶痛绝的语调："自由的国度，艺术的土壤，天才的摇篮，众神的归宿，诗人的乐土，以及许许多多如此美好的事物"。他恹恹地说"这里只有热情"，之后拜伦用一种卓越的参谋人员的笔法报道着实际情形："希腊人最需要的是物资，比如一套轻便、适用于山地作战的战地大炮；其次是火药；第三是医药或药房。"他在四页纸上列出必需品，运输的最佳方案以及记者的通信方式。

　　他的朋友心生疑虑。是啊，拜伦真的是自己所相信的实干家吗？即便是实干家，富有勇气又具有现实感，而且思路清晰，但由于缺乏决断力，拜伦注定只能做一辈子的梦想家。他渴望自己成为一个自由主义者和民族的捍卫者的同时，又是一个伟大的放荡不羁的贵族；一个丈夫和一个唐璜；一个伏尔泰的信徒和一个清教徒。他既和英国社会对抗，又期望得到它的恩惠；他既不是托利党人，又不是激进派……他，是糟糕的自我分裂者，他是在英国政治斗争中运气最差的辉格党成员。他无法做到思想和行动的统一，只有统一才能酝酿出伟大的计划。

　　但在这次希腊冒险中，一切不同于以往，都是直截了当的。出于一种讳莫如深的理由，他觉得如果自己这次干得足够漂亮的话，他或许能把阶级的记忆、英雄的传说、英国公众舆论的支持都融为一体。因此，平静下来的拜伦以最大的能量投入工作，清晰缜密的思路也发挥了作用。终于，他成为一个理想的领袖。

　　夏日时光缓缓流逝，命运，这个老对手似乎变得比平常仁慈几分。流放中的甘巴伯爵被召回，获准回到拉文纳，前提是他的女儿必须一起回来。特瑞萨的兄弟彼埃特罗伯爵想和拜伦一起前往希腊，俩人私下商量着准备出发。从父母到情人、丈夫，似乎所有人都建议特瑞萨能和丈夫重修旧好。但是特瑞萨对于这段已经维系五年的私情固执而坚定，正像拜伦所说，她固执到仿佛有反抗由教会统治的半个罗马尼亚的意志。

特瑞萨说，如果拜伦要前往希腊，她不但不会阻拦，还会与他一同前往。这已经不是第一次她想证明自己能为自由而战了。7月初，一切终于理出了头绪，归齐奥利伯爵夫人泪眼婆娑地被她父亲带走了。拜伦提供旅费给亨特家，安排他们去佛罗伦萨。将来他还会把他在《自由主义者》杂志中的股份和其中发表的诗的版权让给他们。布兰奎尔在希腊召唤拜伦，催促他启程。年轻的甘巴主要负责驾驶赫丘力士号。彼埃特罗是个招人喜欢的年轻人，但由他挑选的方帆双桅船确实已经过时、不适合航海了，他受命去雇用一个医生，于是他挑了一位叫布鲁诺的青年。布鲁诺倒是一片好心，但是经验不足而且惧怕拜伦。布鲁诺后来坦白说，自己曾听说，要是他犯了哪怕最小的错误，拜伦就会让自己的狗把他撕碎，或让他的鞑靼且人（就是指忠诚的铁泰）把他打得脑袋开花。这些完全没必要的恐惧使布鲁诺医生紧张得魂不附体。每当他们中有一个人病了，布鲁诺就痛哭流涕，手臂乱舞，完全不知道该如何是好。拜伦带应邀来到佛罗伦萨的特里劳尼一起去希腊，这当然不是一个明智的决定。一直以来，特里劳尼对拜伦毫无好感，而且承认他此行的真正意图就是想利用拜伦的名声进入希腊，一旦到了希腊，他就要自作主张地行动。

登船的日子定在1823年7月13日。尽管拜伦相信种种迷信，但他同意在13日也就是星期五启程的安排。除了特里劳尼、布鲁诺和包括弗莱查和铁泰在内的八个仆人之外，拜伦还带了五匹马、武器、弹药、两门小炮和五万块西班牙币。炎炎烈日之下，没有一丝风，根本无法起帆。傍晚时分，拜伦来到岸上，在一棵树下吃了些干酪和水果。接近午夜时，风终于刮起来了，马匹被暴风雨所惊吓，踢掉了马栏的隔板。船只只有重新驶回港口。拜伦就在这马群中，度过了整整一夜。坏的开端在拜伦看来是一个吉兆，但此刻的他看上去却心神不宁。他向他的银行家朋友查尔斯·巴利坦白说自己几乎想放弃这次航行了。可霍布豪斯和其他人就会嘲笑他……拜伦感到自己被一种欲望牵引，想上岸再去看看卡沙·卡沙洛佐。一进去他就对甘巴说："一年后的今天我们将会在哪里？"他要求只身在空无一人的房间沉思几个小时。他的大脑中充满了各种混乱的想法，有时他憧憬着在希腊的一次胜利之后，生活又会变成什么样子——胜利能换回过去的一切。

更多的情况是他的思绪转到预言者威廉太太的预言上去，他真的预感到自己正在走向死亡。

如果拜伦能把这种死亡看作是英雄本色，如果他能认真地审视自己，那么坚定的信念依然能够支撑他前行。但他那可怕的性格又在和自己较劲。他曾对布莱辛顿夫人说过："对于在激情的促使下我所选择的事业，逃避并不能让我愉快。我已经卷入其中，撤退已经是不可能的事了。我的聪明出现得是如此的不合时宜，那股促使事业成功所需的热情被彻底击退，而要继续这一事业，热情又是必不可少的。今后我将遇到不少难办的事，可是我再也不能激起那种幻想了……假如我有幸能活到这场战役结束，我一定会就这个题目写两首诗——一首是史诗，另一首是讽刺诗，在这些诗里任何人都不能被饶恕，尤其是对我自己……"

夜幕低垂，拜伦再次进城，洗了热水澡之后，众人重新登上了赫丘力士号船，终于，他们等到了一股顺风。到了莱克亨拜访时，歌德写的一些向他表示钦佩的诗让拜伦备感欣喜。更重要的是在那里他还得到了奥古斯塔寄来的《圣海伦娜回忆录》最早版本中的一本，这自然成了拜伦最喜爱的读物。

动荡的局势和派别间混乱的纷争使得他们无法选择一个着陆的港口。到了爱奥尼亚岛，他们决定停留片刻，等待布兰奎尔打听到的更确切的消息。英国一位总督治理着七星岛共和国。8月1日赫丘力士号又停靠在赛弗罗尼亚的主要港口阿奇斯托利。在这里拜伦备感失望，因为布兰奎尔悄然不语地在半个月前离开，返回英国了。三个星期的时间里，他就停在阿奇斯托利外，逗留在赫丘力士船上。重新和英国官员的接触让拜伦变得神经紧绷。当皇家第八步兵团的军官们邀请他们在驻营地就餐时，拜伦感到惊讶不已；晚餐之后，军官们起立为他的健康祝酒，拜伦顿时目瞪口呆。于是紧张而冲动地致了答谢辞，马上他又俯身问上校，他的言辞是否得体恰当。

如果英国人是欢迎拜伦的到来，那岛上的希腊难民更是视拜伦如救星一般，将他团团围住。他们清楚地知道，拜伦不仅富有，而且远近闻名。

在赛弗罗尼亚停留的日子里，拜伦慷慨到失控。1823年6月，罗奇代尔卖了三万四千镑。拜伦决心把这笔钱用在希腊事业上。特里劳尼不能理解为什么不马上动身奔赴希腊，在很大程度上他是个冒险家和滑稽歌剧中的英雄。"哪个希腊？"拜伦反问道。事实上没人知道他到底应该在摩里亚岛和科洛科特罗尼斯会师，还是在米索朗基和苏里奥茨人的波查列斯会师，或和雅典的强人奥德修斯会师。每个团体都派了一名使者去找拜伦。布兰奎尔姗姗来迟的信件中建议拜伦应该暂缓行动。内皮尔上校也不支持他匆忙行动，他认为进入希腊已属不易，但要出来就更难。他进一步判断，如果没有两团欧洲士兵和一具活动绞架，谁也不应该在希腊挑头。此外，势力正强的土耳其人用舰队封锁了海岸，并在海上巡逻，司各特船长不肯在这样的情形下置自己的船只于危险之中。终于，在8月的第三个星期，拜伦决意在赛弗罗尼亚停留。他来到麦塔莎塔岛的小村中，找到一座房子住了下来。拜伦的生活从来没有如此简单过，他在这里享受到一种充满讽刺意味的幸福。拜伦想到要实行一种士兵的健身方法，而禁欲主义也能带给他健康和满足。在这里他仅有的几个朋友包括甘巴和布鲁诺医生，有时会见到来自赛弗罗尼亚当地的德拉德西米伯爵（他甚至给他取了个外号"说到底"，因为他总是要先说一句"说到底"）。此外，他还找到了一个希腊的小仆人路卡斯。

拜伦的工作时间多在早晨，一杯茶过后，就骑着马出去。他的饮食非常清淡，只吃一些干酪和水果；傍晚的时候他读一读《圣海伦娜回忆录》或是奥古斯塔的另一本赠书——一本关于马索将军生平的传记。每天希腊代表团依例都会前来拜访。难民们求助于他时，拜伦也总是随手给予他们一些帮助。夜晚，明月散发清亮的光芒，周围一片宁静，拜伦伫立着眺望群岛、山峰、海洋，还有那遥远处希腊纵横交错的海岸线。

没有激情撩扰内心的平静，没有挑剔的目光审视着自己，是的，这便是幸福。对他还能有什么指责呢？在这里，拜伦是作为一个拥有重要身份的人在行事。在写给奥古斯塔的一封长信里，拜伦想让她了解，想要揭穿当地人的阴谋，需要相当的耐心和哲学素养。在这封信的末尾，他加了这样一句："如果你认为这封信或其中的某些部分值得转告拜伦夫人，你可以寄一份抄件给她……"也许她终于有可能赞同他了——那个固执的安娜贝拉，由此可见，拜伦对她的判断力还是非常尊重的。

拜伦去艾萨克进行了一次远征，远征的结果非常糟糕，高热开始进攻拜伦了。除此之外，只有精神上的冒险可以算是拜伦在那唯一经历的冒险。岛上住着一个虔诚的信徒，英格兰人肯尼迪博士。他想尽办法把《圣经》分发到爱奥尼亚岛上的希腊人手中。这位受人尊敬的博士和一群信奉伏尔泰的军官们在拜伦抵达这个岛不久便展开了一场有关宗教信仰的辩论。他用一种如欧几里得定律一般的毋庸置疑的推理过程来证实《圣经》的真理。一次拜伦获准参加他组织的会议，这个提问者对于《圣经》方面广博的知识让肯尼迪博士深感惊讶。拜伦回应说："我读的《圣经》比你意识到的更多。我有本姐姐送我的《圣经》，她是个了不起的女人，我常常读它。"说着他走进卧室，取出奥古斯塔送他的那本装帧十分精致的袖珍版《圣经》。讨论中，每当肯尼迪试图找到一段经文来证明自己的论点时，拜伦却能立刻找到那段经文。肯尼迪对拜伦从事的慈善事业和他的善行善举大加赞扬，拜伦问道："我不可能如你所期望的那样马上变成一个完美的基督教徒，那么你想要我做什么呢？"——"从这样的一个夜晚开始，向上帝祷告，祈求上帝宽恕你曾经犯下的罪行。""亲爱的博士，这样的要求对我而言太多了。"他说道。

传来的希腊人的消息令人喜忧参半。希腊人将土耳其人节节逼退，但在他们的联盟内部意见却无法统一。伦敦委员会来信，要派来一艘能装大炮的船只，尤其还装有一种能发出奇特炮声的康格莱夫引线装置。在这艘名为阿钧号的船只到达之前，拜伦从英国得到的只有地图和号角——两样值得尊重的东西，但在这个国家，士兵根本不懂地理和音乐，因此这样的东西毫无用处。"皇冠和铁锚酒家"里的人答应派一个军官来指挥战斗，最佳人选在拜伦看来应该是内皮尔上校，可是在有关希腊的问题上，内皮尔上校和委员会的观点不一致。内皮尔上校深信只要欧洲境内还有土耳其的一兵一卒，希腊政府就不应该着急为宪法等问题操心——这种观点对于基金委员会来说很难接受。最终伦敦派出的人选是斯坦厄普，一个边沁主义者，拜伦对他实在没什么好感，这样的一个人物在拜伦看来与其说是士兵，不如说是政客。

内皮尔至少在派系选择的问题上对拜伦有所帮助。他坚定热情地支持玛弗洛克达托。他认为玛弗洛克达托正直、严肃，是唯一的革命领袖。随即玛弗洛克达托从希特拉的岛上和拜伦取得联系，希望拜伦能够在他们和英国政府谈判的一笔钱款到账之前预支四千镑给他，因为他正准备派出一支希腊海军中队，强行封锁，然后奔赴米索朗基指挥战斗，他需要这些钱支付船员的薪水。拜伦非常乐意能够作为一个平民来维持一支陆军和海军，于是他付了这笔款。米索朗基的苏里奥茨人也向拜伦提出要他支付他们的钱而成为他们的领袖。这样做尽管有些令人不悦的成分，他还是从中受到了些诱惑，因为这些苏里奥茨人都是英勇的战士，如果他能够指挥整个部落的人，那真的太好了。这谁又说得准呢？他以后也许还可以统率他的苏里奥茨人与其他风车作战。他仿佛已经看到自己在为世界各地的不平而战了……

　　得益于拜伦在财力上的大力支援，到了年底，希腊舰队已经配备了齐全的装备。玛弗洛克达托、斯坦厄普，先后都能向米索朗基飞驰了。他们恳请拜伦能够和他们一起去。对于拜伦来说，现在介入其中未免有些过早，但他知道，对于自己在岛上的长期停留，英国委员会里的有些人正以此作为笑料。穆尔的一封信里暗示说拜伦不但没做什么英雄的冒险，反而是在一座舒适悠闲的别墅里流连忘返，写着《唐璜》。拜伦被这封信激怒了，12 月 27 日他告诉穆尔，二十八小时后自己也将登船去米索朗基和玛弗洛克达托会合。"由于派系的种种复杂情况使我至今还滞留在此地。现在玛弗洛克达托终于又一次上阵，而我也可以问心无愧地参与行动了，我会带着钱去付中队的费用，我对苏里奥茨人也有一定的影响力。在别人看来我们将试图攻下佩特雷或海岬上的城堡。这么看来，希腊人，或者至少是苏里奥茨人，他们和我是亲近的，因为我们吃着同样的面包和盐，更何况我还要和他们一起行军——事情就是这样！……我心中充满希望，相信这个伟大的事业必将取得胜利。但是无论结果是成是败，对于荣誉的关注必须和关注牛奶饮食一样严肃认真，我希望自己对于这两样东西都能注意到。"

第三十四章　离世

　　米索朗基城位于一个美丽的小湖边，湖水很浅，只有小的平底船才能在湖中通行。有一条狭长的岛屿把湖和海隔开。其中最重要的是弗西里提岛，岛上修起了工事。1月5日拜伦身穿向第八步兵团的达弗上校借的艳丽的紫红色制服，上了一条小船，向着城市进发。他受到热烈的欢迎，登岸时，广场上挤满士兵和居民，斯坦厄普上校和玛弗洛克达托王子在房门口迎接他。

　　米索朗基城周围是湿漉漉的草地，每到雨季时，街道就像沼泽地一样，水漫得很高，一直涨到房子里，所有排水设备都无济于事。然而，这个一半被海水淹没的地方却有独特的魅力：它远离尘嚣，被绿色群山掩映，到处都散发着鱼与淤泥的气息。拜伦的房子地势略高，那房子是以前斯坦厄普上校住的。窗外的景色很美，从银镜般的小湖望过去，可以看到对面岛屿形成的一条黑色的线。岛上生物很多，树木林立，天空蔚蓝。天气好的时候，可以隐约看见远处的赛弗罗尼亚，那个拜伦曾经感到幸福的地方。弗莱查、铁泰和利盖·赞贝里想尽办法让拜伦的房间不那么灰暗，拜伦自己又把一些书本和武器放在光秃秃的墙上。还有一个苏里奥茨保镖守在底层的大厅。

　　拜伦十分冷静地估计了整个形势，他的盟友亚历山大·玛弗洛克达托王子虽然诚实可信，但缺乏坚定的意志和权威。城里到处是苏里奥茨人。他们无法领到希腊政府的军饷，正在挨饿，这样一来，他们比土耳其人更危险。这些苏里奥茨人对独立战争不感兴趣，他们一直是雇佣兵，玛弗洛克达托很害怕他们，央求拜伦也付给他们钱。

　　他们等待着那艘叫作阿钧号的船，等待着伦敦委员会运来的大炮和技师。当务之急就是招募一批经过特殊训练的人员来使用这些枪炮。拜伦试图通过预支一百镑来招到一批德国人和瑞典人。每天他都身体力行地与士兵一起参加在沼泽地上的训练。"对于我，没有什么是难堪的，但耐心决不可少。"考林斯海峡的前面坐落着勒潘托城，那里依然被土耳其人占领着。但是守卫它的阿尔巴尼亚部队似乎已有六个月没领到钱了，他们通知拜伦的使节：只要不杀他们，又能给他们一笔钱，他们就会自愿投降。这样一来，这场仗就很容易打。而且，胜利后勒潘托城的名字便会传遍欧洲，希腊与伦敦正在谈判的一笔贷款也会借此机会成功。

当地气候不好，瓢泼大雨一直下个不停。拜伦不能骑马，就和甘巴去湖中划船。拜伦承认，他也不太信任自己的部队，但为了鼓舞士气，他仍然假意赞美他们。拜伦想要亲自率兵发动进攻。"最要紧的是，要使这些半野蛮人不能对你个人的勇气有丝毫怀疑。"玛弗洛克达托给拜伦总战略家，或者说，总司令的头衔，他害怕别人笑他，于是就和甘巴一起对此先大笑了一场。

斯坦厄普上校，这位被拜伦称为"印刷上校"的人，做了很多充满政治性的活动，把拜伦惹火了。拜伦认为，对于希腊人而言，一张观点激进的报纸比一支军队更为重要，他积极办学，因为他相信对自由理论的教导是一个国家自由的保证，但拜伦只愿意办炮兵学校。斯坦厄普计划办邮局，办监狱，还想把边沁变为希腊人的使徒。拜伦答应给报社一百镑，但他告诉玛弗洛克达托王子，希望他建立检查制度。斯坦厄普知道后非常生气："如果阁下是认真的，我将认为把这件事告诉英国的委员会是我的责任，让他们看到促进希腊的自由是一项多么困难的任务。"

拜伦告诉他，他支持新闻自由，但不会支持在一个动乱的、未开化的社会讲新闻自由；在英国，杂志社之间相互抗衡，新闻自由是件好事。上校的外交政策非常危险，他反对神圣同盟，呼吁匈牙利人仿效希腊起义。诗人在干实事，而士兵却在空想。"真是奇怪，"拜伦说，"斯坦厄普这个战士全力主张用写作打垮土耳其人，而我这个作家全力主张用战斗打垮土耳其人"。

人们说拜伦像孩子一样单纯、简单，毫无迂腐或做作之处。他善于用心倾听别人的意见，就像个堂·吉诃德那样的骑士。在那段时间里，所有和拜伦生活在一起的人都看到了他的伟大，这种布莱辛顿夫人慧眼独识的而特里劳尼却拒不承认的伟大。拜伦来到这个肮脏、人心狡诈的地方时，就知道他所面对的冒险并不像诗中那样耀眼。"我到这里不是为了寻找冒险，"拜伦说，"而是为了支持一个民族的复兴，正因为这个民族的地位岌岌可危，人们才对于成为它的朋友感到光荣。"

拜伦想要树立个榜样，开始要求生活简单，和希腊军队的伙食保持一致。就像在拉文纳，他十分慷慨，这使他在米索朗基附近的农民群众中广受拥戴。他也经常被一些暴乱分子包围，身处危险之中，他们闯进拜伦的住宅威胁他。尽管这样，他依然冷静又充满激情，每一次都要求去最危险的地方。"至于个人安危，这不仅不应该成为一个顾虑，而且我认为，总的来说，一个人无论在哪儿都是一样安全的，因为不管怎么说，我应该战死疆场，而不应该空喊口号。"

他也常常后悔来到这里。一天，他收到来自霍布豪斯一封延误许久的信，信中建议拜伦在离开赛弗罗尼亚之前要做好周密的防备。拜伦大喊道："咳，信来得太晚了，就像一个人在朋友结婚后才告诉他要小心他的妻子。"不过他立刻又恢复了理智，说道，宁可在米索朗基过悲惨的日子，也不愿意像40岁的托马·穆尔那样，每夜都在伦敦的家里饮酒作乐。"贫穷是悲惨的，但比高级的、没有心肠、毫无意义的放荡要好。我满心感激，我现在对这点清楚了。我决意永远在这点上保持清醒的头脑，我的余生不会改变。"

1824年1月22日是拜伦36岁的生日。他和斯坦厄普、甘巴以及几个朋友围坐在一起。他笑着说："你们那天埋怨说，我现在不再写诗了，今天是我的生日，我刚写成一首，我想它比我通常写的诗要好。"诗题为《我度过三十六岁那天》

> 是时候了，这颗心应该不再被感动，
> 既然这颗心已不能再感动别人，
> 可是，虽然我不能被人爱，
> 还是让我去爱别人吧！
> 寻找吧——不需怎样寻找就能发现——
> 一个战士的坟墓，对你最适合，
> 然后四面看看，选择你的土地，
> 于是你就永远安息。

根据预言，拜伦36岁有一场劫难。他问铁泰愿不愿意回意大利？"如果阁下走，我也走。"拜伦微笑着说："不，铁泰，我决不会从希腊回去了，土耳其人、希腊人或气候都不会让我回去了。"

伦敦委员会派来的炮手兼机械修理师威廉·帕利先生到了，拜伦的军事希望大大增强了。帕利先生不仅带来大炮和英国工人，还懂得怎样制作康格力夫引线。有了这位帮手，拜伦攻下勒潘托指日可待。帕利先生以前只是个海军小军官和一个兵工厂的领班。不过拜伦喜欢专家，而且帕利本人也使人开心。他喜欢喝了白兰地后讲有趣的故事。他和拜伦都认为，伦敦委员会就是一群理论家滑稽地凑在一块。他们都害怕那些理论家的激情，认为布兰奎尔和霍布豪斯都是骗子。帕利先生讲了关于他第一次和杰雷米·边沁会晤的故事，这故事让拜伦笑出了眼泪。帕利说，边沁正在讲话，突然停了，话说了一半就朝伦敦的一条街道疾步走去，让旁边的人都目瞪口呆。据边沁说，这样是因为有利于健康。拜伦又接着向帕利解释了困难的希腊形势和米索朗基内部的争斗。

帕利一行的到来，使得情况又变得有点复杂。因为要在塞拉格利罗的一栋建筑里建造军火库，需要把房子清扫干净，并且把材料运到那儿。可每天几乎都是某个圣人的纪念日，那些希腊士兵不愿出力受累。拜伦发了一通脾气，最后也只能自己亲自上阵，一瘸一拐地干这些累活。伦敦委员会派来的英国工人们都对这一切感到震惊。拜伦想安排帕利到炮兵旅里做少校，统率炮兵旅的德国军官很生气，说帕利甚至不是军人，他什么都不会，游行时还系着围裙，拿着铁锤。

拜伦明白，帕利虽然不是英勇的战士，但至少是个有常识的人。拜伦是孤单的，他所有的随从都为了他的钱争吵不休，势如水火，动辄剑拔弩张。除了甘巴和私人侍从，他无人可以信赖。斯坦厄普虽是个可靠的家伙，但做事情没有头脑。在玛弗洛克达托看来，胜利是不需要做任何准备工作的，仅仅依靠野蛮的勇气就够了。炮兵旅的外国人又整天为了程序问题吵个不停。帕利和拜伦是这次远征中仅有的两个现代士兵。

拜伦初来战场时，本想着听命于战争专家，自己只做个观察者。然而，慢慢地，他发现因为其他人的无能，他竟然被推上了指挥官的位置。但拜伦身体太弱了，他自己也知道，部队的生活方式会让他日渐虚弱。总有一天，他会坚持不下去的，这虽然残酷，却是事实。他是"一个大丈夫"，而且是唯一的大丈夫。到了2月中旬，他仍然冷静地观察着局势。街道太泥泞，他不能骑马穿过城市时，就让甘巴每天划船把他送过去，在一个名叫葛西斯的渔夫家有一匹马等着他，他可以在橄榄林里驰骋，然后让船把他载过湖泊。在迷人的落日下，他和甘巴随意聊着青年时代的丰富多彩，也觉得十分有趣。

离攻击勒潘托城的日期近了，在重新组织苏里奥茨军队时，甘巴在战士名册中发现许多根本不存在的名字，这些是雇佣兵们惯用的伎俩。甘巴控制得紧一些，这些苏里奥茨人就发牢骚，说他们受不了这些斤斤计较的西方人。在摩里亚岛，考洛科特罗尼斯知道了米索朗基希腊人的作战计划，担心希腊人的成功会增强玛弗洛克达托的实力。于是他派出间谍，把拜伦的苏里奥茨人诱走。一种愚蠢的谣言正在流传：玛弗洛克达托打算把国家卖给英国人，拜伦不是英国人，是个用了假名字的土耳其人……苏里奥茨人在部署进攻最后细节的时候，突然要求在他们当中指定两名将军，两名上校，两名上尉，还有一大批其他军官，这样一来三百多个苏里奥茨人中竟要有一百五十个人领军官的薪水。拜伦十分生气，发誓再也不和苏里奥茨人打交道了。2 月 15 日，他把大家召集在一起，宣布要遣散他们。可他心中充满了沮丧，因为这意味着他满怀希望的战役就这样结束了。

就在那天下午，拜伦正在和斯坦厄普上校说笑，抱怨着口渴，要人取来苹果酒。他喝了几杯，站起来，脚步踉跄地倒入帕利的怀里。他全身激烈地抽搐，嘴唇紧扭。一两分钟后他醒过来，第一句话问"今天不正是星期天吗？""是的"，人们告诉他是星期天。"如果不是，那才不可思议呢。"他回答说。星期天对拜伦而言是个不吉利的日子。布鲁诺医生要给他放血，想到放血，拜伦感到发自内心的恐惧。布鲁诺紧张地绞着双手，把水蛭放在他的太阳穴上，但没有料到随之而来的大出血没有办法止得住。铁泰和弗莱查奔到诊疗所找来朱利斯·米林根医生。他是个德国人，为希腊政府服务。他用焦蚀剂止住了动脉出血。拜伦依然神志不清，口中喃喃地说："这个世界上只有痛苦。"

在他的身旁，甘巴、弗莱查，铁泰和布鲁诺还在胆战心惊，没有搞清楚到底是怎么回事。是癫痫？还是中风？医生们倾向认为那是癫痫的征兆。那悲剧的一天还远未结束，晚上，拜伦刚恢复神智，又有消息传来：苏里奥茨人已经叛变，正在向赛拉格利罗行军。甘巴、帕利和斯坦厄普不得不在黑夜冒着大雨，奔向泥泞的街道。炮兵旅奉命坚守。两个喝得醉醺醺的士兵径直闯进了拜伦的房间，而他正无力地躺在床上，神志不清。

接下来的一星期充满忧郁，拜伦听到"癫痫"这一病症后，开始为自己的理智担心了。他问米林根医生："你认为我希望活下去吗？我对生活早已腻透了，我将衷心欢迎离开世界的那一刻。我会感到遗憾吗？生活能给我任何乐趣吗？……很少有人比我老得更快。实话说，我是个年轻的老人，刚成年，就达到了名誉的顶峰，我可以四处旅行，满足了我的好奇心，却失去了所有的幻想……现在恐惧缠住了我的头脑，我想象自己在受尽折磨的床上慢慢断气，或像斯威夫特那样结束我的日子——一个傻笑的白痴。"

危机之后，拜伦收到了一封奥古斯塔转来的拜伦夫人的信。这封信给了他欢乐。安娜贝拉回答了他关于小艾达的所有问题。"她喜爱社交生活还是孤身独处？"他曾在信中问，"喜欢沉默寡言还是滔滔不绝，喜欢读书还是不喜欢？……她充满激情吗？我希望上帝决不让她成为一个诗人。一个家庭里有这样一个傻瓜就足够了。"回信是令人宽慰的：艾达高大强壮，喜欢散文，不喜欢诗歌，对机械有兴趣。她最心爱的消遣是做小船……他还会见到这三个女人吗？在回信中，他说："我亲爱的奥古斯塔，几天前我收到了你的信和拜伦夫人关于艾达健康的报道，对此我该满怀感激，而且也确是满怀感激，它们对我真是莫大的安慰，而我需要安慰，尤其是最近身体欠佳……"

拜伦发病后的第四天，和帕利一起来的一名瑞典军官塞斯中尉被一个苏里奥茨人杀死了。这其实仅仅是两个语言不同的人之间的误会，但悲剧已经发生，这次谋杀让英国机械师们绝望，他们本就因为这个城市的混乱、地震和那些蛮人士兵感到沮丧，现在更是惊慌失措了。他们恳求乘船回英国去。拜伦试图稳住他们，但斯坦厄普上校却对他们说，他不能保证他们的生命毫无危险。拜伦嘟囔着："我倒真想知道，在哪里我们的生命会毫无危险，这里，或在任何地方？"在这些机械师中，有一名来自威斯兰的牧师带来了一批现代希腊文的《圣经》。他把这些书留给了拜伦，请他继续分发。拜伦诚心诚意地完成了。所有军事的、政治的、宗教的责任一个接一个地落在拜伦肩上，这真是一种残酷的幽默。

斯坦厄普虽然有点让人受不了，可他也很钦佩拜伦的毅力，他给委员会的信也是这样说的。霍布豪斯宽大为怀地告诉他们"斯坦厄普认为拜伦行为坚定，他在紧要关头总是这样的。"拜伦还是像在大学时那么爱恶作剧，听说帕利很怕地震，他让五十个人藏在地下室里使房子颤抖，导演了一场人为的地震，帕利吓得一下子逃跑了，拜伦乐不可支。

尽管有着这样的幽默感，但他仍然经常感到沮丧。他要对世界做一次勇敢的进攻，可然后呢？这世界是不可阻挡的，多么令人沮丧！和他憎恶的人在一起，又怎么能有效地工作？城市形势危急，城墙破损，通往小湖的岛屿几乎无人把守。若土耳其人占领了岛屿，派几艘船载上炸药进入小湖，后果简直不堪设想。拜伦和帕利都意识到了这些危险，急于采取行动；可玛弗洛克达托犹豫不决，不能发动他的战士。有时希腊人告诉拜伦他们真需要一个国王，拜伦认为此话也不算太错。"印刷上校"则义愤填膺，想给他们提供一部瑞典各州的宪法。

事实上，"印刷上校"的离去是那些倒霉的日子里唯一的好事。他去雅典建立了一家新的周刊《希腊电报》，用三种文字发行。他又一次遇见特里劳尼。特里劳尼现在是奥德修斯的参谋，他身穿苏里奥茨人的服饰，后宫里养着十个情妇，比以往更像是个海盗。奥德修斯把自己的妹妹也送给他。自此，特里劳尼对这位原先的海盗头子赞不绝口，他说："一个了不起的人，勇敢、聪明、高尚。"奥德修斯对斯坦厄普玩起了手腕：他十分尊敬瑞典的宪法，声称自己是彻底的民主派，嘲笑玛弗洛克达托王子的头衔，并显得对边沁先生的教义极感兴趣。斯坦厄普写信给拜伦："我经常和奥德修斯在一起，他思想坚定，心地善良，使起剑来勇敢非凡……他对人极为信任，赞成有力的政府，赞成宪法权力……他在这里开办了一家学校，允许我从事新闻事业。"特里劳尼和斯坦厄普急于要让玛弗洛克达托和奥德修斯在沙洛那进行一次修和会面，接着他们无疑就会给拜伦以希腊总督的将军头衔。

拜伦颇受诱惑，可多疑的玛弗洛克达托担心这是个陷阱。他一点都没想错，特里劳尼的计划是把拜伦放在阿克罗波利斯；这场战役的计划看上去颇像诱拐。但拜伦想从米索朗基这场梦魇里脱身几天，他的神经受不了了，急于参加这次会晤。

4月9日拜伦收到英国来信，希腊的借款有了眉目。有了钱，他将能够组建一个新的炮兵旅和一个两千人的步兵团。在这个消息的鼓舞下，他决定和甘巴冒着淋雨的危险骑马出去，出城三英里，他们果然给雨淋着了。甘巴说，如果他们穿着湿透的衣服坐在船里可能不妥，还是聪明些骑马回去。拜伦说："如果我在乎这点小事！我真是个弱不禁风的士兵了！"于是，他们下马，乘船划过小湖，回到米索朗基。

回来后，拜伦因为发热和风湿痛全身发抖，他对甘巴说："我疼得厉害，我不在乎生死，但这些痛苦我熬不住。"第二天，他和帕利一起制订了夏季战役的辅助计划。晚上虽然发着高热，可他还是兴致颇高地和米林根医生闲聊。他想起了威廉太太的预言，又变得心事重重，大家都责备他迷信。"说实话，我觉得要在这个世界上选择信什么还是不信什么，真是同样地困难。"夜里他浑身颤抖，布鲁诺和米林根提议要给他放血，被他拒绝了。"你们除了放血，就没有其他办法？"拜伦问道，"死于刺血针的人比死于长矛的人多……给一个神经质的病人放血就像放松乐器的弦，而它的调子因为缺乏足够的张力，已经有了毛病……放血最终会送我的命。"

狂风暴雨席卷着米索朗基。帕利眼看拜伦病势转危，想把他送到赞特接受更好的照料。但是，由于船不能出海，只好作罢。接连几天，医生们说他的病只是着凉。弗莱查不这么认为："我相信，我的勋爵，你从未如此严重地着凉过。""我也是这样想的，"拜伦说。

15日，他和帕利做了一次长谈，"我有过最奇怪的感觉，但现在我的头脑好了，我不再有阴郁的思想，只想着我将恢复。我思路清晰，我相信我神志清楚，但一种凄凉之感时时掠过心头……"接着他说，"我现在深信家庭生活的幸福，世界上无人比我更尊敬一个有德行的妇人，想到回英国和我的妻子和艾达隐居的前景，我感到一种以前从未经历过的幸福。"接着他夸奖了铁泰，铁泰有几天没离开拜伦的房间了；拜伦也喜欢布鲁诺，但觉得他太易激动。他还说到宗教："你想象不出我高热时头脑中无数的念头。我幻想自己是个犹太人、穆斯林或一个虔诚的基督徒，永恒和空间在我面前展开，但在这点上我要谢谢上帝，我幸福而安心。"

到了晚上，高热和烦躁加剧了。拜伦说起了胡话；米林根和布鲁诺对他说如果不放血，大脑就要出毛病，他这才同意了。他向他们"蔑视地看了一眼"，在恰尔德·哈罗德的日子里，这种眼神曾使伦敦客厅里的淑女们瑟缩。他伸出手臂说："来吧，我知道，你们这伙要命的屠夫，要放多少血请便。但快点放完。"

17日他又放了两次血，他恳求医生不要再折磨他了，他的头上敷了两块纱布。因为拜伦的胡话，铁泰取走了床边的手枪和匕首。他的床边语言嘈杂，布鲁诺和铁泰只说意大利语，弗莱查和帕利只讲英语，而那些希腊仆人的话无人能懂。拜伦因为失眠而烦躁不堪，他说："我知道一个人老不睡觉就算不死也得疯……我宁可死一千次……我不怕死，我比人们想得更适宜去死。"

18日，四个医生——米林根、布鲁诺、特莱贝（米林根的助手）和路卡·弗亚（玛弗洛克达托的医生）举行了一次会诊。那天是复活节，当局要求城里的人们保持安静。米索朗基的居民不再使用传统的复活节招呼："耶稣复活了！"他们相互询问，"勋爵怎样了？"街道上有士兵在巡逻来确保他房子周围的安静。医生们意见不统一，布鲁诺和路卡·弗亚主张采用治伤寒症的疗法，而特莱贝和米林根要继续使用水蛭和膏药，反对布鲁诺的进一步放血。拜伦对米林根说："你们挽救我生命的努力是徒劳的。我必定死，我感到了。我不为生命的丧失而悲伤。正是为了结束我厌倦的存在，才来到希腊。我的财产，我的能力，我都献给了她的事业，哦，还有我的生命……"

复活节那天，拜伦还能读信，甚至还能翻译由副手路洛历提斯写的希腊文信。下午，他床边的人们渐渐意识到死亡已经逼近了拜伦。弗莱查和甘巴满脸泪水，慢慢走出房间。铁泰转过头，不让人看到他的眼泪。拜伦满脸微笑地用意大利语说："啊！一派美好的景色！"不久他又说起了胡话，一会儿意大利语，一会儿英语，仿佛他正在向前进攻，努力地喊着："向前！鼓起勇气！学我的榜样！别怕！"

清醒的时候，他意识到自己已在弥留之际了。他对弗莱查说："现在快完了，我不能再浪费我生命中珍贵的每一分钟，我把一切都告诉你。"——"我的主人，我去取笔、墨水和纸张好吗？"——"噢，我的上帝！不，你浪费太多的时间了，我没有多余的时间，我的时间很短了。现在，请注意！你将会得到……"弗莱查恳求他别说这些，讲些更重要的事情，拜伦接着说："我可怜的亲爱的孩子，我亲爱的艾达！我的上帝，要是我能见到她！把我的祝福给她。我亲爱的姐姐奥古斯塔，还有她的孩子——你要到拜伦夫人那里去，说——告诉她一切——你们都是她的朋友。"

说到这里，他情绪激动，声音很难听清楚。弗莱查只听到一两个词，拜伦继续认真地说了些听不清楚的句子。接着提高嗓音说："弗莱查，如果你不执行我给你的每道命令，只要可能，我就不会让你安生。"

这次威胁肯定是他最后一次的幽默了。弗莱查大惊失色，因为他主人的话他一句都没听清！拜伦说："噢，我的上帝！那么全完了，现在我生命已经到了尽头了，什么事都已经太晚了，你怎么会听不懂我的话？"

"不，我的主人，请你再告诉我一遍。"

"我怎么能呢？现在太晚了，全完了。"

"我们的意志做不到，但上帝的意志会实现的！"弗莱查说。

于是拜伦再次努力接下去说："是的，不是我的意志——但我愿意试试……"

好几次他挣扎着想说，但只能重复道："我的妻子！我的孩子！我的姐姐！——你知道一切——你必须说出一切——你知道我的心愿……"

在那之后，他的话就再也没人听得懂了。他说了名字和数字，一会儿用英语，一会儿用意大利语，有时他说："可怜的希腊——可怜的城市——我可怜的仆人！"接着又说："我的时辰到了！我不在乎死——但为什么来这里之前我不去家里呢？"后来他又用意大利语说："我在这个世界留下了珍贵的东西。"——"我在这个世界留下了一些珍贵的东西……"

傍晚六点钟，他说："我要睡觉了。"他翻了个身，进入了生命中最永恒的长眠。他仿佛无力再动，但他周围的人都看到了他的痛苦，他的喉咙发出低沉的声音。弗莱查和铁泰扶起他的头，但他似乎毫无感觉。医生用水蛭来驱散嗜眠症，血淌满他的脸。24个小时他一直处于弥留状态。19日傍晚，暮色中，弗莱查看见他睁了睁眼睛，又立刻合上了。他说："我的上帝！恐怕勋爵大人已离世了……"医生们按了脉说："你是对的，他死了。"

不久之前，一场可怕的暴风雨降临到米索朗基，夜空中电闪雷鸣。远方，闪电照出了湖那边岛屿的黑色轮廓，暴雨拍打着房屋的窗户。噩耗尚未传到躲在屋里避雨的希腊士兵和牧羊人的耳朵里。但是，和他们的祖先一样，他们相信一位英雄之死必有预兆，这天怒的阵势正是预兆，他们窃窃私语地说："拜伦死了！"

尾 声

就在拜伦临终前的几个小时，霍布豪斯从英国寄来了一封信，这封信是他满怀敬意地写给他"亲爱的伙伴"的。从斯坦厄普和希腊代表的盛赞与颂扬中，霍布豪斯终于相信了拜伦的认真态度。一位到伦敦借款的希腊代表声明：是天意让这个人来帮助他们的。霍布豪斯在信中说："你的名字和性格都将会高高耸立在这个时代的任何一个人之上……我向你保证，这里所有人都和我的想法一样。"英国原谅了拜伦，可此时的他却在痛苦中挣扎。

5月14日早晨，霍布豪斯收到了金奈尔德的信，得知了拜伦的死讯。随后，很多信件一起到了，一封来自甘巴，其余的是弗莱查写给拜伦夫人、利夫人和乔治·安逊·拜伦上尉（现在他已经升任第七代勋爵了）的信。霍布豪斯悲痛万分，但他还是去见了奥古斯塔，交给她弗莱查寄来的信。在读着弗莱查毫无修饰的叙述时，他再也控制不了悲伤，放声大哭起来，不过他理智尚存，建议利夫人不要把信的所有内容都公布于众。信中有部分写道：自从癫痫发作后，拜伦总要把一本《圣经》放在案头。霍布豪斯说："这件使他仆人们欣慰的事，也许会被人误解为虚伪懦弱。我相信《圣经》是在他桌上的，但是只有在他神志不清时，他才会痴迷于它。"

奥古斯塔答应了，她总是做出许诺，可她又把拜伦皈依宗教的事，告诉了弗朗西斯·霍奇森牧师。她说，想到"可怜的亲爱的拜伦已从我们手中被夺走，将来再不会遭受什么磨难和诱惑"，她感到莫大的安慰。他们派乔治·拜伦上尉去见拜伦夫人，告诉她这个消息。

那天晚上，所有的英国人的心里都只想着拜伦。爱德华·布尔沃这样写道：

"那些日子里，青年正开始从拜伦转向雪莱和华兹华斯——但当我们获悉他再也不在人世间的那一刻，他立即和我们融为一体，再无一个对手……我们中许多人和他一起死了。他的死有一种超自然力的、不可思议的力量……"简·威尔寄信给托马斯·卡莱尔："太阳和月亮从天国中消失，也不如'拜伦死了'这四个字更使我感到可怕和凄凉。"英国桂冠诗人艾尔弗雷德·丁尼生当时只有 15 岁，他躲进了一片树木葱郁的幽谷，在一块覆盖着苔藓的石头上写了几个字——"拜伦死了"。

卡洛琳·兰姆要求立即取回她的信件。可霍布豪斯还顾不上，要操心的事情还很多。第一次告诉奥古斯塔拜伦死讯的时候，他对她说："那现在我们得考虑第一件事，就是怎样保护拜伦勋爵的名誉。那些回忆录……"出版商墨瑞已花了二千几尼把它们从穆尔手里买来。霍布豪斯担心拜伦太诚实了，这样的书出版将会十分危险。金奈尔德表示愿意为了拜伦家族买回这些回忆录。墨瑞也十分慷慨地告诉霍布豪斯，他尊重拜伦家人做出的任何决定，即使他们不付给他钱也没关系。可奥古斯塔还是很谨慎，她不仅急着要扣下，而且还要销毁这些回忆录。霍布豪斯表示赞同。穆尔坚持认为销毁回忆录不符合拜伦的愿望。他的建议是贴上封条，由律师保管起来。但大家都反对，他最终也让步了。甚至他想在销毁前读上一遍的希望也落空了。回忆录如愿销毁了，报纸都说是这是拜伦夫人的要求。其实，这件事情甚至都没有人跟她商量过。

7 月 1 日，从希腊驶来的佛罗里达两桅船载着拜伦的遗体靠岸了。拜伦夫人委托霍布豪斯安排葬礼事宜。教长拒不让拜伦安葬在西敏寺，拜伦的友人们决定让他在哈克纳尔·托刻德的小教堂里安息，那个小村离纽斯台德很近。送葬的队伍出发了。克莱尔·克莱蒙特和玛丽·雪莱从一座小房子的窗口凝视着送葬队伍缓缓经过。远处，一辆马车正从公园的大门驰出，车里有位患病的夫人，她的丈夫停下来询问这是谁的葬礼，车夫告诉他——"拜伦勋爵的葬礼"。不过他没有告诉他的妻子——卡洛琳·兰姆。

在诺丁汉，市长和参议员加入了送葬的行列，几个老朋友，霍奇森、威尔德曼，以及一大群城里的居民都加入了。队伍缓慢地移向纽斯台德，它走过平整的田野，那里拜伦和玛丽·查沃思曾在童年时策马奔驰。一年前的这一天，拜伦最后一次爬上热那亚的卡沙洛佐，心情沉重地问甘巴——"一年后我们又将在哪里？"

在遗嘱里，拜伦把他所有财产都赠给奥古斯塔和她的孩子们，总计超过 10 万镑。价值 60 万镑的不动产归拜伦夫人。新勋爵乔治·安逊·拜伦上尉正面临财务困难，安娜贝拉考虑到她和女儿可以继承诺埃尔的财产，慷慨地表示愿把她的寡妇遗产让给他。两年内，奥古斯塔就把拜伦留给她的财产耗光了，她不得不付钱打发债主，还被人大大地勒索了一番。拜伦夫人帮助了她，难以置信地宽容了她。但在 1829 年，拜伦夫人也对她失去了耐心，她们断绝了来往。

拜伦夫人的余生献给了慈善事业。她在自己家里建了一座学校，从事"合作教育计划"——所有班级儿童都在一起接受教育。除此之外，她又忙于办农业和工业学校。她一如既往地慷慨，慈善使她自己的精神升华，这一点很值得称颂。晚年，她和布赖顿的弗·沃·罗伯逊牧师结成挚友。她向他透露了她日记的内容："拜伦不是怀疑论者……上帝是复仇的上帝……我和他之间想象中的差别使我习惯性地成为他恼怒的目标……在他的最后的岁月，他对我的感情渐渐柔和了……"于是，像拜伦一样，她期盼一个平和的晚年。

关于奥古斯塔，拜伦夫人在写给罗伯逊的信中说："利夫人是我的朋友，我过去爱她，现在仍然爱她，我对此无可奈何。在我们死之前，我还想在这个世界上再见她一次。人们因此说我缺少力量和道德原则，说我发现她毫无价值，但依旧对她充满感情。也许是这样，但我的天性如此，难道错了吗？"

1851 年，她们在"这个世界上又一次相见了"。那一年，拜伦夫人 59 岁，奥古斯塔 67 岁。安娜贝拉从教女爱米莉·利那里知道了利夫人深陷于债务和疾病，一蹶不振。安娜贝拉表示愿意在盖特的白獾旅馆和她见面。拜伦夫人带着备忘录来到旅馆，上面注明了"如何见面……在哪里见……我的行为方针……"可奥古斯塔依旧思维混乱，神志不清。会面结束两人也没有和好。六个月后，奥古斯塔已经贫穷到需要变卖拜伦的信件来过活，而且健康也每况愈下。1860 年，奥古斯塔去世了，按照她的遗愿，人们将她独自埋于伦敦的一处公墓。

拜伦的女儿艾达 15 岁生日时，姑妈奥古斯塔送她一本装帧精美的祷告书。16 岁时，她第一次读了父亲的诗，其中她最喜欢《加吾尔》，认为《珍重》夸张做作。然而她更喜爱玄学和数学而非诗歌。她翻译并注释了曼纳布雷关于巴别奇的计算机的小册子。她很可爱，像父亲一样，她也有一副好嗓子。20 岁时，她嫁给了金勋爵，金勋爵后来成了勒弗雷斯的第二代伯爵。可最终她却毁在了巴别奇上。在研究巴别奇时，她提出一种赌马永不失败的系统概念，她输了。遗传的幻想和偏执让她最后债台高筑。她没有勇气告诉丈夫。母亲帮她还了债，但最后她心力交瘁，死于 1852 年。

梅多拉的命运更加悲惨。1876 年，她的大姐乔治安娜·利嫁给了她的表兄亨利·特里文思。三年后，他引诱了年轻的小姨子梅多拉，他们有了个孩子，但却死在了哺乳室里。特里文思把这一切告诉了奥古斯塔。奥古斯塔写信给梅多拉说，她熟悉"人类性格的软弱"，但他们必须结束那桩私情。

特里文思和梅多拉私奔去了法国，用奥本先生和夫人的假身份住在诺曼底。后来梅多拉病了，也和特里文思闹翻了，万念俱灰，隐居到布列特尼雷勒克修道院。可一个月后，她发现自己又怀孕了，只好回到了弗纳斯坦的彭候特别墅与特里文思重聚。在那里，她生了个女儿，取名玛丽。她让天主教教士为她的女儿施洗。和自己的父亲拜伦一样，罗马教会对梅多拉有着坚定的吸引力。她已经不可能和特里文思一起生活下去了，因为需要现钱，她给拜伦夫人写信求助。拜伦夫人邀请梅多拉和玛丽到特沃斯与她同住。

安娜贝拉第三次为拜伦式的魅力倾倒。不久，她就向梅多拉透露出自己对她产生浓厚的兴趣的原因。梅多拉知道了"她的丈夫是我的父亲。"拜伦夫人不喜欢梅多拉这个名字，称她为伊丽莎白侄女，让梅多拉叫自己"皮普"，这正是拜伦以前对她的称呼。梅多拉长得像拜伦，举止也和拜伦极其神似：在房间里，她会费劲地转过身，低下头注视人们走进走出。

拜伦的女儿总是没有什么好运气。"逆境是她最好的朋友，"安娜贝拉不得不承认，"她无法忍受仁慈。"很快，梅多拉的坏脾气使人想起海尔纳比的那段日子。她逃到了巴黎，没能守住自己身世的秘密。因为奥古斯塔的粗心和缺乏远见，梅多拉掌握了一批书信、一些文件和信的抄件。从这些材料中，人们可以看到她是"罪恶之果"。为她办事的法国律师贝利尔写信给拜伦夫人说，拜伦家族给梅多拉每年 150 镑的津贴太少了，除了提高津贴，还附有其他条件——盛着文件的小匣子必须交给律师约翰·休士爵士保管。梅多拉在预支了几年的津贴后，仍然不懂得收敛，还是落得一贫如洗。她在圣杰美度日，把玛丽交给耶稣诞生派的修女们抚养，自己到第八轻骑师克莱芒特司令麾下服役。司令的传令兵让·路易斯·泰贾勒迷上了她。她为他怀了孩子，但是他那时还不能和她结婚，就把她送到了他的家乡圣·阿弗力克等待分娩。

在那里，梅多拉生下了让·玛丽·埃力·泰贾勒，他是拜伦的外孙。梅多拉的生活轨迹与拜伦的极其相似，这真是奇特又令人哀伤。在艾弗拉比尔村里，梅多拉·泰贾勒作为一个农夫的妻子开始了赎罪的生活，她忠于丈夫，尽心抚养孩子，而且慷慨慈善，成了一个天主教徒。可惜这种幸福只持续了一年。1849 年，她去世了，年仅 36 岁。全村人都为她送葬。1863 年 5 月 19 日，在约翰·休士的房间里，那一匣子信件被焚毁了，当时在场的还有法国大使的一等秘书。

玛丽是梅多拉和她姐夫特里文思的女儿，拜伦和奥古斯塔的孙女。她出落得楚楚动人，气质温和，性格坚定。她的愿望是做修女。她犹豫了好长一段时间，因为她母亲恳请她照顾她的兄弟埃利。后来德·瓦洛奎夫人负起照料那男孩的责任，她便在圣杰美·恩·雷厄的耶稣诞生派修女院皈依宗教，取名为圣希莱勒修女。她很清楚自己的出身，她的祷告书上画了一个纪念母亲的墓碑，上面写着"伊丽莎白·梅多拉·拜伦。"她写道："我的生活，像惨白月光下瑟瑟发抖的秋叶，摇摇欲坠，刚展开就得飘落了。"偶尔和同伴谈到拜伦勋爵时她常说："可怜的拜伦，我很喜欢他。"她死于 1873 年，在圣母玛利亚的祈祷词中离开了尘世。

她的兄弟埃利是最后一支后裔了。他相貌英俊，有着浓密的头发和意志坚强的下巴。他当过职员、旅游推销员，还做过酒类交易的掮客。1900 年 1 月 22 日死于赛特的医院。

拜伦常说，他爱的人都结局悲惨。这个诅咒几乎蔓延到了每个他爱的女人身上。玛丽·安·查沃思终日过得郁郁寡欢，因为操劳和失望，她直不起腰来。大约在 1830 年左右，人们可以在星期天的乡村教堂里看到她。1832 年议会选举法修正法案的骚动时，人们袭击了她的房子，她死时 47 岁。

克莱尔从未宽恕拜伦。当玛丽·雪莱在她的小说《洛罗》里称赞拜伦时，克莱尔写信给她："上帝啊！想一想，你这样做对得起你的才华吗？你竟为人类中所能遇到的虚荣、愚蠢和悲惨的软弱的集大成者镀金，把他当作美的东西传播。"

卡洛琳·兰姆余生灰心绝望，一无所成。她的一生耀眼炫目但又令人可怜。1847 年 4 月，她陷入了幻觉。"夜深时，我幻想我见到了拜伦——我尖叫着，跳下床，要他们把我从他手里救出来。拜伦对我咬牙切齿，一句话也不说，他头发竖直，十分狰狞可怕。他比以前胖，也不如以前漂亮。"

一个月后，她丈夫写信告诉她拜伦的死讯，并嘱咐她要举止得体。这样的警告是因为他知道拜伦勋爵的死讯对她必然是一个打击。葬礼之后，她迷上了梅德温的回忆录，那本书写得毫不留情。正是在这本书里，她第一次知道那首可怕的诗——《记住你！记住你！》。她写信给梅德温说："拜伦绝不能说我没有心肠，他也绝不能说我从未爱过我的丈夫。他给我写信，总是对我说，我在两个人中更爱的是他；相信我，在他看来，我的唯一魅力就是天真、慈爱、热情……"由于这本书的出版，她的夫妻生活再也难以继续维持了。她独自住在布洛坎庄园，死时年仅 46 岁。

归齐奥利伯爵夫人不适合悲剧的角色。拜伦的死也没有对她造成太大困扰，仿佛他只是她一个可爱和可敬的朋友。1829 年，玛尔曼斯贝莱勋爵在罗马奥地利使馆的一场舞会中遇见了她，"她的面貌俏丽，容光夺目。蔚蓝的眼睛充满了生机。她笑的时候露出漂亮的牙齿。我看她时，她正尽情地笑……拜伦死了才五年，她那时是 26 岁。"1832 年，她到伦敦对哈罗公学做了一次拜访，她和德鲁里一家用餐，到哈克纳尔·托刻德的拜伦墓前祷告，拜访了奥古斯塔，和她一起谈了三个小时拜伦。大约在 50 岁左右，她重新嫁给了德·波西侯爵。这个古怪的法国人在他的客厅里挂着一张巨大的拜伦肖像。来客人的时候，她喜欢站在肖像前说："老天哪，他多美啊！"她丈夫总是这样介绍："我的妻子，波西侯爵夫人……原先是拜伦的情妇。"她活到了 1879 年。

约翰·卡姆·霍布豪斯用一种以自我为中心的才气明哲保身。在 1822 年的改革中，他进入内阁，而且长期任职。后来他被封为勃洛顿勋爵。他非常保守，赢得了持久的名声。83 岁时去世。

船夫铁泰成了布雷顿汉姆的狄斯雷利家的仆人；弗莱查创建了一家通心面工厂，破产后，得到拜伦夫人的帮助。他最后几年成了金色广场的执礼使者，人们可以看到他戴着有金色镶边的高帽，手里握着礼杖，追逐法国天主教徒学堂的顽童。

在拜伦生命的最后几个星期里，他也许想到过，他的奋斗到头来只是一场空，希腊人不会获得自由。1826 年，米索朗基受到第二次围攻，炮火几乎摧毁了城中所有的房屋。最后，希腊人只得放弃城市，城里的居民试图突围通过敌人的防线，许多人因此丧命，城市也被洗劫一空。

如果欧洲在那一刻抛弃希腊人，希腊就完了。奥地利惧怕俄国人，只能听任事态发展；法国一切都依靠英国，不敢独立行动；"但是英国公众，为拜伦自我牺牲的精神深深感动，而且英国当时又在它文化的古典主义时期，理想化地把希腊游击队员当作德摩比利隘口的英雄。"坎宁的内阁得到这种伤感运动的助力，改变了英国的政策。在 1827 年的拿弗里诺的战役中，英国、法国和俄国的舰队确立了希腊的独立。

也许可以这么说，如果没有拜伦的名字和他的死亡给予希腊事业的支持，坎宁就可能得不到英国公众舆论的帮助。希腊的独立也就无从确立了。现今，米索朗基已是一座繁荣和健康的小城市了。希腊人修了一座英雄花园，那里矗立着一根圆柱，上面刻有拜伦的名字，和他的名字刻在一起的还有马可·波查列斯、坎普撒力斯和查弗拉斯。希腊的渔夫依然住在用芦苇编成的小屋中，但他们对拜伦的名字并不生疏。他们不知道拜伦是个诗人，但如问起他，他们会回答——"他热爱自由，是个十分勇敢的人。他来到这里，为希腊的事业献出了生命。"